IMMER NACH HAUSE

Thomas Lang

IMMER NACH HAUSE

Roman

BERLIN VERLAG

Mehr über unsere Autoren und Bücher:
www.berlinverlag.de

ISBN 978-3-8270-1333-0
© Berlin Verlag in der Piper Verlag GmbH, München / Berlin 2016
Alle Rechte vorbehalten
Umschlaggestaltung: ZERO Werbeagentur, München
Gesetzt aus der Goudy Sans, der Dante und der Haarlemmer
von Fagott, Ffm
Druck und Bindung: CPI books GmbH, Leck
Printed in Germany

Meinen Eltern

Nichts macht mehr müde,
als das durchzusetzen,
worin man anders ist.
André Gide

I've taken liberties.
Richard Ford

DER ANFANG

An Cesco Como

Basel, 4.6.1903

Seit kurzem halte ich allabendlich einen entzückenden,
kleinen, schwarzen, wilden Schatz im Arm, wandle im
Mondschein, mache Verschen, pflücke Jasmin und
schwelge auf entlegenen Rasenplätzen vor der Stadt ...
Heirat usw. ist natürlich ausgeschlossen, dafür habe ich
eben keinerlei Talent.

An den Vater

Basel, 21.6.1903

In letzter Zeit kam ich in die Lage, die Möglichkeit einer
Heirat zu überlegen. Ein mir schon länger bekanntes
Mädchen, das mich lieb hat, ziemlich älter als ich ist und
wohl zu mir passen würde. Ich kann mich in dieser Sache
aber nicht entschließen, da ich zunächst noch zu arm an
Gelde bin und auch vor dem Heiraten ein unbestimmtes
Grauen habe.

An Cesco Como

Basel, 21.6.1903

Daß jede Liebe ihre Tragik hat, ist doch kein Grund,
nicht mehr zu lieben! Gewiß ist Liebe und Schuld eng
verkettet ..., aber sie ist auch eine Schule der Reife und
eine Krone des Lebens ... Mein Schatz ist kein liebes
dummes Gretchen, sondern mir an Bildung, Lebens-
erfahrung und Intelligenz mindestens ebenbürtig, älter
als ich und in jeder Hinsicht eine selbständige Persönlichkeit. Sie liebt mich schon länger ... Warum soll ich das
sehnsüchtige und vertrauende Gesicht von mir weisen ...?
Weil nachher einmal ein Ende kommen muß?

An Dr. von Schaukal

Basel, 30.6.1903

Noch eines: würden Sie mir raten zu heiraten? Sie kennen mich ein wenig, sind Diplomat und haben selbst eine Frau. Ist es wirklich so schlimm, wie man immer hört, oder nicht?

An Stefan Zweig

Calw, 11.10.03

Ich hoffte, diesen Winter zu heiraten, aber der Vater sagte sehr ruppig nein, und Geld war keines da, darum muß ich jetzt arbeiten und was verdienen, denn sobald ich das Nötigste im Sack habe, wird natürlich der alte Dickkopf nimmer gefragt.

An Dr. Wackernagel

Calw, 19.11.1903

Eine anfangs harmlos scheinende Liebesgeschichte war unversehens zu einer wohlabgewogenen Novelle und ist seither zu einem völligen Roman angewachsen. Das hat mich vollends in Anspruch genommen …

An Hermann Haas

Calw, 8.1.1904

… die Erkältung lokalisierte sich und entzündete den linken Tränensack, so daß Eiter durchs Auge kam und ich zwei Tage lang heillose Schmerzen hatte. Aber jetzt bin ich wieder fast völlig hergestellt, wenn auch physisch ziemlich herunter, da meine Liebessache anfängt mir allerlei Sorgen und Nöte zu bringen.

An Hermann Haas

Calw, 2.6.1904

Ich habe schon die zur Heirat nötigen Papiere besorgt und wir sind schon im Basler Cantonsblatt »ausgeboten«.

Vermählungsanzeige

Maria Bernoulli
Hermann Hesse

beehren sich, Ihnen Ihre bevorstehende
Vermählung anzuzeigen.

Basel   Calw
Pfingsten 1904

An die Familie

Steckborn, 5.8.1904

… viele schöne Grüße und die Mitteilung, daß wir am Dienstag getraut wurden. Es gab darauf bei Maria ein kleines Essen, und abends fuhren wir zwei nach Schaffhausen, von da Mittwochs nach Konstanz, wo wir noch viel Besorgungen hatten. Seither trieben wir uns am See herum, besuchten in Rheineck eine Freundin von Maria, waren in Ermatingen usw. Heut abend kamen wir in Steckborn an, und morgen wollen wir anfangen in Gaienhofen nach unseren Sachen zu sehen. Freilich wird sich noch wenig tun lassen, denn unsere Möbel sind noch nicht da … Leider hat Maria, wohl in Folge der

vielen Arbeit und Springerei in letzter Zeit, beim Gehen
Beschwerden im Rücken …

An Gustav Keyßner

Gaienhofen, 21.9.1904

Man hatte mich unterbrochen, ich mußte Brennholz
einkaufen u.s.w. Nun sitze ich wieder zuhaus, ganz allein,
da meine Frau für ein paar Tage nach Basel fuhr.

An Karl Isenberg

Gaienhofen, 25.11.1904

Ich wohne und lebe hier primitiv, aber schön. Nur ist Maria
immer noch krank in Basel. Ich besuche sie zuweilen,
kann aber der Arbeit wegen nie lange fort und hause hier
allein mit der Magd, die täglich einige Stunden kommt.

An Lili du Bois-Reymond

Gaienhofen am Bodensee (Baden), 11.12.1904

Und nun beginnt die Ehe, mein Leben vollends zu
ändern, indem sie wenigstens dem ewigen Wandern und
Zigeunern ein Ende macht. Ich muß regelmäßig arbeiten,
um für den Haushalt zu sorgen u. s. w., aber im Grunde
bummle ich doch meistens, nur mit etwas schlechterem
Gewissen.

DER EWIGE FRIEDE

(1907)

Volksbad

Mit einem schönen Katzenjammer von dem zweifelhaften Rheinwein, den er am Abend vorher getrunken hat, steht Hesse ausgehfertig in der Diele, als von der Wand das Telefon schrillt. Es dauert eine Minute, bis der Hausherr aus dem Schlafzimmer kommt und ihn von dem quälend lauten Klingeln erlöst. Reinhold Geheeb trägt einen blutroten Morgenmantel. Sein Haar steht in alle Richtungen, er wirkt übellaunig. Sicher ist er genauso verkatert wie sein Gast. Aber er ist Geschäftsmann, Teilhaber am *Simplicissimus* und ein wichtiger Mann im Albert Langen Verlag, er würde noch mitten im größten Besäufnis ans Telefon gehen.

Dezent wendet Hesse sich ab, er geht sogar ein paar Schritte in Richtung Tür, kann seine Ohren aber nicht verschließen und weiß gleich, dass Langen am anderen Ende der Leitung ist. Der Verleger hat ihn eingeladen, an diesem Vormittag gemeinsam ins Müllersche Volksbad zu gehen. Er hat die Modernität der Anstalt gepriesen und behauptet, man fühle sich nach ein paar Stunden Aufenthalt dort wie ein neuer Mensch. Nun sagt Langen also ab, wie Hesse ahnt und wie Geheeb ihm bald unter mürrisch gekräuselten Brauen mitteilt. Er habe die unerwartete Gelegenheit, einen Berliner Literaturkritiker zu treffen. Ein Kritiker, murrt Hesse innerlich. Er entschließt sich, trotzdem ins Bad zu gehen.

Sein Gastgeber zeigt sich erleichtert. Hesse bezweifelt, dass Geheeb sich noch mal hinlegen wird. Geheeb legt sich eigentlich nie hin, und sollte er eben geschlafen haben, war es ein Versehen. Als er sich umdreht, um in der dunklen Tiefe der Wohnung zu verschwinden, sieht Hesse, dass der Morgenmantel seines Gastgebers auf der Rückseite mit einem goldenen Drachen bestickt ist.

Der frische Wind, der München so oft durchweht, ist heute einem föhnigen gewichen. Es ist für einen Märztag sehr warm. Im Gegensatz zur Diele ist es draußen gleißend hell, die frischen Jugendstilfassaden in der Ainmillerstraße leuchten. Sie wirken auf ihn wie Kulissen, nichts ist wahr an diesem Morgen. Sollten die Häuser sich dennoch als echt erweisen, wäre er bloß eine Bühnenfigur oder gar ein albern schnell laufendes und ruckelndes Männchen aus dem von ihm wenig geliebten Kintopp.

Vor einem Café auf der Leopoldstraße sitzen reglos, in Decken gehüllt, einige Münchner Bürger. Die Stühle wurden so gestellt, dass ihre Gesichter der Sonne zugewandt sind. Sie sind stumm, Puppen mit ausgebauter Sprechvorrichtung. Auch die Gestalten in der vorbeifahrenden Tram, deren Fenster an diesem scheinbaren Frühlingstag ausnahmslos aufgerissen wurden, sind von verräterischer Bewegungsarmut. Bei dem dichten Verkehr hat Hesse Mühe, auf die andere Straßenseite zu kommen. Vom Siegestor braust mit hohem Tempo ein glänzendes Automobil heran, das feurig hupend einige Pferdefuhrwerke überholt. In Richtung Stadt fahren gleich drei motorisierte Wagen. Im Näherkommen erkennt Hesse das stadtauswärts rasende Auto als das von Albert Langen, ein knallroter, offener Züst mit Speichenrädern und dicken Lederpolstern. Der Mann hinterm Steuer trägt eine Mütze und einen bis zur Nase reichenden Schal. Neben ihm sitzt ein ebenso vermummtes Fräulein. Automobilistenbrillen machen die beiden vollends unkenntlich. Hesse würde nicht mehr schwören, dass es sich um Langen und seinen Züst handelt, auch wenn in München gerade mal fünfhundert Autos zugelassen sind. Die rechte Hand des Fahrers liegt starr auf dem Steuerrad, die linke auf der Ballhupe. Die Hände des Fräuleins ruhen auf seinem Oberschenkel und auf dem Armaturenbrett. Im Gegensatz zu den Gestalten, die Hesse bisher gesehen hat, wirken diese beiden lebendig. Sie weben einen Faden hin und her aus Liebe oder Anziehung. Der ist unsichtbar und doch so stark, dass man ihn noch bei zwanzig Kmh erkennt. Sollte es sich tatsächlich um Langen handeln, dann gehört das Fräulein nicht an seine Seite. Wie seine getrennt lebende Ehefrau oder die neue Lebensgefährtin sieht es jedenfalls nicht aus. Bevor Hesse sich vergewissern kann, ist der Wagen wie ein Traumgebilde vorbeigezogen. Nichts als die stinkende Rauchfahne bleibt. Der Dichter macht sich nicht die Mühe, sich über den Verlagsmann zu ärgern.

Bis zur Kaulbachstraße kennt Hesse den Weg. Dort befindet sich die Redaktion des *Simplicissimus*, dort gründen sie gerade die liberale Zeitschrift *März*, für die Hesse Rezensionen schreiben und die er mitherausgeben wird. Ein Stückchen weiter links liegt die Mandlstraße, wo Langen wohnt. Im Englischen Garten muss Hesse den Weg zum neuen Bad erraten. Wenn er immer geradeaus geht, wird er irgendwann auf die Isar treffen. Das Bad müsste ein Stück weit flussaufwärts liegen. Er folgt auf gut Glück den verschlungenen Pfaden durch den riesigen Park und gelangt zügig zum Chinesischen Turm. Die Anlage ist recht belebt, doch die Gestalten, die seinen Weg kreuzen, machen denselben verdächtigen

Eindruck auf ihn wie schon jene in Schwabing. Die in den offenen Droschken und auf den Bänken sind von der gleichen puppenhaften Reglosigkeit und scheinbaren Hingabe an die wärmende Sonne. Andere wirken blass, übernächtigt, vom Licht bedroht wie Vampire. Ein großer Mann mit wirrem Bart und abgerissenen Kleidern tritt aus einer Bedürfnisanstalt. Er nestelt hastig seine Hose zu. Dabei schaut er sich ängstlich um, ob hinter ihm nicht allzu schnell der hübsche Knabe hinausschlüpft, den er mitgenommen hatte. Ein anderer steht unwillig am Wegrand und lässt sich von einer Frau in Hosen die Schminke aus dem Gesicht wischen. Immer wieder befeuchtet sie ihr Taschentuch mit Spucke und reibt ihm den Zinnober von den Wangen, das Karmesin von den Lippen. Der jungenhafte Mann legt seine schmalen Hände an verschiedenen Stellen auf die Frau, ohne dass sie sich irgendwo wohl fühlen würden. Dieser magere, bei aller Misslichkeit seiner Lage hochmütig dreinblickende Mann mit dem schulterlangen, glatten schwarzen Haar, gestern noch schwul und Anarchist, bald verheiratet und Psychoanalytiker, wird in Hesses Leben einmal eine Rolle spielen. Er heißt Johannes Nohl.

Hesse geht weiter zum Monopteros. Auf einmal hat er Lust, den künstlichen Hügel mit dem kleinen Tempel zu erklimmen. Oben ist er allein. Er bleibt eine Weile sitzen, betrachtet die Wiese zu seinen Füßen und die sich dahinter erhebende Silhouette der Stadt mit ihren vielen Kirchtürmen. Er selbst hat heute keinerlei poetisches Gefühl, nur dieses Befremden, im falschen Stück, im absolut falschen Leben zu sein. Er weiß, dass es zum Teil vom Kater und zum Teil von dem ihm ungewohnten, rauschhaften Stadtleben herrührt. Er spürt an diesem Morgen Abwehr gegen das Quere und Ungeordnete im Leben, das echte Nichtstun und das prinzipielle Verachten von Regeln. Diese Abwehr verschließt ihm gewisse Möglichkeiten im Leben wie beim Schreiben. Er selbst kritisiert sich als Autor von Idyllen. Dabei hat er durchaus dunkle Regungen bis hin zur Mordlust. Die Notwendigkeit, sie darzustellen, spürt er vorerst kaum. Vielmehr geht es ihm wie den alten Dichtern um das Schöne.

Er stellt sich vor, wie die Zehntausende seiner Leser die große Wiese vor ihm füllen. Für sie würde er gern Bleibendes schaffen. Im vergangenen Jahr saß er schon mal hier und sah dem Vollmond zu, der über die Dächer der großen Gebäude an der Ludwigstraße wanderte, bis er riesenhaft gebläht und rötlich zwischen den spitzen Kirchtürmen drüben festklemmte, wo er der aufgehenden Sonne nicht weichen wollte. Das war ein Moment vollkommener Schönheit. Der Moment zerrann, und Hesse gelang es nicht, jene Schönheit auf Papier zu bannen. Es schien ihm, als sei über den Mond und die Morgendämmerung alles Gültige bereits gesagt. Aus diesem Grund gibt es keine wahren Dichter mehr.

Hesse versinkt in der Erinnerung an das Besäufnis vom vorigen Abend. Er war mit Geheeb bei einem Atelierfest irgendwo in Schwabing und blieb, was er sich heute nicht erklären kann, genau an der Frau hängen, die ihm von vornherein am wenigsten sympathisch war. Die hübsche blonde Fanny schien ihm allzu vertraut mit den anwesenden Männern. Später jedoch scherzte er mit ihr, fand seine Zehen an ihrem Knöchel wieder und ihre Hand in seinem Ärmel. Sie rauchten Zigaretten und amüsierten sich mit der Vorstellung, dass alle Menschen um sie herum nur Automaten wären. Fanny zog eine nackte Puppe unter einem Tisch hervor und zeigte den Schalter auf der Brust, das runde Loch in ihrer Seite, in dem der Phonograph sitzen sollte. Er lag aber ausgebaut auf dem Boden. Daran erinnert er sich noch. Er sagte ihr, dass er dem eigenen Leben manchmal zuschauen könne, als spielte es auf einer Bühne. Da schaute sie ihn spöttisch an. Bald darauf muss er gegangen sein. Wie er nach Haus gekommen ist, weiß Hesse nicht mehr, nur dass er abends so lebendig war wie morgens tot.

Eine Viertelstunde später erreicht der Dichter die Prinzregentenstraße. Inzwischen hat er das Gefühl, schon sehr lang unterwegs zu sein. Die Weite Münchens erstaunt ihn immer wieder. Er läuft auf den goldstrahlenden Friedensengel zu, der einen starken Kontrast zu den Fabrikschloten bildet, die im Hintergrund die Bäume überragen. Zum zweiten Mal knattert der rote Züst vorbei. Wieder scheint es ihm, dass Langen hinter dem Steuer sitzt. Wieder zweifelt er, auch weil der andere kein Zeichen des Erkennens gibt. An der Isar sieht er endlich den dicken Turm des Müllerschen Volksbads. Er geht über die Luitpold-Brücke und schwenkt nach rechts in die noch jungen Maximiliansanlagen. Er passiert das Muffatwerk, wo mit Hilfe von Wasserkraft und Dampf Strom erzeugt wird. Wie genau das vonstattengeht, ist ihm unbekannt, technische Dinge interessieren ihn nicht. So erreicht er die Rückseite des einzigen Hallenbads der Stadt.

Langen hat nicht übertrieben. Schon nach einer Stunde im Volksbad ist Hesses Kater verschwunden, er fühlt sich nicht länger wie ein Untoter. Im Dampfbad hat er Körpergifte ausgeschwitzt und sich überwunden, ins eiskalte Wasser zu steigen. Mit einer Handvoll anderer Männer hat er die Zehen zur Mitte des kreisrunden Beckens unter der Kuppel gestreckt. Auf das elektrische Lichtbad hat er allerdings verzichtet. Er hätte dabei in einer bis zum Hals geschlossenen Kiste gesessen, die im Innern von Glühbirnen erhellt und erhitzt wird. Nun ruht er sich in einer Kabine aus und reinigt allmählich seinen Geist von den nachalkoholischen Anfechtungen seiner dichterischen Natur. Draußen platschen nasse nackte Füße vorbei, ab und zu hüstelt jemand. Ansonsten ist dies ein stiller Ort, an dem die Gedanken sich leichter und weiter hervorwagen als anderswo. Er will darauf achten, dass ihm keiner verlorengeht. Nachdem er eine Menge Wasser getrunken hat, bricht er zu einer zweiten Runde auf. Im Schwitzbad hockt er sich dicht am Brunnen auf die obere Bank. Der Schweiß tritt nun viel schneller aus den Poren als vorhin. Hesse wird schlapp. Er starrt in den Dampf, der seine ohnehin schlechten Augen weiter beeinträchtigt, und genießt diese halbe Blindheit. Sie zieht einen Schleier vor die Welt.

Schwerfällig klappt die Tür. Selbst Geräusche sind in diesem Nebelreich dumpfer. In einem kühlen Hauch nähern sich mit schwerem Schritt zwei nackte Gestalten. Insgesamt hält sich vielleicht ein halbes Dutzend Männer im Schwitzbad auf. Die beiden Neuen nehmen unweit von Hesse auf der unteren Bank Platz. Sie waren schon im Gespräch, als sie die Tür öffneten, fielen vorübergehend jedoch in Schweigen. Nun nimmt der Dicke den Faden wieder auf, und Hesse, der die Ellenbogen auf die Knie stützt und den Schweiß von seiner vorgeneigten Stirn tropfen lässt, hört jedes Wort.

»Jedenfalls ist der ein Keller-Epigone. Merkst du in jeder Zeile. Der taugt mal bloß zum Volksschriftsteller.«

»Das habe ich auch gelesen. Auch dass es dem Zamenkind völlig an Stil mangle.«

Schon beim Wort »Keller-Epigone« ist Hesse hellwach geworden. Er kennt die Besprechungen seines ersten Romans und weiß, dass viele Rezensenten bemerkt haben, durch welche Schule er gegangen ist. Nicht alle haben es ihm übelgenommen. Halb resigniert, weil jedweder Protest nutzlos wäre, halb entsetzt, weil es seine eigenen Zweifel befeuert, sitzt er auf der oberen Bank und hört den beiden Bildungsphilistern zu, diesen Nordkaffern, diesen schon in ihrer Art der Rede groben Preußen, die ihre selbstgefällige Missachtung und ihre von der öffentlichen Meinung abhängigen Schmähungen über seiner empfindsamen alemannischen Seele ausgießen. Mit den Kübeln voll Neid und Spott, die sie für den erfolgreichen jungen Autor haben, ist es indes noch nicht getan.

»Haben Sie aber den Törleß gelesen?«, fragt der Dicke in die milchige Dunkelheit.

»Ist das dieses englische Buch?«

»Österreich.«

»Österreich bringt die erstaunlichsten Literaten hervor. Rilke etwa. Gedichte und Cornet.«

»Zweig. Oder denken Sie an Hofmannsthal. Erstaunlich. Der Schnitzler ... Gott, ja, es sind Juden. Aber ganz erstaunlich.«

»Sie fahren zu oft nach Wien. Im Reich ham wir genauso gute.«

»Dieser neue soll richtig rangehen. Habe gelesen, was Kerr über ihn schreibt. Er heißt, warten Sie, Musil.«

»Ist das denn ein deutscher Name?«

»Die Verirrung des Zöglings Törleß heißt das Buch. Ist ein dolles Ding.«

»Wenn Sie mich fragen, klingt das nicht nach einem deutschen Namen.«

»Dieser Musil hat neue Stufungen des Seelischen beschrieben. Da hat sich sonst noch niemand rangetraut. Ohne

jede Weichlichkeit. Ein Offizier. Tatsachendarsteller. Frei
von Empfindsamkeit. Da ist die Stimmung nicht gemalt
wie bei dem Hesse, sondern das Dargestellte wirft sie ab.«

»Und was stellt er nun dar?«

»Naja, ich weiß nicht.« Der Dicke senkt die Stimme. »Er
schreibt von der Kadettenschule. Im Grunde sind es Saue-
reien.«

»Bist du sicher, dass er kein Engländer ist?«

Hesse springt auf. Dicht neben den beiden erschrocke-
nen Männern tritt er auf die untere Bank und stiebt aus der
Tür. Das heißt, er würde gern stieben, aber die Tür ist derart massiv, dass er sie nur langsam öffnen kann. Als er schon
auf dem Gang steht, wendet er sich noch einmal um.

»Es heißt übrigens Ca-men-zind. Lernen Sie erst einmal
lesen. Ade, die Herren.«

Er rauscht in die Schwimmhalle und springt vom Be-
ckenrand ins kühle Wasser. Das trägt ihm einen mahnen-
den Zeigefinger vom Badediener ein. Ein paar kräftige
Schwimmstöße bringen ihn in die Mitte des Beckens, wo
er sich auf den Rücken dreht und toter Mann spielt. Unter
der weiß getünchten Decke der Schwimmhalle sieht er re-
genbogenfarbene Sprühnebel, ein Effekt, den der Architekt so beabsichtigt hat. Hesse jedoch führt das Schillern
auf eine Fehlfunktion seiner Augen zurück. Da neben ihm
noch jemand in regelmäßigen Zügen auf und ab schwimmt,
umspülen kleine Wellen seinen Körper. Wasser will in seine Nase schwappen, er hebt rechtzeitig den Kopf. Er ist ein
junger Autor mit Erfolg. Der *Camenzind* verkauft sich seit
drei Jahren ganz außerordentlich. Auch *Unterm Rad* läuft
wider sein Erwarten gut. Die Angriffe auf seinen Stil lassen ihn kalt. Er ist sich seiner Sprache sicher. Der »Volksschriftsteller« aber ist ein Stachel. Idyllenschreiber, Unter-

haltungsautor – das möchte er nicht sein, so will er nicht gesehen werden. Er wird noch einmal alles daransetzen, diesem Image zu entkommen. Er setzt schon jetzt alles daran, das hemmt ihn. Er wird bald dreißig, da sollte er im Zenit stehen. Stattdessen hat er einen Hänger. Der neue Roman will nicht gelingen. Vielleicht ist es falsch, so sehr auf die eigene Stimme zu hören und auf dem Land zu leben, dem Krach und dem Dreck, der Eitelkeit der Städte den Rücken zu kehren. Vielleicht sollte er wenigstens im Winter in München leben. Wenn er sich fragt, was ihm am Bodensee fehlt, kommt er genau auf das: Lebendigkeit.

Hesse schwimmt ausgiebig. Er lenkt seine Blicke auf die Architektur der Halle, den Tierkreis und den Schlangenwürger, lässt sich vom Wassergott aus breitem Maul einen kräftigen Strahl in den Nacken speien. Den beiden Männern aus dem Schwitzraum begegnet er nicht wieder. Sie reihen sich ein in den Zug der schwankenden Gestalten dieses Vormittags. Er hat sie bald vergessen. Erfrischt, mit aufgeweichten Händen tritt er schließlich ins Freie. Er nimmt sich vor, später im Glaspalast die Ausstellung anzuschauen.

Auf diese Weise wird er wieder Mensch.

Fantasiestück

Eben hat Mia den Bruno gewindelt, das stinkende Bündel liegt neben der Haustür. Von der Öllampe in der Stube scheint gerade genug Licht in den Flur, um nicht zu stolpern. Als Hesse seinen Hut vom Nagel nimmt, steigt ihm der Geruch in die Nase. Er bückt sich, sieht die Windel am Boden und fasst sie mit zwei Fingern. Draußen lässt er anstelle des Stoffwickels beinah die Bastflasche fallen, die er in der Linken hält. Unter dem rechten Arm klemmt außerdem eine Ledermappe. Die Magd wird morgen waschen. Bis dahin soll der Salat ruhig die Dorfluft verpesten.

Er geht mit langen, schnellen Schritten an der Kapelle vorbei. Der Nachbar schlägt im oberen Stockwerk gerade den Fensterladen zu, schaut aber nicht herüber. Hesse läuft den schmalen Pfad zwischen den Gärten hinab. Kaum ist es dunkel, wirkt das Dorf wie eingeschlafen. Hier und da leuchtet ein Fenster, steht eine Stalltür offen, aus der das Gerangel und unwillige Muhen der Kühe zu hören ist. Jetzt fressen sie, die Köpfe in hölzerne Gatter gezwängt, später liegen sie im eigenen Mist oder stehen auf der Stelle, bis der Bauer am Morgen wieder Futter bringt, ihnen die Euter wäscht, melkt. Die Katzen brechen auf, um nach Mäusen zu suchen, Kater prügeln sich in den Scheunen und kehren mit löchrigen Ohren zurück. Die Hühner schlafen, und die Hunde bellen den schwarzen Himmel an, als wären sie die Herren der Nacht. Seit die Sonne untergegangen ist, hat die Luft sich empfindlich abgekühlt. Es ist April, und hier ist nicht Italien, sondern der Bodensee. Kaum ein Dorfbewohner würde sich jetzt noch im Freien aufhalten; die Stuben sind schon kalt genug. Hesse wird keiner Menschenseele begegnen.

Er ist froh, dem eigenen Heim zu entkommen. Sein Erstgeborener zahnt und weint entsprechend viel. Der öde Landwinter, in dem es kaum Besuche gab, hat zwischen Mia und ihm die Themen erschöpft, die Rituale ausgeleiert. Nach seinem München-Besuch im März ist das alte Bauernhaus ihm eng geworden, das ganze Dorf ist ihm zu still, zu arbeitsam, zu nüchtern. Er sehnt sich nach italienischer Geselligkeit. Er würde gern ein Vagabund sein, der abends mit den Einheimischen auf der Piazza sitzt und Lieder singt oder unter dem Zitronenbaum mit einem schönen Mädchen tändelt. In diesen Fantasien hat er weder Frau noch Kind. Schon spürt er wieder Reiselust. Das Land der Möglichkeiten ist so viel hübscher als die Wirklichkeit.

Auf der Dorfstraße kann er seine eigenen Schritte hören. Hundert Meter noch, und er kommt bei der Bootslände an. Sein Kahn, schön grün und rot gestrichen, liegt als Erster fertig für den Sommer am Wasser. Leichter Nebel schwebt über dem See. Fröstelnd stemmt Hesse sich gegen das Boot. Er schiebt es aufs Wasser, springt hinein und greift die Ruder. Ein paar Züge, und er ist vom Ufer aus nicht mehr zu sehen. Nur die Wellen melden noch Bewegung. In seinem Rücken, auf der Schweizer Seite, schummern Lichter. Dort liegt Steckborn, das einen Bahnhof hat und alles, was in Gaienhofen fehlt. Es ist nicht weit entfernt.

Doch heute Abend fährt er bloß in die nächste schilfbestandene Bucht.

Als er die Ruder einzieht, ist es vollkommen still. Die Frösche geben noch kein Konzert, die Vögel schlafen. Es scheint kein Stern vom Himmel. Er zieht eine Decke unter der Ruderbank hervor und legt sie sich um die Schultern. Die Flasche entkorkt er und trinkt. Er nimmt nur kleine Schlucke. Der Wein brennt in seinem Schlund. Da kein Wind weht, schaukelt das Boot kaum. Die Wellen laufen aus. Nun herrscht auch Augenstille. Lebensstille. Mäuse lebend fangen, das ist auch so eine Idee von Mia. Was tut man dann mit ihnen? Man setzt sie vor die Tür, sie kommen wieder rein. Eine Tierschützerin hat ihm neulich geschrieben und verlangt, dass er sich dem Protest gegen das barbarische Verspeisen von Singvögeln in den welschen Ländern anschließen solle. Die ganze Leserpost macht ihn schon vor der Zeit zu einem Denkmal. Verehrung, Bitten wie an einen Heiligen. Dazu bekommt er derart viele Manuskripte zugesandt, dass sich der Weg mit ihnen pflastern ließe. Er stellt sich vor, die nächsten vierzig Jahre so weiterzuleben. Dann wäre er bald siebzig, das Jahr 1947. Der Kaiser wäre achtundachtzig und hätte hoffentlich längst abgedankt. Die Mitte des Jahrhunderts ist märchenhaft weit weg. Trotzdem graut's ihm bei der Vorstellung, es könnte sich bis dahin nichts geändert haben.

Das Grimmen in seinem Bauch schreibt Hesse jetzt nicht mehr dem Wein zu, sondern dieser Vorstellung von einem bloß noch verwalteten Leben. ›Hesse! Sie stehen im Dienst des deutschen Kaisers!‹ – ›Mit Verlaub, nein. Ich bin der Diener meines eigenen Staats, des Zwergenreiches Ich.‹ – ›Ein Staat? Im Staat! Von wessen Gnaden –‹

Mia spielt ein Fantasiestück von Schumann. Es stimmt, dass diese Klänge einen hinten beim Kopf packen, wie sie bei Zola gelesen hat. Seine Musik enthält alles. Die düsteren Farben und das »Zerrissene« darin werden gewiss nur hervorgehoben, weil man weiß, dass er schließlich wahnsinnig wurde. Bruno schläft, Gattamelata liegt auf der Ofenbank vor den warmen Kacheln. Er hat seine schwarzen Pfoten gefaltet und die Augen geschlossen, die Ohren aber aufgestellt, als lauschte er den Klängen. Mia spielt leise, zwischen den Stücken pausiert sie und horcht, ob im Haus alles still geblieben ist. Sie rechnet mit Hermanns Schritten im Studierzimmer über ihrem Haupt. Er wird bald zurückkommen. Seine Gaienhofer Freunde, Finckh und Bucherer, sind beide verreist. Und die Nächte sind noch zu kalt, um lange draußen zu bleiben.

Am Nachmittag gab es Zank. Sie hatte der Magd aufgetragen, den Ruß aus dem Ofen zu fegen. Karline ging dabei so heftig ran, dass es Hermann in seinem Zimmer oben vorkam, als wollte sie ihm die Sohlen bürsten. Er kam herunter und schimpfte nicht etwa mit dem Mädchen, das bei seinem Erscheinen auch sofort zu putzen aufhörte. Mia kriegte das Donnerwetter ab. Sie erwiderte nicht viel, aber Hermann steigerte sich in einen nervösen Anfall.

»So kann ich niemals etwas zuwege bringen.«

»Aber es erscheint doch im nächsten Monat ein neues Buch.«

»Bah, diese nichtssagenden Idyllen. Wenn es sein muss, schreibe ich dir davon drei Stück die Woche.«

»Mir gefallen sie.«

»Aus dem Libretto ist nichts geworden und der neue Roman ist ein Graus. Ich schreib bald nur noch Blech. Aber so, wie es hier zugeht, kann ja auch nichts daraus werden. Nie gibt es Ruhe.«

Während er wütend schimpfte, machte sie der Magd heimlich Zeichen. Karline ist noch ein Mädchen. Sie nimmt sich solche Szenen sehr zu Herzen. Mia kennt ihren Hermi inzwischen. Er klagt oft, dass er nichts mehr zuwege bringe. Dann hat er doch wieder was fertig und liest ihr vor. Also stellte sie die Ohren auf Durchzug und erinnerte ihn an das, was ihm das Liebste ist.

»Und deine Gedichte?«

»Was weißt du von meinen Gedichten!«

Er lief im Zimmer auf und ab wie ein gefangener Tiger.

»Das mit den Lebendfallen ist auch so etwas. Die Mäuse lachen, wenn ich sie draußen freilasse, und sind am nächsten Tag zurück im Haus.«

»Hast du sie einmal lachen hören?«

Er gab keine Antwort. Stattdessen langte er nach dem Rußbesen. Wäre sie ihm nicht zuvorgekommen, hätte er bestimmt die Stube versaut.

Später entschuldigte er sich für seinen Auftritt. Das ist nicht immer so. Der junge Herr kann seinen Groll recht lang mit sich herumtragen. Er wohnt hinter einer dünnen Schale, an die niemand klopfen soll, denn er hat ein empfindliches Ohr.

Fröstelnd schlingt Hesse die Decke noch fester um sich, stopft ihre Enden zwischen Beine und Bootsrumpf, um der kalten, feuchten Seeluft keinen Angriffspunkt zu bieten. Er hat zu viel getrunken. Auch der Magen drückt. Er will partout nicht heimgehen. Entweder wird Bruno weinen und Mia damit beschäftigt sein, ihn zu beruhigen. Oder sie sitzt am Klavier und spielt Chopin, aber so, dass es eindeutig nur für sie und nicht für ihn ist. Er leidet unter ihrer Gleichgültigkeit. Ob er strahlt oder wütet, weint oder zärtlich ist, seine Frau bleibt ungerührt wie ein Marmorbild. Er drischt das Ruder aufs Wasser, dass es nur so platscht. Aus dem Schilf antwortet ein Schnattern. Er sieht vor sich, wie die weiße Statue seiner Frau im grünen Wasser zwischen den Stängeln auf den Grund sinkt und dort liegen bleibt mit demselben ignoranten Lächeln, das sie immer zeigt und das höchstens die Algen mit den Jahren zum Verschwinden bringen könnten. Er weiß, dass er ihr unrecht tut. Trotzdem ist was dran.

Er trinkt die Flasche leer, und wenn der Magen zehnmal rebelliert. Gedankenverloren lässt er die Verschlüsse der Mappe aufspringen. Er hat Elisabeth in seiner Basler Zeit nur wenige Male gesehen, aber sie brannte ein Loch in seine Seele. So wenig er von ihr weiß, so wenig sie miteinander gesprochen haben und so gleichgültig er ihr geblieben sein muss, so tief war doch sein Glaube, sie zu kennen, jede Faser von ihr, und jeden ihrer schönen Gedanken selbst bereits gedacht, jede ihrer Empfindungen selbst bereits empfunden zu haben. Er hat ein Bild von ihr in sich getragen, bevor er sie überhaupt kannte. Er hat sie erhöht, bis sie ihm wie eine Wolke am Himmel erschien. Den ganzen Winter lang hat er an sie gedacht wie an eine Heilige, der er nicht nahekommen konnte als durch die Beschwörung ihres Bildes im Wort.

Entschlossen greift er in die Mappe und zieht ein Manuskript hervor. Es handelt sich um den Versuch eines Romans, rund hundert handgeschriebene Seiten. Alles Mist. Das Wolkenbild ist darin zu einem zähen Nebel verflossen, die Hauptfigur, obwohl ein Techniker, erinnert ihn zu sehr an Camenzind. Er blättert erst gar nicht in den Seiten. Geistesabwesend setzt er die Flasche an die Lippen, sie gibt nichts mehr her. Da schmeißt er sie auf den Boden. Es ist zum Teufelholen – er sehnt sich nach Elisabeth. Sieben Jahre ist es her, dass er zuletzt von ihr hörte, und nach all der Zeit vermisst er sie. Auf der Stelle möchte er sie anschauen, er möchte ihr nah genug kommen, um an ihrem Nacken zu riechen, um die Äderchen anzubeten, die unter der Haut ihrer Handgelenke zu sehen sind. Er will sie in den Armen halten, die nur ein kalter Stern auf seinem Weg war. Er würde sein Künstlerleben, ohne zu zögern, für sie hingeben und davor noch sein bürgerliches. All die Behaglichkeit ist verpufft, mit dem Angekommensein ist es vorbei. Der Gedanke nagt an ihm, dass er seinerzeit nicht genug Entschlossenheit zeigte. Denn er hat seiner Elisabeth niemals gesagt, was er für sie empfand.

Mias Klavierspiel hat einen Hauch von Salon in das alte Fachwerkhaus gebracht. Mitunter liebt sie das. Sie wollte noch entschiedener als Hesse aufs Land, doch auch für sie sind die Tage in diesem unfreundlichen Winter allzu gleichförmig geworden. Sie freut sich an Haus, See und Kind und bald dem eigenen Garten. Was fehlt, sind Menschen, gleichgestimmte, anregende. Im Winter zieht es niemand aufs Land. Wenn Hermann überdies verreist ist, fühlt sie sich manchmal einsam, und nun will er schon wieder fort. Seit seiner Gastroenteritis klagt er häufig über Magenbeschwerden und isst noch weniger als sonst. Dr. Huck hat bereits eine Kur empfohlen und ist damit bei ihm auf weit offene Ohren gestoßen. Nun ist es beinah schon beschlossen. Er will in den Tessin. Mia wird ihren Mann vermissen. Sie hofft, ihre Schwester Tuccia zu einem Besuch überreden zu können. Vielleicht kann auch sie selbst für einige Zeit zurück nach Basel gehen.

Die letzten Takte hat sie derartig verdorben, dass sie ihr Spiel unterbricht. Der Kater springt von der Bank und verlässt das Zimmer. Sie will noch einmal von vorn beginnen. Aber sie legt die Hände in den Schoß. Es fehlt ihr an Sammlung.

Sie denkt an das Gespräch, das Hermi in dem Münchener Bad aufschnappte. Er sollte sich von irgendwelchen preußischen Großmäulern nicht derart irritieren lassen. Dass ein Hauch Gottfried Keller in seinem Schreiben spürbar ist, kann doch nur gut sein! Freilich wollte er davon nichts wissen. Die Leute plapperten bloß nach, was sie irgendwo gelesen hätten, sagte er.

»Volksschriftsteller! *Tss*.«

Und seine Miene blieb düster.

»Der Volksschriftsteller war also im Volksbad«, bemerkte sie.

Er ging nicht auf ihr Necken ein, sondern schoss einen beinah hasserfüllten Blick ab. Verzweiflung hätte jedenfalls anders ausgesehen.

Sie lauscht in die Stube. Die Klänge Schumanns sind längst verhallt, doch auf geheimnisvolle Art scheinen sie im Raum gefangen. Sie fühlt die Musik. Das ist nicht bloß ein innerlicher Nachklang, sie hört es leise, leise an ihr Ohr dringen. Im Nacken spürt sie den Hauch eines unendlich sanften Atems.

Den kleinen Stapel handgeschriebener Seiten hat Hesse zusammengerollt und, wie er jetzt bemerkt, minutenlang mit der Hand gequetscht. Nun lockert er seinen Griff. Sofort schieben sich die Seiten auseinander. Er wird das Manuskript dem See übergeben. Es soll auf einem kleinen Schilffloß brennend hinaustreiben zur Toteninsel der misslungenen Dichtungen. Darin liegt der eigentliche Zweck seiner nächtlichen Bootsfahrt. Als gescheiterten Dichter will er sich dennoch nicht betrachten. Er ahnt schon, dass dieser Stoff, das Buch, das einmal *Gertrud* heißen soll, ihn weiter fordern wird. Oft fängt er mit dem Schreiben an, ohne einen detaillierten Plan zu haben. Wenn eine Erzählung sich nicht entwickelt, legt er sie beiseite. Mit dieser ist es anders. Auf eine Art ist sie da, schon fertig in ihm. Er hat nur nicht den richtigen Ton gefunden. An diesem Abend verspricht er sich, nicht in Beschaulichkeit zu versinken wie sein Freund Finckh, der künstlerisch auf der Stelle tritt, seit er Familie hat. Er klopft seine Taschen ab. Als er keine Streichhölzer findet, fährt er mit der Hand unter die Decke und sucht noch einmal. Mit der anderen Hand hält er sorgfältig die Enden zusammen. Soviel er auch sucht, er hat kein Feuer dabei. Sofort bekommt er Lust zu rauchen. Eine Zigarre hat er nämlich eingesteckt.

Ärgerlich schlägt Hesse wieder mit dem Ruderblatt aufs Wasser. Die im Schilf verborgenen Vögel schrecken hoch und beschweren sich. Sie könnten, wenn Gefahr drohte, ihr nicht entrinnen. Schlaf und Dunkelheit haben Fesseln an ihre Füße und Flügel gelegt. Da sieht Hesse einen schwarzen Schemen im Gekräusel. Ein Blesshuhn könnte das sein. Der Schatten wächst und wird zu einem Schwan mit dunklen Federn. Er sieht Mia im schwarzen Kleid und mit starrem Gesicht übers Wasser gleiten. Schnell nimmt er die Riemen, rudert steifbucklig aus dem Schilf und zurück in die Landebucht. Es kommt ihm vor, als hätte die ohnehin schwarze Nacht sich noch einmal verdunkelt. Nicht eine einzige Laterne spendet den Dorfwegen Licht. Kein Fenster ist mehr erleuchtet.

Bald knirscht der Bootskiel am Ufergrund. Hesse legt sich die herabgerutschte Decke wieder um die Schultern. Die Mappe klemmt unter seinem Arm. Er hat es nicht fertiggebracht, den misslungenen Romanentwurf dem See zu übergeben. Nun wird er die Seiten zurück in die Schublade legen. Mit ruhiger Stimme spricht er zu den anschlagenden Hunden. Ich bin es, Hermann Hesse. Ihr müsst nicht warnen, ihr kennt mich doch. Statt eurem Gebell möchte ich meine Frau Klavier spielen hören. Ich möchte das Licht durch die Ritzen des Schlagladens sehen und mich freuen, zu ihr in die warme Stube zu kommen. Das wäre für mich Heimat. Leider wird es so nicht sein. Sie wird meine Stimmung nicht spüren und garantiert etwas Unpassendes sagen. Oder sie schweigt und verletzt mich damit. Mir bleibt nur zu hoffen, dass das Licht, wenn ich nach Haus komme, gelöscht und das Klavierspiel verstummt sein wird. Als Fremder gehe ich durchs Dorf. Deshalb schlagt ihr an. Und ich bleibe ein Wanderer, der immer an den besseren Ort gelangen will und niemals dort ankommt.

Reise, reise

Das Studierzimmer ist kalt. Hesse hat seine Kleider aus dem Schlafzimmer mit herübergenommen, um Mia nicht zu stören. Nun zieht er sich schauernd an. Sein Schlaf war kurz und schwer, trotz Veronal dauerte er kaum länger als die halbe Nacht. Er fühlt sich noch gefangen von einem Albtraum, der ihn in tiefe Angst gestürzt hat. Er lag hilflos in einem Graben und von einem hohen, schwarz verhängten Wagen herab schleuderte ein Unbekannter einen giftgetränkten Schwamm nach seinem Hals. Hesse wusste, dass er unausweichlich getroffen würde. Es handelte sich dabei nicht um einen Anschlag, sondern um den Vollzug seiner Todesstrafe. Er hatte kein Recht, ihr zu entkommen. Unten in dem schwarzen Wagen standen einer hinter dem anderen vier kleine Särge mit den Leichnamen von Kindern. Die hatte er im Blutrausch mit einem langen Messer abgeschlachtet. Aber da waren es noch seine eigenen Kinder gewesen und die dunkle Gestalt seine Mutter, die nichts unternahm, um ihren Sohn an der grauenhaften Tat zu hindern.

Trotz der Kühle öffnet er das Fenster. Diese späte Nacht ist still. Das Käuzchen ist nach erfolgreicher Jagd bereits gesättigt. Der Marder kehrt in seinen Bau zurück, er hat vielleicht ein echtes Blutbad angerichtet. Die Sterne verblassen, bald wird der erste Vogel erwachen und nach ihm andere, die Hähne des Dorfs, die Hunde, die Bauern. Seit er vor einer Woche auf den See hinausgerudert ist, schläft er schon derart kurz und ruhelos. Er kann nicht liegen bleiben, er muss dann raus. Dabei findet er die kurze Spanne vor der Morgendämmerung ganz furchtbar.

Er hebt den Stuhl vorsichtig an, bevor er ihn unter seinen Hintern rückt. Das Polster und die kantigen Lehnen fühlen sich wohltuend wirklich an. An diesem Schreibtisch, den er selbst entworfen hat, fühlt er sich wohl, und wenn er nun reist, so wird er ihn vermissen. Er zündet die Lampe an, dreht den Docht aber nicht höher als nötig, um das vor ihm liegende Blatt sehen zu können. Jetzt fällt ihm auf, dass seine Augen gar nicht schmerzen. Dafür tut ihm der Magen weh. Durst hat er auch, mag aber nicht in die Küche hinuntersteigen. Die Dielen vor dem Treppenabgang knarren, egal, wie achtsam man sie betritt. Wenn Bruno davon aufwachte, wäre es um die stille Stunde geschehen. Keine Empfindung ist scheuer als dieses Vorgefühl des Schreibens. Den leeren Weinkrug und das Glas räumt er von rechts nach links und setzt das erste Wort aufs Blatt: Traum. Er unterstreicht es. Schnell folgen die ersten Zeilen. Zwischendurch starrt er ins Leere, schreibt wieder. Einsamkeit und Dunkelheit, wenn sie nicht ewig dauern, schärfen das innere Auge.

Traum

Aus einem argen Traume aufgewacht
Sitz ich im Bett und starre in die Nacht.

Mir graut vor meiner eignen Seele tief,
Die solche Bilder aus dem Dunkel rief.

Die Sünden, die ich da im Traum getan,
Sind sie mein eigen Werk? Sind sie nur Wahn?

Ach, was der schlimme Traum mir offenbart,
Ist bitter wahr, ist meine eigene Art.

Aus eines unbestochenen Richters Mund
Ward mir ein Flecken meines Wesens kund.

Zum Fenster atmet kühl die Nacht herein
Und schimmert nebelhaft in grauem Schein.

O süßer, lichter Tag, komm du heran
Und heile, was die Nacht mir angetan!

Durchleuchte mich mit deiner Sonne, Tag,
Daß wieder ich vor dir bestehen mag!

Und mache mich, ob's auch in Schmerzen sei,
Vom Grauen dieser bösen Stunde frei!

Es ist selten, dass ein Gedicht auf Anhieb gelingt. Dieses
fühlt sich bereits fertig an. Mit dem guten Gefühl, etwas ge-
schaffen zu haben, zieht er sich noch einmal aus und legt sich
ins Bett. Er hofft, dass er nachher mit seiner Frau schlafen
kann.

Die Magd Karline schiebt ihr Haar zurück und steckt den
linken Finger ins rechte Ohr. Sie bewegt ihn dort ein paar
Mal auf und ab. Es juckt sie schon die ganze Zeit. Schnell
muss sie ihn wieder rausziehen und die Schale mit Haferschleim festhalten. Der Kleine in seinem Hochstuhl hat sie
zu fassen gekriegt und reißt daran, als wäre es ein schwerer

Wassertrog. Zweimal war er schon schneller als sie und hat sein Geschirr auf den Steinboden gepfeffert. Die Hausfrau schimpft wenig, beim zweiten Mal aber hat sie lachend gedroht, dass Karline das nächste zerbrochene Geschirr zahlen müsse. Sie haut Bruno leicht auf die Finger und schimpft ein wenig mit ihm. Der Bub verzieht das Gesicht, er wird doch wegen dem nicht heulen. Offenbar will er das. Schnell drückt sie seinen Kopf an sich und singt ihm das Mühlenlied. Beim Klipp-Klapp will er immer wie sie auf den Tisch hauen, verpasst aber regelmäßig den Einsatz. Zum Glück lacht er nun wieder und lässt sich noch ein paar Löffel Schleim in den Mund schmieren. Mit seinen glänzenden Kinderaugen schaut er zu ihr auf und patscht mit seinem Händchen mitten auf ihre Mädchenbrust. So muss sich ein elektrischer Schlag anfühlen, sie hat von dem schon reden hören. Der Strom kann einen Menschen töten, heißt es. Dabei kann man ihn nicht mal sehen.

»Gehen wir zur Mutti, nein? Gehen wir zur Mutti? Nein? Nein, nein«, sagt sie zu Bruno, der schließlich nicht selbst antworten kann.

Wieder juckt es sie im Ohr, aber diesmal muss sie es aushalten, sie hat den Jungen hochgenommen und braucht beide Hände, um ihn zu bändigen. Er ist schwer geworden. Er will nicht auf dem Arm bleiben, lieber möchte er Laufen üben. Da er schnell müde wird und dann auf allen vieren über den Boden rutscht, darf sie ihn nicht runterlassen. So läuft sie mit ihm in der Küche herum, wiegt ihn und summt Liedchen. Sie stellt sich vor, wie sie selbst Kinder haben wird, sechs oder sieben dürfen es werden, die zu Füßen Ihrer Majestät, Füßen, die in seidenen Pantoffeln stecken, spielen werden. Sie entdeckt einen Fleck auf ihrer Kittelschürze, den der Kleine dahin gepatscht hat. Das bedeutet wieder Wäsche.

Aber heute will sie die Schürze noch nicht wechseln. Die Hausfrau wird sie ja kaum zu Gesicht bekommen. Solange sie das Wasser hinausträgt und ihre Order für den Tag entgegennimmt, kann sie sich ein Geschirrtuch über die Schulter hängen.

Der Tag steht noch früher auf als sie. Mia spürt, wie ihre Beine schnell aus dem Bett wollen. Sie wirft einen Blick nach links, wo sie Hermis gleichmäßige Atemzüge hört. Ein Zipfel seines Kopfkissens ragt so weit über seinen kurzgeschorenen Hinterkopf, dass es wirkt, als hätte er eine Nachtmütze auf. Sie hat vor, an diesem Morgen mit Hilfe der Magd die Stuben zu lüften, alle Schränke und Schubfächer auszuräumen und zu reinigen und später neue Muttererde für das Beet an der Hauswand zu besorgen. Am Nachmittag will der Architekt vorbeischauen. Sobald das Wetter sich freundlicher zeigt, soll die Baugrube ausgehoben werden. Zunächst aber wird sie Hermis Koffer packen, das will sie nicht der Magd überlassen. Heute wird er nach Locarno zur Kur fahren. Sein Magen will sich einfach nicht bessern. Er lebt von Sauerampfersüppchen und Getreidebrei und scheint immer noch dünner werden zu wollen.

Mia richtet sich im Bett auf. Blitzartig fährt ihr ein Schmerz ins Kreuz, und sie sinkt wieder zurück. Ihr Rücken fühlt sich an, als wäre er zerschlagen und nur provisorisch noch mal zusammengefügt worden. Sie muss sich ganz steif machen, um nicht auseinanderzufallen. Hexenschüsse hat sie immer wieder. Manchmal kommt der Schmerz überraschend und überwältigend wie jetzt, manchmal klopft er scheinbar schüchtern an, ist aber schon durch die Tür, ehe man ihn abweisen kann. Er saust auf der Nervenbahn ihres Beins hinab in den Fuß, sodass sie kaum noch laufen kann.

Sie versucht noch einmal hochzukommen, diesmal dreht sie sich auf die Seite. Das klappt halbwegs gut. Als sie sich aber auf den Arm stützt, um den Oberkörper aufzurichten, senkt der Schmerz wie ein wütender Krieger erneut seine Lanze in sie. Mit zusammengebissenen Zähnen sinkt sie zurück. Doch sie kann einen Seufzer nicht unterdrücken. Hermi wird davon wach und setzt sich auf. Er tastet mit der Hand nach ihr und fragt schläfrig, was passiert sei. »Nur ein kleiner Piks«, sagt sie. Er starrt auf eine bestimmte Stelle in ihrem Bett. Sie folgt seinem Blick. Da schaut ein Stück ihres Beins mit dem Wollstrumpf hervor. Unwillkürlich zieht sie die Decke darüber.

»Lass doch«, sagt Hermann und schaut weiter auf die Stelle. »Es sah aus, als hätte sich ein kleines Tier ins Bett verirrt.«

Er streichelt zärtlich über ihr Bein, ein Finger bohrt sich unter dem Rand des Strumpfes hindurch. Aber das kommt jetzt nicht in Frage, es gibt viel zu viel Arbeit. Wieder versucht Mia aufzustehen, wieder entfährt ihr ein Schmerzlaut. Sie sieht ein, dass sie heute liegen bleiben muss. Als sie ihm gesteht, dass sie heftige Ischiasschmerzen hat, rät er ihr sofort zu einer Kur. Doch er sagt nicht: Komm mit!

Hermi zieht die Hand zurück. Er tastet grob nach seiner Brille.

In einem Moment, in dem Bruno nicht plappert und nicht gluckst und Karline selbst das Summen eingestellt hat, hört sie den Hausherrn oben mit seinen Medizinfläschchen klappern. Oh, sie hat ein feines Gehör. Nun hört sie auch die Stimmen der beiden. Seine ist hell und manchmal ein bisschen dünn, aber sie sägt sich durch die Zimmerwände. Die Stimme der Hausfrau ist weniger durchdringend. Sie hat die starke Melodie einer Schweizerin, manchmal benutzt sie Ausdrücke, die Karline vorher nie gehört hat. »Mutzi« ist so einer. »Gib dim Mutti e Mutzi«, sagt sie zu ihrem Sohn.

Bruno erwischt eine Strähne und zupft sie aus dem Haarknoten. Das ziept. Eine Klammer hat sich gelockert. Karline tritt vor den Ausguss, über dem ein kleiner Spiegel hängt. Sie muss ihr Haar ordnen. Nie ist sie sicher, ob sie hässlich oder schön aussieht. Ihr Gesicht ist gerade, die Nase nicht zu groß und nicht zu klein. Aber der Mund scheint ihr zu breit geraten, und ihre Augen glotzen wie die eines Karnickels. Sie probiert ein Lächeln. Das macht es nicht besser. Um hantieren zu können, setzt sie den Kleinen in sein Stühlchen, wo er sofort zu klagen beginnt. Sie dreht den Kopf hin und her. Ohrringe würden ihr gut stehen. Wenn sie einmal heiratet, möchte sie goldene Ohrringe tragen oder solche kleinen Hänger mit weißen Perlen. Darin ist sie anders als ihre Herrin, die kaum Schmuck trägt. Karline zieht sich die Klammer aus dem Haar, das blond, ihr aber nicht blond genug ist. Sie nimmt den dunklen Draht zwischen die Lippen und fängt an, weil sie weder Kamm noch Bürste dahat, ihre Strähnen mit den Fingern zu sortieren. Das gelingt nicht leicht, immer wieder fallen hier oder da ein paar Haare herab. Sie ist so auf sich konzentriert, dass sie nicht hört, wie Hesse die Treppe runterkommt. Sie sieht ihn im Spiegel und erschrickt, als hätte er sie bei der Morgenwäsche überrascht und sie würde im Hemd vor ihm stehen. Ihre hochgereckten Arme erscheinen ihr unanständig. Obwohl sie bekleidet sind, kommt es ihr vor, als könnte Hesse ihr direkt in die Achselhöhlen schauen. Auch kann sie den Zwiespalt zwischen ihrem Wunsch, das sortierte Haar festzustecken und züchtig die Arme an den Körper zu legen, nicht auflösen, was sie für eine Weile erstarren lässt. Endlich dreht sie sich zu ihm um und wünscht ihm artig einen guten Morgen.

Nun sieht sie, dass er den Fleck auf ihrer Kittelschürze anstarrt, genau über der Brust. Der Hausherr wird rot, nimmt den Blick schnell fort und schaut stattdessen seinen Sohn an, der im Hochstuhl vor sich hin schimpft.

»Ich nehme ihn solange«, sagt er und hebt Bruno auf. Zwei Sekunden später ist er schon auf der Schwelle. »Bereite bitte eine Tasse Kaffee mit viel Rahm für meine Frau. Und ich hätte gern einen Becher warme Milch, bevor ich mich auf den Weg mache.«

»Der Papi fährt weg, Bruni«, singt er im Flur für den Kleinen.

Die Hausfrau hat ihr schon gesagt, dass er in die Kur will. Dabei wirkt er gar nicht krank, nur zunehmend mürrisch. Ihr Vater hat gesagt, das komme von der mangelnden Arbeit. Ein Dichter sitzt den ganzen Tag und manchmal auch die halbe Nacht am Schreibtisch und sinnt. Das verdirbt Leib und Gemüt. Karline weiß nicht eigentlich, was es zu sinnen gibt. Wenn sie einmal einen Brief aufsetzt, geht ihr das Schreiben leicht von der Hand. Auch mit der Rechtschreibung hat sie keine Schwierigkeiten, weil sie in der Schule aufgepasst hat. Vielleicht wird es schwerer, wenn man so viel schreiben muss. Sie selbst kann kaum eine Seite füllen. Freilich mag sie so viel auch nicht lesen. Da würde sie Kopfweh kriegen.

Schnell und ohne noch besondere Sorgfalt aufzuwenden, steckt sie die Klammer ins Haar, setzt Wasser auf, legt Holz nach. Gleich wird sie den Kleinen wickeln. Sie hofft, er hat nicht in die Hose gekackt. Das hasst sie. Es stinkt mittlerweile genau wie bei einem Erwachsenen. Sie nimmt einen irdenen Becher und stellt ihn auf den Tisch. Ihre Verlegenheit ist vollkommen verflogen. Sie steckt einen Finger in den Milchtopf, um die Temperatur zu prüfen. Leise singt sie das Lied, das ihr in den Sinn gekommen ist: »Reise, reise, Seemann, reise, jeder tut's auf seine Weise …«

Später am Morgen kommt Hermi ins Schlafzimmer zurück, um selbst seine Koffer zu packen. Für die Zugfahrt hängt er einen viel zu leichten Sommeranzug raus. Mia macht eine kleine Bemerkung. Er reagiert unwirsch, sie könne ja wohl nicht von außen fühlen, wie warm oder kalt ihm sei. Er ist kein guter Kofferpacker. Ungeduldig reißt er an Schubfächern und Schranktüren, sucht plötzlich eine Krawattennadel, die er gar nicht mehr besitzt. Er glaubt ihr nicht, als sie es ihm sagt.

Jetzt wird auch Mia ärgerlich.

»Ich würde nichts lieber tun als deine Sachen packen«, sagt sie, »das darfst du mir glauben. Aber ich kann nun mal nicht.«

»Und ich hatte schon befürchtet, du wolltest mich hierbehalten«, gibt er zurück. »Jetzt höre ich, dass du mich loswerden willst.«

Sie fragt sich, wie er darauf kommt.

»Gar nicht«, sagt sie, »ich freu mich, wenn du da bist.«

Gleichzeitig fühlt sie sich gefangen, denn jetzt wird er wieder denken, dass sie ihn nicht gehen lassen will.

»Also willst du mich doch nicht fortlassen«, gibt er prompt zurück. »Lieber bekommst du einen Hexenschuss.«

»Als wäre ich absichtlich krank geworden. Geh mir fort!«
Er sagt nun nichts mehr, auch Mia schweigt. Der kleine
Hass unter Paaren beherrscht sie beide. Wie Hermi in sei-
nem zu leichten Reisekleid das Zimmer verlässt und die
Treppe hinunterpoltert, ist sie fast froh, ihn ein paar Wo-
chen nicht zu sehen.

Zehn Minuten später kommt er mit einem Kaffee, auf
dem dicker Rahm schwimmt, wieder herauf und entschuldigt sich für sein Gepolter. Er wünscht ihr gute Besserung,
er gibt ihr einen dicken Schmatz, ist voller Aufbruchsfreu-
de. Mia freut sich mit ihm. Er soll es gut haben, er muss es
gut haben. Sein armer Magen braucht Erholung, und es tut
insgesamt not, dass er ein bisschen aufgepäppelt wird. Freilich könnte sie das selbst übernehmen, wenn er sie ließe.

»Was werden die Leute denken, wenn sie dich so abge-
zehrt daherkommen sehen. Dass du daheim nicht satt
wirst.«

Sie hat im Scherz gesprochen, er geht nicht darauf ein.
In seinen Brillengläsern spiegelt sich das Fenster, die grau-
en Augen bleiben dahinter verborgen. Mit einem kurzen
Gruß schlüpft er aus dem Zimmer. Er denkt nicht daran,
ihr noch ein Küsschen zu geben. Soll er reisen, wenn er das
braucht. Sie will das Haus derweil wohl bestellen. Sobald
sie wieder aus dem Bett kommt.

Fräulein Fuxius

Die Zöllner am Steckborner Landesteg schauen wie immer streng und stellen den wenigen Übergesetzten die obligatorische Frage. Sie filzen keinen. Hesse schaut zurück aufs badische Ufer. Aus der Ferne wirkt Gaienhofen noch kleiner. Die Häuser liegen zwischen kahlen Bäumen schlecht versteckt in einer Mulde, so wirkt es von hier aus gesehen. Rechter Hand ist das Land eher flach, nach links steigt es allmählich an – ein Relief wie ein Handrücken. Ein ganzes Stück vom Dorf entfernt, im Feld, wird bald sein eigenes Haus stehen. Hesse kann die Stelle genau lokalisieren. Sie haben den Baugrund so gewählt, dass sie vom Haus aus das Wasser und das Thurgauer Ufer sehen. Also wird das Haus auch von hier aus zu erkennen sein. Er empfindet keine Freude bei dieser Vorstellung. Bucherer wird den Baufortgang beaufsichtigen, solange Hesse nicht da ist; Mia ist in solchen Dingen außerdem tüchtig und genau.

Die Reiselust, die ihm auf dem See so gute Laune machte, zieht sich vorerst schmollend in die Ecke zurück. Er wendet sich schnell ab, doch seine Gedanken sind zurück ans andere Ufer gesprungen. Die Bauarbeiten und erst recht der Umzug bedeuten eine Menge Unordnung, die er nicht gut erträgt. Immer stellt er sich vor, dass sein Haus fix und fertig eingerichtet ist, wenn er zurückkommt, oder dass er einfach fortbleibt, bis es so weit ist. Vieles wird ja besser sein, sie werden fließendes Wasser haben und voraussichtlich keine Mäuse mehr, es werden keine Lehmbrocken aus den Gefachen brechen und es wird für alle reichlich Platz geben. Dennoch fühlt es sich falsch an. Er spürt, dass er zum Hausbesitzer ebenso wenig Talent hat wie zum Ehemann. Tapfer ermahnt er sich, von solchen Beklemmungen Abstand zu nehmen. Die Jugend ist vergangen. Außerdem hat er seine rote Linie gezogen. Er wird sich nicht ins Räderwerk einer geregelten Arbeitswoche fügen. Wenn ihm nach Reisen ist, reist er und lässt den Tag der Rückkunft offen. Ein bisschen Schweifen darf noch sein.

Am schweizerischen Ufer stehen die Häuser in einer geschlossenen Reihe. Es gibt eine Kaimauer, der mittelalterlich dunkle Turmhof mit seinen Dachhauben und das barocke Rathaus sprengen die Dimension eines Bauerndorfs vollends. Steckborn hat das Gepräge einer Kleinstadt. Hesse verlässt den Landesteg durch einen Torbogen und taucht in die sperrige Welt der Riegelhäuser ein, deren Fachwerk viel besser in Schuss ist als das der badischen. Auch seine Heimatstadt Calw ist geprägt von diesem Übermaß an Ständern und Schwellen, Andreaskreuzen und Streben.

Gleich an der ersten Ecke begegnet ihm eine Kutsche, die rheinabwärts unterwegs ist. Hesse folgt ihr in Gedanken, er eilt ihr voraus und ist in einer Sekunde am Gotthard, hinter dem der ersehnte Süden liegt. Am liebsten würde er Koffer, Tasche und Rucksack neben dem nächsten Hauseingang abstellen und mit langen Schritten loswandern. Schon drückt ihn der steife Kragen, die sorgfältig gebundene Schleife wirkt lächerlich. Es ist ihm weiß Gott nicht zu kalt. Jetzt soll eine Zeit voll Freiheit und italienischer Leichtigkeit beginnen! Der Himmel weitet sich und ist erfüllt von einem

Licht, das der Dichter in seinem Innern hegt. Die ganze Welt soll davon erstrahlen.

Bis der Zug kommt, muss er noch mehr als eine Stunde herumbringen. Er wird ein paar gute Dinge für die Reise kaufen. Mia hat die Magd allerlei einpacken lassen. Die Gläser mit dem Eingemachten hat er still zurückgestellt. Hesse kauft sich eine Chemiwurscht und eine Flasche Thurgauer Wein. Sein Gepäck erweist sich in den engen Läden als hinderlich. Nachdem er beim Krämer um ein Haar die Bonbonniere von der Ladentheke gestoßen hätte, beschließt er, sofort zum Bahnhof zu gehen und lieber dort zu warten. Die gute Laune ist schon wieder halbwegs hin. Ein leiser Druck in seinem Schädel kündigt neues Kopfweh an.

Gerade will er vom Obertorplatz ins Storchengässli abbiegen, als ihm ein Mann im schäbigen Anzug auffällt. Er trägt weder Mantel noch Jacke. Sein Hemdkragen ist schmutzig, der Hut hat seitlich ein Loch. Eine Hand hält er in der Rocktasche verborgen, der Ellenbogen steht schräg zur Seite. Mehrmals blickt er sich um. Hesse drückt sich in den Schatten einer Mauer. Der Mann scheint ihn nicht bemerkt zu haben. Ruckartig zieht er jetzt die Hand hervor, Kolben und Trommel eines Revolvers werden sichtbar. Sogleich stößt er die Waffe zurück in die Tasche und eilt, sich nach links und rechts umschauend, davon.

Bei diesem Anblick, vielleicht ausgelöst durch das verbrechermäßige Auftreten des Mannes, steigt Missmut in Hesse auf. Er fühlt sich ähnlich unwohl wie nach dem Traum, in dem er selbst zum Mörder wurde. Sein Gewissen regt sich, als hätte er etwas Schlechtes getan. Von der vor ihm liegenden Reise erwartet er bloß noch Mühsal. Am Bahnhof wird es ziehen, der Zug wird ihn durchschütteln, bis alle Knochen schmerzen. Vom Wetter im Tessin war auch nichts Gutes zu hören. Schon flucht er, weil er sich selbst nicht zu Hause lassen kann. Um das Maß vollzumachen, drücken seine neuen Schuhe. Er hat sie schon zweimal zum Schuhmacher gebracht, geholfen hat es nicht. Er geht in Gedanken seine Reiseapotheke durch. Es fehlt Aspirin. Am Morgen hat er übermütig nur eine kleine Anzahl Medikamente eingepackt. Das scheint ihm nun gewagt.

Vor der Apotheke sieht er den Revolvermann wieder, wie er unentschlossen vor der Tür auf und ab geht. Auf einmal bleibt er stehen und legt den Kopf schief, als dächte er nach. Er scheint auch zu einem Entschluss zu kommen, denn in seinem Gesicht zeigt sich größte Zufriedenheit. Die Rechte steckt nach wie vor in der Tasche, die Linke patscht ungeschickt auf die Türklinke. Da geht Hesse auf ihn zu. Der Mann hebt den Kopf, seine Augen werden schmal. Hesse starrt auf die Rechte. Wenn er den Revolver zieht, muss er ihm sofort auf den Unterarm schlagen und ihn irgendwie überwältigen. Er ist alles andere als ein Held. Aber bevor es hier zu einem Blutbad kommt, muss er eingreifen. Wie Hesse auf ihn losstürmt, verzieht der Unbekannte das Gesicht. Es sieht auf einmal aus, als wollte er gleich losheulen. Mit eingezogenem Kopf weicht er zurück, dreht sich um, rennt davon. Hesse sieht ihm nach, bis der Mann in der nächsten Gasse verschwunden ist. Erst dann betritt er selbst die Apotheke.

Die Türglocke schlägt an und verhallt. Sein Gepäck in Händen steht er im Verkaufsraum, niemand erscheint. Eine Klappe in der Theke ragt steil in die Luft, der Durchgang nach hinten ist frei. Vielleicht ist das Schlimme schon geschehen und er muss nur ein paar Schritte tun, um auf den verrenkt daliegenden Leichnam des Apothekers zu stoßen. Das Blut wäre noch warm. Wie lange braucht ein Mann, um einen Mord zu verüben? Eine Minute? Fünf? Klar, eine Kugel erledigt das in einer Sekunde. Aber vorher will der Revolver gezogen, das Opfer gestellt, der Finger am Abzug gekrümmt sein. Endlich hört er vom Hinterraum Schritte. Unwillkürlich setzt Hesse den Koffer ab.

Zwischen den weißen Porzellan- und dunklen Glasgefäßen in den Regalen erscheint zu seiner Überraschung eine junge, elastische Frau. Sie ist vielleicht fünfundzwanzig, hat ein strahlendes Lächeln und eine schnell aufflammende, reizvolle Röte im Gesicht. Die blonden Haare sind zu Zöpfen geflochten, die auf ihrem Kopf ein anmutiges Nest bilden. Die Nase ist ein bisschen spitz, was noch betont wird, weil sie den Kopf hoch trägt. Ihre Augen strahlen, gleichzeitig zeigt sich darin ein Hauch von Verlegenheit. Noch nie hat er ein holderes Wesen gesehen.

»Ich kenne Sie ja gar nicht«, sagt er vor lauter Überraschung.

»Und ich seh Sie hier auch zum ersten Mal«, entgegnet sie in schönster Schweizer Mundart und mit sonnenstrahlendem Blick.

Frisch und ohne Scheu erzählt sie, dass sie aus Luzern für einige Zeit hierhergekommen sei, um ihrem erkrankten Vetter die Apotheke zu führen. Daheim helfe sie ihrem verwitweten Vater, sie sei sozusagen zwischen Tinkturen, Pillen und Pulvern groß geworden. Hesse trinkt ihr Gesicht. Ihre Lippen sind voll, der Mund breit mit starken weißen Zähnen. Die Augenbrauen sind kräftig und beinah gerade. Aspirin habe sie nicht vorrätig. Sie fragt ihn nach Häufigkeit und Dauer seiner Kopfschmerzen und empfiehlt ihm ein Mittel des Hauses. Diesen Balsam hat er schon ausprobiert, ohne Erfolg. Er verlangt ihn trotzdem. Sie nimmt einen Topf aus dem Regal und wiegt eine Portion davon ab.

»Darf ich fragen, was Ihr Beruf ist?«

»Ich bin Poet. Ich schreibe Gedichte, die aber beinah niemand kennt.«

»Das hab ich mir gleich gedacht«, ruft sie, »Sie schauen so nach innen. Ich liebe die Poesie.«

Es klingt nicht mal albern.

»Aber nun müssen Sie mir Ihren Namen verraten, damit ich es weiß, wenn ich einmal eines Ihrer Büchlein zu Gesicht bekomme.«

Er zögert. Seinen wirklichen Namen will er ihr nicht nennen. Dabei könnte er nicht sagen, was ihn davon abhält. Alle kennen ihn hier. Womöglich ist genau das der Grund. Er könnte ein anderer sein, nur für sie. Vielleicht sollte er behaupten, dass er seine Gedichte privat drucken lässt und bloß an Freunde verteilt.

»Calwer«, entgegnet er endlich. »Hermann Calwer.«

Artig verbeugt er sich.

»Daphne Fuxius.«

»Sehr erfreut«, bringt er raus. Dabei zweifelt er an diesem Namen.

Sie blickt ihm forsch in die Augen.

»Nein, Müller heiße ich bloß. Daphne stimmt aber.«

Ihr helles Lachen tanzt über die hohen Gestelle mit all den glänzenden Gläsern und Töpfen. Hesse bringt nicht mehr als ein schmales Lächeln zuwege. Er fragt sich, ob sie seine Flunkerei bemerkt und deshalb ihrerseits gelogen hat. Wieder flammt die schöne Röte über ihre Wangen. Schnell nennt sie ihm den Betrag für das Mittel. Er zahlt und hat schon sein Gepäck in der Hand, als die immer noch aufklaffende Verkaufstheke ihn an den Mann mit der Pistole erinnert.

»Ich will Sie nicht erschrecken, Fräulein Müller. Aber ich

habe vor dem Haus einen finsteren Kerl herumstrolchen sehen. Der schien zu Ihnen hineingehen zu wollen. Als er
mich sah, lief er vor Schreck auf und davon.«

Von der Waffe will er der Apothekerstochter lieber nichts
sagen. Sie würde ihn am Ende für einen Spinner halten.

»Irgendetwas hat mir an dem nicht gefallen.«

»Hatte er einen schwarzen Hut auf mit einem Loch darin?«

Hesse nickt.

»Und hielt er vielleicht einen Revolver in der Hand?«

»Woher wissen Sie –?«

»Dann war es der Vogler von Winterthur. Aber der ist
harmlos, oder? Im Kopf ein bisschen zurück.«

Sie macht mit dem Finger eine Kreisbewegung neben
ihrer Schläfe. Schöne schmale Hände hat sie auch. Von einem Vogler, der hier rumstrolcht, hat Hesse nie gehört. Er
beschließt, nicht misstrauisch zu sein.

»Der hat so einen Spielzeugrevolver mit Zündplättchen.«

Hesse hat die Waffe für echt gehalten. Ein bisschen belämmert schaut er jetzt drein und fühlt sich auch so.

»Manchmal schießt er.«

Fräulein Müller streckt den Zeigefinger vor und zielt auf
ihr Gegenüber.

»Peng!«

Das hat so wenig Nachdruck, dass nicht mal eine Blume
davon umgepustet würde. Zum zweiten Mal erklingt ihr
unwiderstehliches Lachen.

Nervöse Beschwerden

Seit seiner Ankunft in Locarno hat er noch keinen Sonnenschein gesehen. Auch dieser Tag beginnt grau. Hesse steigt die Treppe des Kurhauses Monti hinab und stößt im Flur als Erstes auf die rot getigerte Katze. Sie ist so mager, als gönnte man ihr kein bisschen der üppigen Reste, die von den Tellern der Kurgäste in große Eimer geschabt und als Schweinefutter an die Bauern verkauft werden. Die Katze heißt Diva, wenn er richtig gehört hat. In seinen Augen ist sie eine abgesetzte Göttin, der niemand mehr Opfer bringt. Beinah täglich kreist sie mit erhobenem Schwanz um einen leeren Napf. Wenn er sich nähert, streicht sie ihm schmeichelnd um die Beine, und er hat sich angewöhnt, ihr vom Tisch etwas mitzubringen. Auch jetzt kommt sie zu ihm. Doch er hat nichts. Er will sie vor dem Frühstück nicht streicheln. Er müsste zum Händewaschen zurück in sein Zimmer gehen, ungewiss, ob der Wasserkrug vom Vortag nicht bereits weggenommen und ein neuer schon hingestellt wurde. Endlich hat die Katze mit ihrem Drängen Erfolg. Er hockt sich hin, um ihr mit der Hand über den Kopf zu fahren. Da springt sie weg und rennt mit Karacho in die Küche.

Hesse richtet sich auf. Das lästige Sodbrennen kündigt sich an. Seit bald zwei Wochen ist er im Tessin und friert andauernd. Das Kurhaus wird nicht beheizt, das Wetter ist unfreundlich, das Essen beinah unverdaulich. Sein Zustand hat sich keinesfalls gebessert. Allenfalls schläft er etwas mehr, meistens nach Einnahme von Veronal. Sein Magen will sich nicht erholen. Die anhaltend schlechte Witterung und das Fehlen passender Mitgäste haben dazu beigetragen, ihm die Laune gründlich zu verderben. Er spielt seit Tagen mit dem Gedanken, wieder abzureisen. Brunos Gebrabbel vermisst er ebenso wie die Wärme von Mias Körper neben sich im Bett. Er hat sich sehr daran gewöhnt, nicht allein zu leben. Wenn er an den Hausbau denkt und die dauernden Verzögerungen, den kleinen und den großen Ärger mit den Handwerkern, verliert er jedoch rasch die Lust, wieder daheim zu sein. Seinem Freund Finckh, der in Gaienhofen ebenfalls neu baut, weil ihm die alte Hütte abgebrannt ist, wollte der Zimmermann wurmstichiges Holz unterjubeln. Durch Zufall entdeckte das ein Nachbar. Vor derartigen Widrigkeiten hat Hesse einen Horror.

Die meisten anderen Gäste sind bereits gegangen, als er den Speisesaal betritt. Auf den Tischen finden sich allenthalben Brotkrümel, Marmelade- oder Butterflecken und Ränder von Kaffee oder Tee. Der kleine Tisch am Fenster ist besetzt. Das ist eigentlich sein Platz. Er bietet einen wunderbaren Ausblick auf die Hügel jenseits des Maggiadeltas. Selbst bei Regen kann er sich noch in das Spiel des Lichtes in den dunkel über dem Lago hängenden Wolken vertiefen. Kurgastgespräche erträgt er in der Frühe nicht. Nun sitzt an diesem Tisch nebst Gattin der ostelbische Offizier, der beinah jeden Morgen einen Wutanfall bekommt. Einmal hat er sich derart über die fehlende Butter erregt, dass er schreiend und mit den Füßen stampfend im Raum umherlief und zuerst das Mädchen, später aber die gesamte Welt verantwortlich machte. Ein anderes Mal, Hesse weiß nicht warum, hat derselbe Mann sein Frühstücksgeschirr gegen das Fenster geworfen. Wieder ein anderes Mal hat er seine Serviette zu Boden geschleudert und ist unter lauten »Scheiße!«-Rufen aus dem Raum gestoben. Der Junker sucht sich gern Gesprächspartner, bei denen er das Kurhaus und seine Ärzte schlechtmachen kann. Für ihn sind hier nur Pfuscher am Werk. Von der Neurasthenie, unter der er nach eigenen Angaben leidet, verständen sie so viel wie die Fische vom Fliegen. Die anderen Gäste lachen über ihn. »Der ist nicht neurasthenisch, sondern hysterisch«, unkte ein selbst nicht gerade ausgeglichener Finanzbeamter vorgestern, »schlimmer als 'ne alte Jungfer.«

Hesse glaubt, dass die Gattin, die ebenfalls Patientin ist, wie sie betont, den Offizier mit ihren ätzenden Bemerkungen erst in Rage bringt. Wenn er dann explodiert, kann sie ihm seine mangelnde Haltung oder Selbstkontrolle vorwerfen. Das wiederum zerknirscht den alten Soldaten. Die beiden nun vom Tisch zu verscheuchen könnte Krieg bedeuten. Darauf verzichtet Hesse lieber.

An dem größeren Nebentisch wäre noch ein Platz frei, der fast die gleiche gute Aussicht böte. Nur sitzt dort mit dem Rücken zum Fenster ein magerer junger Mann aus München, Philologie-Student und Sohn eines bekannten Intellektuellen. Dieser hochnervöse und erschöpft wirkende Mensch hat Hesse bei einer Begegnung vor wenigen Tagen ohne jede Scheu seine Symptome aufgezählt: Unlustneurose, Energielosigkeit, Gedankenhemmung, Zwangsideen, Melancholie, Hypochondrie, Konzentrierungsunfähigkeit, Erschöpfungszustände, Angstgefühle, Lähmungsgefühle, Apathie, Lethargie, Grübelsucht und durch sie bedingte Schlaflosigkeit, Misstrauen, Verstimmtheit, Selbstmordgedanken, ungleicher Geschlechtstrieb, Rührseligkeit, innere

Unruhe und Unbehagen, Temperamentlosigkeit, Empfindlichkeit, Menschenscheu aufgrund von Ekelgefühlen, Befangenheit, Ungeduld, Humorlosigkeit, Langeweile, Wankelmut, Launenhaftigkeit, Hoffnungslosigkeit, Schwermut, Unzufriedenheit. Er war spürbar noch nicht am Ende seiner Latte, als Hesse ihn endlich unterbrechen konnte. Nach diesem Vortrag fühlte der Dichter sich direkt gesund. Dennoch will er die Fortsetzung der Liste lieber anderen Ohren anvertraut wissen.

Hesse wählt das kleinere Übel und nimmt an einem frisch eingedeckten Tisch in der Nähe des Berliner Bürstenfabrikanten Groneck Platz. Dort wird sich niemand zu ihm setzen. Der bereits ältere Groneck hat ihm eines Abends beim Kartenspiel mit gesenkter Stimme von seinen Beschwerden erzählt. Er leide unter Gasansammlungen im Darm, die nicht etwa nach unten entwichen, sondern durch den Mund und ihm dabei aufs Herz drückten. Er habe schon fünfhundert Ärzte konsultiert, keiner habe ein Mittel gefunden. Damit die Luft entweichen könne – nach oben!, wie er betonte –, treibe er Schreber'sche Zimmergymnastik. Vom jahrelangen Stabschwingen habe er leider Arm- und Achselschmerzen bekommen. Dazu sei er chronisch überarbeitet. Seine Frau habe darauf bestanden, ins Monti zu gehen. Aber man verstehe sich hier gar nicht auf die Nerven. Auch die Diät beeinflusse seine Symptome keineswegs positiv.

Groneck trägt einen hellen Anzug, was bei dem miesen Wetter schon trotzig wirkt. Das rüschenübersäte kaffeebraune Kleid seiner Gattin könnte noch aus der Zeit vor der Jahrhundertwende stammen. Es sitzt zu eng. Sie spricht selten, sie lässt ihn seine Gedanken entwickeln, um dann wie eine Natter aus dem Gras zu schießen und sie bissig zu vernichten. Ihre schärfste Waffe ist sein Schwiegervater, ein Veteran des Deutsch-Französischen Kriegs. Heute ein alter Mann, lasse er sich doch nicht von den eigenen Winden umblasen. Das hat sie tatsächlich einmal gesagt. Der Kaiser dagegen, den Groneck verehrt, ist ihr zu schlapp. Sie nennt ihn einen Geck, der nur in allerlei Uniformen paradieren wolle, große Worte führe, aber niemals zuschlagen werde. Das habe sich schon gezeigt, als er das Sozialistengesetz aufhob, und es zeige sich noch mehr in der Außenpolitik. In der Marokko-Frage sei er gegenüber Frankreich feige umgefallen. Da war der erste Wilhelm doch ein anderer Kerl, gerade, deutsch und unbezwinglich. »Viktorchen, davon verstehst du nichts«, sagt Groneck dann zu ihr. Worauf sie nur ein hohes und verächtliches »Hm« von sich gibt. Hesse hat sie schon öfter heimlich betrachtet. Mit ihrem runden Gesicht und dem grauen Haar sieht sie dem alten Wilhelm ein bisschen ähnlich. Er kann sich gut den Backenbart dazudenken.

Lange wartet Hesse auf sein Frühstück. Er hat schon gesehen, dass heute dieses zierliche Mädchen namens Claudia serviert, das selbst hochnervös ist und unglaublich schnell zu weinen beginnt. Claudia fasst beinah jedes nicht geflüsterte Wort als Tadel auf. Manche Gäste lachen heimlich über sie. Hesse will sich zartfühlend zeigen und den Fehler in der Sitzordnung übergehen. Womöglich will er sich damit selbst schützen. Er hat so ein Gefühl, dass es nur noch eines geringen Anstoßes bedarf, um ihn aus dem Kurhotel des Doktors Betz zu vertreiben. Er denkt an Venedig oder lieber noch an Florenz, wo die Sonne sicher wärmer, die Luft linder ist. Der Tessin erscheint ihm in diesem Moment wie eine Schrumpfversion seines italienischen Traums.

Solange er wartet, beobachtet er weiter das Fabrikanten-Ehepaar. Groneck verschlingt sein Frühstück nach einem fixen Plan und mit unfassbarer Geschwindigkeit. Zuerst isst er das Ei, solange es noch warm ist, dann Wurst und Schinken mit reichlich Brot. Trauben, Apfel- und Orangenspalten verschwinden zwischen seinen Lippen, ohne dass es zu sichtbaren Kaubewegungen kommt. Dabei bekleckert er sich regelmäßig, was ihm wiederum Tadel einträgt. Seine Frau wischt ihm manchmal mit angefeuchteter Serviette über den Schnauz. Während er isst und erst recht, wenn er selbst alles weggeputzt hat, wildert er im Frühstück der Gattin, deren geringer Appetit nicht recht zu ihrem Umfang passt. Die erste Tasse Kaffee kippt er nach dem Ei runter (sie muss aber vor dem Ei eingeschenkt sein). Die zweite Tasse leert er zum Abschluss wie die erste in einem Zug.

Das Mädchen bringt den Tee. Es scheint selbst irritiert zu sein, Hesse an diesem ungewohnten Platz vorzufinden. Er schweigt. Groneck winkt und ruft nach Claudia. Barsch verlangt er seine Post. Schon werden ihre Augen feucht. Das übersieht Groneck, er ruft ihr noch ein lautes »und zwar dalli« hinterher. Die weißgelben Borsten auf seinem Kopf, die seiner eigenen Fabrik entstammen könnten, weisen steil nach oben. Der Schnurrbart wirkt wie eine Drahtbürste. Hesse rechnet fest damit, dass er nun auf seine Geschäfte zu sprechen kommt. Er scheint kurz davor zu sein, mit Berlins neuem Luxustempel, dem Kaufhaus des Westens, ins Geschäft zu kommen. Stattdessen zieht er einen Zettel aus der Rocktasche und legt ihn seiner Frau hin. Gespannt schaut er zu, wie sie aus ihrer Handtasche das Lorgnon kramt und es mit abgespreiztem kleinen Finger vor die Augen hält. Ihre Miene ist zuerst neugierig, verschließt sich aber schnell.

»Da möchte ich gern mal hin, Viktorchen«, sagt Groneck.
»Die verstehen vielleicht mehr von der Sache als hier.«

Sie lorgnettiert weiter den Zettel. Heimlich ist sie sicher schon dabei, ihre Kanonen auszurichten.

»Kuck ma. Herrliches Klima in allen Jahreszeiten. In der Glashalle ist es bis fünfundvierzig Grad warm.«

Viktorchen scheint nun schussbereit.

»Du willst doch nur den Weibern uff de Beene glotzen.«

»Viktorchen. Warum soll ich denen uff de Beene glotzen? Die gehen doch alle nackt da.«

»Nackich? Und zu diesen Schweinen willst du gehen? Pfui Deibel.«

»Viktoria, das ist wegen der Gesundheit. Die haben den größten Luftpark Europas.«

»Und das größte Lumpenpack Europas. Das sind doch lauter Anarchisten. Die ganzen Russen. Die werden uns mit einer Bombe in die Luft jagen, wenn sie gehört haben, dass wir Fabrikbesitzer sind.«

»Ich würd gern hin, das muss man doch gesehen haben.«

»Nein, nein und noch mal nein.«

Groneck holt Luft, erwidert aber nichts mehr. Während die Frau das Lorgnon wegpackt, wirft er einen hilfesuchenden Blick in Hesses Richtung. Der kann nicht schnell genug wegschauen und zuckt, als der andere die Augen verdreht, möglichst neutral und nur ein ganz kleines bisschen, die Achseln. Claudia kommt gerade mit Hesses Frühstück herein. Sofort zitiert Frau Groneck das Mädchen zu sich, schiebt geräuschvoll den Stuhl nach hinten und erwartet es im Stehen. Verunsichert behält Claudia das volle Tablett in den Händen und empfängt die Befehle der Unternehmersgattin für ein Lunchpaket und einen Termin, den sie noch am Vormittag bei Dr. Betz haben will. Das zu arrangieren ist nicht Aufgabe des Mädchens, doch die Alte insistiert, bis Claudia knickst und ihr verspricht, alles zu tun. Endlich schiebt die Fabrikantengattin ab. Groneck scheint davon nichts mitzukriegen. Er hat sich in einen Brief vertieft und bleibt ruhig allein am Tisch zurück.

Claudia serviert Hesse den Haferschleim. Außerdem bringt sie einen Korb mit Brot, ein Ei und eine Scheibe fetter grauer Streichwurst, alles Dinge, die er mit Rücksicht auf seinen ruinierten Magen nicht essen will und kann. So gibt es jeden Morgen irgendein Durcheinander. Es hat sich als sinnlos erwiesen, dagegen anzukämpfen. Er sagt wieder nichts. Claudia bemerkt jedoch seinen Blick auf die Wurst. In ihrem Gesicht macht sich wie bei einer kleinen Göre eine Mischung aus Angst und trotzig behaupteter Unschuld breit. Sie bleibt am Tisch stehen, als wollte sie einen Tadel herausfordern.

»Würden Sie mir die Post bringen, Signorina Claudia?«

Seiner Meinung nach hat er höflich und zuvorkommend gefragt. Sie schafft es dennoch, ein paar Tränen die Wangen hinunterzustürzen, bevor sie aus dem Raum watschelt.

»Na, die kann ja heut wieder ganix vertragen.«

Groneck steht auf einmal dicht neben ihm. Hesse starrt direkt auf die kleinen gelben Ei-Krümel, von denen ein paar sogar auf der Uhrkette gelandet sind.

»Schaun Se sich das mal an.« Groneck legt den Zettel, den er vorhin seiner Frau präsentiert hat, neben Hesses Teller. »Ich glaube, das könnte was für Sie sein. Ich würd da sofort hingehen, wenn die Alte nicht wäre. Sei'n Se bloß froh, dass Ihre nicht mitgekommen ist.«

Er haut dem Dichter auf die Schulter, dass es knackt.

MONTE VERITÀ

Hotel, Vegetarische Pension
Erholungsheim

——————oo——————

Die schönste Aussicht auf den Lago Maggiore. 350 m. über dem
Meer, 150 m. über dem See. Herrliches Klima in allen Jahreszeiten,
das sonnigste in Europa. Hauptsaison vom 1. März bis 1. Dezember.

————

Hotel mit Centralheizung und modernem Comfort. – Lufthäus-
chen. – Restaurant. – Tea Room. – Elektrische Beleuchtung.

————

Vorzügliche vegetarische (einschliessl. Milch, Butter, Eier), vege-
tabilische- und Obstdiät
Vollwertige und sorgfältige Zubereitung aller Speisen.

————

Die grössten Luftparks der Schweiz (25000 qm) vollständig
eingezäunt. – Badehaus. – Glashallen für Sonnenbäder (im Winter
30–45 Gr.). – Bäder im Freien. – Seebäder. Tennis.

————

Luftkur, Obst- und Traubenkur. – Fastenkur.

————

Gesellschaften, Concerte, Vorträge.
Gelegenheit zu Gartenarbeiten und zur Teilnahme an industri-
ellen Kursen, Kochkursen und gymnastischen Uebungen.
Klavier- und Sprachunterricht.

————

Herrliche Umgebung für Ausflüge und Bergtouren.

Dieser feste, kumpelhafte Hieb hat Hesse gutgetan. Es ist
so was Reales daran, etwas Unleugbares oder auch Eindeu-
tiges. Ohne sagen zu können, woher das rührt, muss er an
seinen Vater denken. Auch der ist sehr nervös. Früher zog
er sich oft in sein Zimmer zurück, hatte Kopfschmerzen,

durfte von nichts und niemand gestört werden. Eine derartige grobe Herzlichkeit, wie sie Hesse eben begegnete, hat er und wird er von seinem Vater nie im Leben erfahren. Seine Gedanken wandern zur Studierstube des Alten. Da huscht ein kaum wahrnehmbarer Schatten über das Tischtuch. Er hebt den Blick. Claudia steht da. Sie hat nicht die gewünschte Post dabei, sondern lediglich auf einem silbernen Tablett ein Kärtchen.

»Signore -esse, ein -erre ... Cramere will s-preche Signore«, murmelt sie in unbeholfenem Deutsch.

Adolf Kramer, Redaktor des Feuilletons, liest er auf der Karte. Der Name des Mannes sagt ihm nichts, die Zeitung ist ihm dagegen wohlbekannt. Bis in den Tessin wird er nun also verfolgt.

»No!«, ruft er, »Non volo! Capisce?« Sein gesprochenes Italienisch ist nicht besser als ihr Deutsch. »Sagen Sie ihm, ich sei unwohl. Nein, sagen Sie, ich sei beschäftigt. Der Herr Kramer möchte morgen wiederkommen. Ritorni –«, jetzt fällt ihm die einfachste Vokabel nicht ein, »morgen!«

Er hackt mit dem Finger auf das Kärtchen. Claudia verzieht das Gesicht. Schon wieder heulend, geht sie hinaus. Der Münchener Student starrt Hesse vorwurfsvoll an. Als der nicht reagiert, springt er auf und läuft dem Mädchen hinterher.

Hesses Entschluss ist schnell gefasst. Noch bevor er zurückkehrt und auf die Gefahr hin, diesem unverfrorenen Redakteur in der Diele zu begegnen, eilt er aus dem Saal. Dass er keinerlei Speise angerührt hat, wird das Mädchen gleich noch einmal in Verzweiflung stürzen. Er hat nicht mal an Diva gedacht, die immer noch hungrig vor der Küchentür herumstreicht. Zu seinem Glück ist hier kein Mensch zu sehen. Ein letztes Mal beugt er sich hinab, um dem Tiger Lebewohl zu sagen. Die Katze lässt die Beine einknicken und streckt ihm ihre hinteren Öffnungen entgegen. Er kriegt Lust, ihr Daumen und Zeigefinger in die Seiten zu klammern und den Hinterleib auf den Boden zu drücken. Da hört er jemand auf der Treppe und eilt stracks zur Rezeption. Er sagt alle Anwendungen ab und verlangt die Rechnung. Auch einen Wagen lässt er ordern.

Auf dem Weg nach oben bildet er sich ein, den Strohläufer unter seinen Füßen knistern zu hören. In einer Stunde wird er abgereist sein. Arrivederci, Haus Monti, arrivederla, Dr. Betz! Mein Magen hat Ihre Kur nicht vertragen, und meine Nerven wurden nicht geschont. In Ihren unbeheizten Räumen habe ich gefroren. Und böse Träume hatte ich obendrein. Nun wollen wir sehen, ob nicht was anderes besser hilft.

In seinem Zimmer, eigentlich ein ganz aparter Raum mit hellblau-weiß gemusterter Tapete und dem nämlichen schönen Blick über das Maggiatal, stemmt er den Koffer aufs Bett. Eilig packt er seine Sachen, auch die Seife des Hauses nimmt er mit. Monte Verità – davon hört er nicht zum ersten Mal. Der Berg der Wahrheit soll weit mehr sein als ein vegetarisches Sanatorium, eine Art kommunistisches Projekt, bei dem alles gemeinsam erwirtschaftet und verzehrt wird. Spötter erzählen, dass dort ein paar weltanschauliche Spinner nackt den Garten umgrüben und von Wurzeln und Beeren beziehungsweise von Geschnorrtem lebten. Andere berichten von fantastischen Heilerfolgen. Nicht zuletzt verspricht es dort warm zu sein.

Die Dunkelkammer

Mia beobachtet ihre Schwester durchs Fenster der guten
Stube, wie sie den randvollen Zinkeimer zum Haus schleppt.
Es scheint ihr kaum Mühe zu machen. Gerade hat das Wetter wieder mal gewechselt, die Sonne ist rausgekommen
und verwandelt den Tag in ein Versprechen auf den Sommer. Fast scheint es, als wollten die jungen Triebe an den
Büschen und Bäumen rings um die Kapelle gleich durch-
brechen. In der Zeitung stand, dass es schneien sollte. Keine Spur davon. Dafür hat es eben noch wie aus einer riesigen Gießkanne geregnet und nachher wird es das wieder
tun. Tuccia hat diese Pause zwischen zwei Schauern genutzt,
um Wasser zu holen. Sie ist immer bemüht um ihre Lieb-
lingsschwester. Bei ihrem Gang in die Küche wirft Mia einen Blick auf die Feuerung des Stubenofens. Sie hat wahrhaftig vergessen, die Klappe zu schließen! Sie muss froh sein,
dass kein Funke herausgesprungen ist. Bevor sie die guss-
eiserne Tür schließt, legt sie noch ein Scheit nach.

Sie nimmt Tuccia den Eimer ab und wuchtet ihn in den
Spülstein. Karline wird sich freuen, dass Wasser da ist, wenn
sie zurückkommt.

»Ça suffit maintenant.«

»Regarde ton dos!«

Ich habe keine Rückenschmerzen mehr, sagt Mia. »Je peux faire ça, moi-même.«

»Mais, je voudrais bien t'aider.«

Es macht sie glücklich, miteinander Französisch zu sprechen, das haben sie im Fotoatelier häufig zum Zeitvertreib getan. Bald wird es endgültig damit vorbei sein. Die kleine Tuccia zieht mit ihrem Boehringer nach dem großen, halb noch wilden Amerika. Dort wird sie Englisch reden.

»Il faut que tu me viennes voir.«

Aber nein, das ist mir zu weit weg, denkt Mia, auch wenn sie sagt: »Bien sûr, ganz sicher werd ich dich besuchen.«

Auf dem kurzen Weg in die gute Stube fassen sie einander um die Taille wie zwei alte Freundinnen beim Spaziergang. Im Stall ist was los, zwei Kühe muhen um die Wette, ein Kälbchen blökt. Das stört die Damen nicht.

Tuccia – Mathilde nennt sie nur noch der Vater – trägt ein blaues Kleid mit Blumenmuster und blassen gelben Linien, die sich wie elektrische Drähte von Blüte zu Blüte ziehen. Die Ärmel sind weit und schließen doch in einem engen Bündchen an den Handgelenken ab, besetzt mit Spitze wie der Kragen. Ihr Haar ist dunkel, hinter dem Kopf mit Nadeln zusammengesteckt und mit der Brennschere gelockt, die Augen schwarz, die Wangenlinien scharf, die Nase leicht gebogen. Oft hält man sie für eine Italienerin. Sie überragt ihre zehn Jahre ältere Schwester um zwei Handbreit und meist um mehrere Grade an Forschheit. An diesem Tag jedoch benimmt sie sich wie ein Huhn ohne Kopf.

Mia dagegen trägt ein Reformkleid aus hellem Kattun, das an den Säumen lustig gemustert ist, und eine selbstgestrickte braune Jacke. Die Schwestern haben Fotografie gelernt und ein paar Jahre lang in Bern ein Atelier für Kunstfotografie geführt. Sie waren modern in ihrer Auffassung von der Lichtbildgestaltung, sie gaben jours fixes für die kleine Basler Bohème. Sie tragen die Namen der berühmtesten Jungfrauen in der Geschichte des Abendlands: Maria, die Mutter Gottes, und Tuccia, die Priesterin der Vesta. Vorbei auch das, die Jungfrauen tragen nun den Ehering.

»Herrje«, ruft Tuccia, als sie in die Stube kommen, »meine Tasche steht ja am Ofen!«, und nimmt sie schnell weg. Sie packt jetzt aus, was sie nach Baden geschmuggelt hat, Schokolade, Nougat, Linzer Torte, getrocknete Feigen und Apfelsinen sind dabei. Die mag Mia gern, ihre Augen leuchten auf, als sie Früchte sieht. Tuccia hat – im Ärmel verborgen, um die Überraschung nicht zu verderben – ein Messerchen aus der Küche mitgebracht und beginnt gleich, die erste Apfelsine zu schälen. Mia fragt nach der Familie.

»Die Mutter ist wieder daheim von Spiez.«

»Und, geht es ihr besser?«

»Sie sagt, es geht ihr was im Kopf herum. Tagaus, tagein dasselbe Lied. Ich möcht schon wissen, welches, aber das verrät sie nicht.«

Mia hat unterdessen den Kater von ihrem Stuhl gehoben. Bevor sie sich setzen kann, springt er wieder auf das Polster. Sie schimpft mit ihm, das beeindruckt ihn nicht. Mia will ihn packen.

»Pass auf, er beißt gleich«, sagt Tuccia.

Tatsächlich schnappt Gattamelata nach Mias Hand.

»Und ihre Schmerzen?«

»Es liegt ihr etwas auf dem Magen wie ein dicker Stein. Im Klinikum haben alle möglichen Ärzte sie untersucht. Sie finden aber nichts.«

»Gehst du wohl«, sagt Mia. Sie nimmt von einem Stuhl ein Stöckchen und will den Kater damit vertreiben. Der springt nicht weg, bevor sie nach ihm schlägt.

»Jetzt ist er beleidigt.«

Tuccia lacht.

»Belastet es den Vater sehr?«, fragt Mia.

»Er spricht nicht drüber. Ich frag mich manchmal, ob er sie überhaupt noch wahrnimmt. Aber dann sagt eins von uns Kindern ihren Namen, und er, der völlig in Gedanken schien, seufzt tief. Der Vater ist alt geworden. Bis zum letzten Herbst hat man ihm seine achtzig Jahre nicht angemerkt. Aber seit der Lungenentzündung schleicht er am Stock durchs Haus und macht den Rücken krumm.«

»Er ist ein Greis.«

»Ganz mild ist er geworden. Gar nimmer störrisch.«

»Hat er zum Haus etwas gesagt?«

»Er hat gesagt, ob du dein Erbteil schon jetzt bekämest oder nach seinem Ableben, mache keinen Unterschied. Ich glaub, er hat inzwischen eingesehen, dass du das Richtige tust.«

»Schimpft er denn nimmer auf den Hermann?«

»Kein schlechtes Wort. Nur dass dein Mann dich so viel allein lässt, gefällt dem Vater nicht. Sonst weißt du's ja, was er sagt. Du habest deinen Kopf schon immer durchgesetzt und wärest ja auch bereit, was folgt, auf dich zu nehmen.«

Tuccia teilt die geschälte Orange und reicht die Hälfte ihrer Schwester. Den auf den Tisch getropften Saft tupft sie mit ihrem Taschentuch weg.

»Wie geht es dem Dölf?«, fragt Mia und dreht die halbe Frucht zwischen den Fingern.

»Er hält sich wacker. Ich glaube, es tut ihm gut, dass er Familie hat.« Tuccia beißt in die Apfelsine. »Mm. Du, die sind süß. Warum isst du denn gar nicht?«

»Die sind mir zu pelzig.«

Mia legt ihre Apfelsinenhälfte vor die Schwester hin.

»Das ist doch nur die Albedo. Wart, ich kratz sie dir ab.«
Tuccia macht ein bisschen mit dem Fingernagel daran
rum.

»Lass, du verdirbst dir noch die Hände. – Gerade regnet's
wieder. Aber nachher gehen wir einmal hinüber in den Er-
lenloh. Ich möchte dir zeigen, wo unser Haus hinkommt.«

»Ich hab nicht die rechten Schuhe.« Tuccia beugt sich
zum Fenster. »Ich glaub auch nicht, dass es noch mal zu
regnen aufhört. Es ist jetzt alles schwarz da draußen.«

»Hoffentlich lässt Karline den Buzi nicht nassregnen.«

»Freust du dich denn aufs Haus?«

»Bien sûr. Der Hindermann plant es genau, wie wir es
haben wollen. Ihr werdet doch auch bauen, wenn du erst in
Amerika bist.«

»Ach, Mia. Weißt du, ich freu mich sehr und ich hab meinen Rudolf wirklich lieb. Aber gerade ist mir schwer ums
Herz. Es ist doch schade um unser altes Leben. Ich stelle mir
manchmal vor, du wärest daheim geblieben und wir hätten
noch unser Atelier und unsere jours fixes.«

»Ich denke mir manchmal auch, wenn du erst fort bist,
bleib ich hier ganz allein. Als müsste ich auf einem Insel-
chen im Weltraum sitzen.«

»Wenigstens kannst du in zwei Stunden in Basel sein.«

»Lernst du fleißig Englisch?«

»Yes, Madam. Mais je préfère le français.«

»Schau, die Sonne lacht wieder. Nachher musst du doch
mit mir gehen. Der Finckh baut auch ein Haus, weißt du,
Hermis alter Freund und Rosendoktor? Dem ist seine Hütte im Winter abgebrannt. Er war nicht mal daheim, als es
passierte.«

»Da konnte ihm wenigstens nichts geschehen.«

»Er hat zwei Bernhardiner, die im Haus an der Laufleine fest waren. Sie konnten sich nur retten, weil die Stange, die die Leinen hielt, verbrannte. Der Hermi hat Gott und der Welt geschrieben, damit der Finckh eine neue Bibliothek zusammenbekommt. Du glaubst es nicht, wie viele da gespendet haben.«

»Als gäb es sonst nichts auf der Welt, was wichtig ist, als Bücher.«

Karline kehrt mit dem Buzi zurück. Ihr Haar ist nass und ihre Wangen sind rot. Aber der Kleine scheint trocken zu sein. Mia nimmt ihn entgegen und setzt sich direkt neben den Ofen, damit er es warm hat.

»Er ist ein Stückchen an der Hand gelaufen. Das hat uns Spaß gemacht, was, Bruni? Aber wir wollten uns die Schühchen nicht schmutzig machen, gelt? Nein, nein. So vorsichtig waren wir, als sollten wir übers Moor laufen, immer erst mit den Zehenspitzen tasten und am liebsten nicht auftreten. Und schon wollten wir wieder in den Wagen, was?«

»Ich hoffe, du hast ihn nicht nass werden lassen.«

»Ich habe eine von den alten Decken über den Wagen gelegt. Aber ich glaube, er stinkt«, sagt die Magd und streckt die Hände nach dem Kleinen aus.

»Das mach ich selbst«, erwidert Mia. »Schau einmal, Buzi, schau, da ist die Tante Tuccia. Ja, ja. Gleich kommst du mal zu ihr. Wohl. Aber vorher windeln wir dich schön. Hast du das Selchfleisch bekommen, Karline?«

»Der Bauer war nicht da, und die Bäuerin hat keines rausgeben wollen. Sie hat gesagt, sie hätte den Schlüssel zum Keller nicht, in dem das Fleischfass steht.«

»Dann geh nachher noch mal hin.«

»Der kommt heut Abend erst zurück, hat sie gesagt.«

»Geh trotzdem noch mal.«

Karline nickt, sie knickst sogar ein bisschen.

»Tuccia, kommst du?«

»Ach, weißt du, ich sitze gerade so gemütlich. Ich warte hier auf euch.«

»Ich seh mal nach der Post«, sagt Karline. »Wie viel das wieder sein wird … Am besten nehme ich den Kinderwagen dafür mit. Dreckig ist er ohnehin schon.«

Als Mia zehn Minuten später wiederkommt, lächelt sie. »Er hat den nächsten Stockzahn. Weißt du, er kriegt sie ganz außer der Reihe. Magst du ihn jetzt mal nehmen? Buzi, gehst du zur Tante, hm?« Sie reicht ihr den frischgewindelten Kleinen. »Du musst doch das Köpfchen nicht mehr halten«, lacht sie. »Das Männlein läuft doch bald allein. – Ach, ich möchte jedes Jahr ein Kind.«

»Wie die Mutter.«

Darauf erwidert Mia nichts.

»Nur war der Vater nicht allezeit auf Reisen.«

»Fängst du jetzt auch damit an? Der Hermi kann es nicht aushalten, immer daheim zu sein. Er fühlt sich schnell beengt, weißt du?«

»Und du fühlst dich einsam.«

»Wie kommst du darauf? Ich habe den kleinen Buzi hier, ich habe bald ein Haus und einen richtigen Garten. Und immer kommen Leute vorbei.«

»Die ihr gar nicht kennt.«

»Auch viele, die wir kennen. Nur du wirst fehlen! Versprich mir, dass du recht oft in die Schweiz zurückkehrst!«

Irgendetwas hat die Tante bei dem Buzi falsch gemacht. Er fixiert sie mit einem langen, lidschlaglosen Blick. Sie scherzt mit ihm. Sie hält ihm sogar das Ohr hin, damit er am Gehänge ziehen kann. Als er stattdessen in ihr Haar greift und kräftig daran reißt, ruft Tuccia »Au« und schiebt das Händchen ihres Neffen fort. Da fängt er zu heulen an. Sofort nimmt Mia ihn zurück.

Kurze Zeit später sitzen sie beim Tee, den Tuccia aufgegossen hat. Es macht ihr nichts, solche Arbeiten zu übernehmen, die eigentlich Sache des Mädchens sind. Im Gegenteil, sie geht der großen Schwester mit Vergnügen zur Hand. Nur aufs Windeln hat sie gern verzichtet. Sie hat den süßlichen Geruch durchaus bemerkt, der durch die Stube zog. Nicht dass sie keine Kinder möchte. Aber eines oder zwei werden reichen. Oder doch keins … Sie fühlt sich noch nicht reif für die Ehe. Ganz plötzlich kam das, sie hat mit niemand darüber gesprochen. Mia wäre sowieso die Einzige, der sie sich anvertrauen könnte. Solange die mit ihrem Glück angibt, geht es freilich nicht. Sie glaubt ihr auch nicht ganz, denn ab und zu vergisst sich ihre Schwester und zeigt ihr trauriges Gesicht. Sie kann manchmal gerade so verloren schauen wie die Mutter. Es huscht über ihre Züge hin und verschwindet wieder wie ein Wolkenstreifen an einem sonst schönen Tag. Doch in der ersten Zeit, als sie den Hesse hatte, schien es ganz fort zu sein. Nein, ehrlich muss man sagen, dass es schon vor der Hochzeit wiederkehrte. So ein Abwesen, denkt Tuccia, ohne bei dem Wort zu stolpern.

Sie glaubt nun, dass sie es von der eigenen Panik her verstehen könnte. Sie wünscht sich die Zeit der Selbständigkeit zurück, als wäre kein anderes Leben möglich. Dabei beneiden viele sie um ihren feschen Mann und die Aussicht auf ein Leben in der Neuen Welt. Aber sie möchte das Atelier zurück, die schönen Tage mit Mia, an denen sie schwatzend im Laden saßen, Abzüge machten und auf Kundschaft warteten, und wenn keine kam, sich gegenseitig fotografierten und sich vom geringen wirtschaftlichen Erfolg ihres Geschäfts nicht die Laune verderben ließen.

Sie holt den kleinen Kodak-Pocket-Apparat aus ihrer Tasche und kommt sich dabei vor wie der Rattenfänger mit der Flöte. Mia ist sofort hellwach, als sie das schicke Ding sieht, das Rudolf aus den Staaten mitgebracht hat. Tuccia öffnet die Lederhülle und lässt das Objektiv ausfahren. Sie klappt die kleinen Beinchen aus, mit deren Hilfe man die Kamera für Aufnahmen im Hochformat auf die Seite stellen kann. Nichts an dem Apparat entzückt sie mehr als diese Vorrichtung.

»Sieht das nicht urkomisch aus? Wie ein Grashüpfer.«

»Einer mit Beinen aus Stahl«, ergänzt Mia. »Das ist ein wunderschöner Apparat. Und dieser weinrote Faltenbalg …«

»Sie ist außerdem unglaublich handlich und besitzt eine viel bessere Optik als deine Boxkamera. Damit gehört die Zukunft endgültig dem Rollfilm.«

Schon hat Mia die Kamera in der Hand. Sie schaut durch den Sucher, dreht am Objektiv, fragt Tuccia nach der Lichtstärke und den möglichen Verschlusszeiten.

»Das neue Modell vom Suter ist auch sehr gut. Aber so viel umständlicher.«

»Und schwerer. Ach, Mia.«

Sie sieht die Blende in den Augen ihrer Schwester sich verengen und sagt nicht, was ihr auf der Zunge liegt. Es wäre auch nicht recht. Le passé est le passé.

Bevor sie ihre weite Reise antritt, möchte sie ein Foto machen, auf dem sie beide sind. Mia and Tuccia forever. Sie hat sich dafür extra einen Selbstauslöser schicken lassen, der in Deutschland hergestellt wird und sich, ein wenig albern, Knipsi nennt. Das Prinzip ist simpel. Man setzt eine

Klammer auf den Gummiball eines Fernauslösers. Die Klammer wird von einer Sperre aus Zelluloid offen gehalten. An dem Zelluloidring wiederum sitzt eine kleine Zündschnur. Die steckt man an, sie setzt das Zelluloid in Brand, die Klammer schließt und drückt dabei den Ball zusammen. Der Luftdruck schießt den Draht im Zug auf den Auslöser. *Knipsi!* Zur Sicherheit, weil sie den Grashüpferbeinen nicht ganz traut, hat sie noch ein Reisestativ eingepackt.

»Wie wunderbar«, sagt Mia, als sie ihr von der Idee erzählt. »Wir werden für immer ein Paar sein. Aber wir müssen es draußen machen.«

Drinnen ist zu wenig Licht. Außerdem befürchtet ihre Schwester, der Teppich könnte in Brand geraten. Daran hat Tuccia nicht gedacht. Es ist wahr, das Zelluloid springt manchmal ein Stück weit weg. Man muss achtgeben. Draußen findet Tuccia es zu kalt. Sie werden sich vermummen müssen. Zudem wird es sicher neue Schauer geben.

»Wir stellen uns vor den Brunnen. Wir nehmen den Eimer mit und halten ihn gemeinsam in der Hand. Den Buzi nehme ich auf den Arm oder reiche ihm die Finger, wenn er stehen will. Du entzündest die Schnur.«

»Hast du einen Film eingelegt?« Mia spielt weiter mit der Kamera. »Ich werd im Keller eine Dunkelkammer haben. In unserem neuen Haus. Meine Söhne bekommen Fenster, die fast zum Boden hinabreichen.«

Nun spricht sie schon von Söhnen, dabei hat sie erst einen. Womöglich wird sie es wahrmachen und jedes Jahr ein Kind bekommen.

»Vielleicht«, sagt sie zu Mia, »führst du eines Tages hier in Gaienhofen ein kleines Atelier.«

»Geh weg, das kommt ja nicht in Frage. Mach du eins in Amerika auf!«

Der Glanz in ihren Augen ist verschwunden.

»Du hast immer die besseren Aufnahmen gemacht, Mia. Das weißt du selbst. Du hast den künstlerischen Blick. Und wenn du eine Dunkelkammer einbauen lässt, zeigt das, wie sehr du fotografieren möchtest.«

»Es war seine Idee, weißt du. Ich habe nur einmal so obenhin davon gesprochen. Da hat mein Hermi gleich dem Hindermann geschrieben: Wir brauchen eine Dunkelkammer. Ich konnt ihn nimmer davon abbringen. Die Leute hier sind beinah alle Bauern oder Handwerker. Die brauchen keine Kunstfotografie.«

Tuccia merkt irgendetwas Schiefes in dem, was ihre Schwester sagt. Aber sie kann nicht groß darüber nachdenken. Sie ist viel zu sehr mit ihrem eigenen Schmerz beschäftigt. Es kommt ihr gerade vor, als würde ihr bisheriges Leben rettungslos dem Rheinfall entgegentreiben. Hoffentlich geht das bald vorüber!

Draußen hört man etwas dumpf zu Boden fallen. Offenbar ist Karline zurückgekehrt.

»Lass mich den Buzi zur Magd bringen«, sagt Tuccia. »Und wenn das Licht zurückkommt, versuchen wir es einmal in der Stube. Wir werden ja sehen, was herauskommt.«

Mia scheint nicht mal zu bemerken, wie Tuccia ihr den Sohn abnimmt. Sie starrt die kleinen Füßchen an, auf denen die Kamera standhaft ausharrt.

Närrischer Jesus

Sein Fluchtwagen wird von einem Paar Kühe gezogen. Es habe sich weder Kutsche noch Automobil auftreiben lassen, hieß es im Haus Monti. Hesse beklagte sich nicht. Er will einfach weg. Zu Fuß käme er schneller von der Stelle, wäre da nicht sein Gepäck. Den Koffer hat er vorn hingestellt, den Regenmantel auf den gefegten Bohlen ausgebreitet. Im Nacken hat er ein Paket, das man ihm an der Rezeption zusammen mit einem Stapel Briefe aushändigte und auf dem Mias Handschrift zu sehen ist. Eine Weile noch sieht er über seinen Schuhspitzen die Häuser von Locarno wackeln. Als sie verschwunden sind, starrt er in die Wolken. Immer deutlicher zeigen sich Schattierungen, weiße Dunstschleier reisen in den dunkleren Schichten herum. Einmal sieht es aus, als fiele das Sonnenlicht auf einen der hellen Schleier, als wären die weißen Fäden in diesen Massen Wurzeln, die sich in die felsigen, an rau behaarte Affentitten erinnernden Berge bohren wollen. Die Luft ist feucht, beinah schwül, sie kommt ihm wärmer vor als die im Kurhaus. Das Knarren der Stifte, die den Langbaum halten, und das Rumpeln der eisenbeschlagenen Räder auf dem Pflaster nimmt er bald nicht mehr wahr, das unberechenbare Rütteln des Wagens lullt ihn ein. Je und je fegen ein paar Zweige durch sein Sichtfeld. Nicht lang, und die Augen klappen ihm zu.

Undeutlich sinnt er darüber nach, was in Mias Paket sein könnte. Es ist recht schwer. Er sieht eine Szene vor sich, in der sie die zurück in die Speisekammer gestellten Gläser entdeckt, er sieht Karline, die es Mia verrät, und wie sie zusammen mit schadenfrohen Mienen jedes einzelne in Zeitungspapier wickeln und in dem gepolsterten Karton verstauen, um ihm das ganze Zeug hinterherzuschicken.

In einem wacheren Moment rät er schon in die richtige Richtung: Es wird mit dem neuen Haus zu tun haben. Mia und Bucherer informieren ihn regelmäßig über den Baufortschritt. Die Erdarbeiten sind inzwischen abgeschlossen; er sieht den dunklen Mutterboden vor sich, wie er auf einachsigen Kippkarren, vor die schwere Ochsen gespannt sind, abgefahren wird. Die Hörner der Ochsen werden immer länger und höher, bis sie wie gegeneinandergehaltene Hände in die Luft stehen, die Leiber der Tiere werden magerer und bekommen einen Buckel. Anstelle von Erde ziehen sie Lasten von Reis und exotischen Früchten. Er folgt den Wagen durch sonnige Mangowälder, nackt bis auf den Lendenschurz, und spricht Weisheiten aus den Upanischaden nach. Er taucht ein in das Indien, das er aus den Erzählungen seiner Eltern und seines Großvaters kennt. Soll sich das neue Haus mit festen Fundamenten im Boden der Höri-Halbinsel verankern! Er will trotzdem fahren. Er will den freien Himmel über sich haben und nackt in der Sonne gehend braun werden wie ein Malayali. Schweifen ist besser als Stehen, die frische Luft tut besser als der Dunst der Stuben, selbst wenn sie leicht nach Kuhdung riecht. Er möchte das schwere Paket aus dem Norden über die Wagenleiter heben und auf die Straße fallen lassen; es würde nicht klagen, denn es wäre ihm egal, wo es verstaubt. Es heißt, man soll jeden Tag leben, als ob es der letzte wäre. Richtig ist genau das Gegenteil: Als ein Samana, ein Bettelmönch, soll man leben, dem jeder Tag wie der erste ist. Am Anfang aller Geschichten sein. Dazu passt ein Haus nicht gut, ebenso wenig allerdings Koffer und Taschen. Er ist längst mitten in seinen Geschichten, sie wollen fortgesponnen sein.

Das rechte Vorderrad stößt in ein Schlagloch, der Wagen rumpelt heftig. Davon wird Hesse wieder wach. Der Bauer geht ungerührt neben den Kühen her. Sie sind irgendwo auf dem Land, fast will ihm scheinen, sie führen über freies Feld. Hinter dem Wagen kommt Stück um Stück eines schmalen Pfades zum Vorschein, der eher für Fußgänger gemacht zu sein scheint als für ein Gespann. Er schaut nach vorn. Unwillkürlich streift sein Blick dabei die verklatterten Vulven der Kühe. In der Ferne sieht er einen einzelnen Weidenbaum stehen, daneben etwas, das aussieht wie eine große eiserne Pergola. Er hat keine Ahnung, wie lange sie noch unterwegs sein werden.

Weil es ihm doch keine Ruhe lässt, setzt er sich auf und öffnet das Paket mit dem Taschenmesser. Er findet mehrere Musterschindeln darin. Die Holzstücke in der Hand zu wiegen, ihre verschiedenen Formen und Versiegelungen zu betrachten, bereitet ihm Vergnügen. Eine Zeitlang versucht er, aus den Plänen, Zeichnungen und Mustern das Haus im Geiste fertig zu bauen und einen imaginären Rundgang zu machen. Das gibt es bei ihm auch: den Stolz, die Vorfreude des Häuslebauers. Er wohnt gern schön. Als sein Blick auf den offenen Karton fällt, sieht er Mias Brief darin. Ein zweiter stammt offenbar von Bucherer. Den überfliegt er schnell und ist enttäuscht, weil der Freund sich nur zu den Schindeln äußert und fast nichts Persönliches schreibt. Nun faltet er das Schreiben seiner Frau auseinander.

Ihre Handschrift zu sehen bringt ihn endgültig in diese

Welt zurück. Sie ist also aus Basel nach Gaienhofen zurückgekehrt und hat wegen seiner fortgesetzten Magenbeschwerden für Hesse den Singer Hausarzt aufgesucht. Dr. Huck, schreibt sie, lehne die Diät von Dr. Betz ab. Hesse solle besser morgens und abends Milch trinken, viel Gemüse und Nüsse essen, Fleisch dagegen meiden. Und die Wärme suchen. Im Übrigen schlägt sie ihm vor, Bucherer in den Tessin einzuladen. Da hätte er Gesellschaft. Vielleicht wäre es aber das Beste, wenn er nach Hause käme, sie wolle gut für ihn sorgen. Freilich soll auch Tuccia kommen. Da würde es eng in der alten Hütte.

Gern überlässt er sich ihrem Fürsorge-Säuseln. Nun vermisst er sie. Er spürt ihre Schädeldecke unter seinem Kinn, riecht ihr Haar, fühlt die Stelle an seinem Bauch, an der ihre Brüste ihn wärmen, wenn sie einander umarmen. Die liebe kleine Frau. Wie ihre Augen glänzen können, sobald sie zu ihm aufsieht. Wie viel Jugend und Feuer manchmal noch darin liegen. Wie viel äonentiefe Einsamkeit auch. Er sollte bei ihr sein! Schon will er seinem Fuhrmann zurufen, sofort umzukehren und ihn nach Bellinzona an die Bahn zu bringen. Er wird Mia telegrafieren: Mieses Wetter Punkt Vermisse dich Punkt Kehre sofort zurück Punkt. Da wird ein Knattern laut, der Bauer hält die Kühe an, der Wagen rüttelt ein letztes Mal. Von links kommt mit hohem Tempo ein Omnibus heran. Der Fahrer ruft dem Bauern etwas zu und ist schon bei dem Eisenbauwerk, das sich, obwohl neuzeitlich, recht gut in die Landschaft einfügt und sich bald als Brücke über die Maggia erweist. Bleigeruch zieht Hesse in die Nase.

»Kommt dieser Omnibus von Locarno?«

»Si, Signore. Er fährt am Lago Maggiore entlang bis Gravellona.«

Hesse ist baff. Im Haus Monti muss man diesen Bus kennen.

»Hält er auch in Ascona?«

»Selbstverständlich.«

Nun ist klar, dass er das Opfer einer kleinen Rache wurde. Sei's drum. Im Bus hätte er eng mit vielen anderen Leuten gesessen und sich keiner geringen Gefahr ausgesetzt. Schon freut er sich wieder über sein ungewöhnliches Gefährt. Und wenn er auf dem Berg der Wahrheit noch mehr frieren müsste?

»Wird es bald regnen?«

»Se canta la rana, la pioggia non è lontana. Es wird regnen, Signore, aber nicht jetzt. Heute Abend vielleicht.«

Also weg aus dem regnerischen Tessin, weg von den trügerischen Verlockungen – zurück nach Hause. Noch haben sie die Maggia nicht überschritten. Doch während er sich die Worte zusammensucht, mit denen er dem Bauern die Änderung seiner Pläne verständlich machen wollte, fällt sein Blick auf die sonnenbraunen Hände des Mannes, auf sein dunkles, freundliches Gesicht. Er betrachtet die Berge jenseits des Sees. Er liest noch einmal in Mias Brief und spürt den Untertönen nach. Er hört ihre unausgesprochene Bitte: Komm zurück und kümmere dich um mich und deinen Sohn, *dann* will ich dich gut versorgen! Das wirkt auf sein Heimweh wie ein Guss mit kaltem Wasser.

Weit und breit quakt kein Frosch. Also kein Regen. Ohne ein weiteres Wort lässt er sich wieder auf sein schaukelndes Bett sinken und studiert die Erscheinungen des Himmels. Etwas läuft falsch. Er fühlt sich wie ein Radfahrer, der auf abschüssigem Weg, statt zu bremsen, immer weiter in die Pedale tritt. Er will bei Mia sein und gleichzeitig nur weg von allem. Die Gesellschaft im Haus Monti erträgt er nicht, aber vor den Menschen am Monte Verità fürchtet er sich ein wenig. Er muss dringend Klarheit gewinnen. Die schöne Spinnerei vom Mangowald kehrt nicht wieder. Wenigstens fahren sie an einem Feigenbaum vorbei. Die Blattknospen sind schon zu sehen.

Als er in Ascona vom Wagen springt, kann er kaum glauben, wie fest sich der Boden unter seinen Füßen anfühlt, so sehr hat das Schaukeln des Leiterwagens seinen Körper durchdrungen. Die Seepromenade ist breit, die Chaussee in bestem Zustand. An der Uferseite stehen Reihen kahler Platanen, auf der anderen Seite bilden Häuser im italienischen Stil mit Arkaden im Erdgeschoss eine geschlossene Front. Ein paar Kinder hüpfen lachend über die Kaimauer, dazwischen laufen magere Hunde. Vor mehreren Häusern scharren Hühner im Straßenstaub.

Von der Viehtränke herauf zieht eine Schafherde des Wegs. Genau genommen kommt sie auf den Dichter zu, und die Schar Kinder rennt vorneweg. Schnell schafft Hesse sein Gepäck auf die Seite. Mit einem Mal bleiben die Kinder wie angewurzelt stehen. Sie verstummen, einige falten die Hände. Ein Zwillingspaar sinkt auf die Knie. Hesses Augen folgen ihrem Blick. Aus einer Seitenstraße tritt ein junger, schlanker Mann mit vollem Bart und langem braunem Haar, durch das sich ein Lederbändchen zieht. Er trägt eine naturweiße Frieskutte, die über den Hüften von einem Strick gehalten wird, und Sandalen an den nackten Füßen. Würdevoll schreitet er das Spalier seiner Anbeter ab, ohne dabei den Kopf nach rechts oder links zu wenden. Er scheint das Kindermurmeln nicht zu hören, aus dem sich mehrmals das Wort »Gesù« vernehmen lässt. Die Schafe erreichen unterdessen die biblische Gestalt und umfluten sie.

Die Kinder verschwinden größerenteils hinter den noch un-
geschorenen, weich und dick wirkenden Tieren. Blökend
zieht die Herde vorbei.

Eine automobile Limousine, die sich von der anderen Seite genähert hat, lässt ihr Horn hören, doch die Schafe bleiben unbeeindruckt. Der Wagen muss halten. Der unifor-
mierte Chauffeur springt heraus und öffnet den Fond. Aus
dem Wageninnern kommt ein großgewachsener, vollendet
elegant gekleideter Schwarzer. Lässig legt der Mann einen
Arm auf die Tür und beobachtet die Szene. Er nimmt sogar
seinen Hut ab. Hesse tut es ihm nach. Die ganze fromme
Welt seiner Kindheit erwacht. Der gute Hirte geht vorbei.
*Er weidet mich auf einer grünen Aue und führet mich zum frischen
Wasser.* Es kostet den Dichter einige Kraft, sich vom inneren Aufsagen des biblischen Psalms loszureißen.

Sowie die Schafe vorübergezogen und die Kinder auf
die Straße zurückgekehrt sind, nimmt der Mann in der
Kutte plötzlich Anlauf und schlägt einen Purzelbaum. Die
Kinder lachen hell auf. Hesse glaubt, auch den Mann beim
Automobil lachen zu hören. Der närrische Jesus ruft den
Kindern in sehr deutsch klingendem Italienisch etwas zu,
worauf diese noch lauter johlen. Plötzlich wirkt das Ganze
wie ein eingeübtes Spiel. Jesus wandelt ungerührt die Pro-
menade hinab, würdigt auch den Schwarzen, der ihn anruft, keines Blicks und scheint niemand mehr zu kennen
und nichts mehr zu beachten als die auf dem Weg liegenden Kötel.

Der Bauer hat Hesse ein Haus genannt, wo er für sein Gepäck einen Esel mieten kann. Über einen steilen Pfad sind
es vom Dorf auf den Berg der Wahrheit nur zwanzig Minuten. Eine reguläre Straße fehlt noch. Die Hügel hinter As-

cona sind kahl. Es gibt kaum größere Bäume, und die alten Weingärten liegen zum großen Teil brach, seit die Reblaus die Lebensgrundlage vieler Menschen in der Region zerstört und sie zum Auswandern gezwungen hat. Trotz eines Anteils von rund zehn Prozent Deutschen in dem Tausend-Einwohner-Dorf hat Ascona zu dieser Zeit seinen italienischen Charme noch bewahrt.

Hesse schreitet zur Piazza hinauf. Er spürt die runden Pflastersteine unter seinen Füßen, bildet sich ein, den Geruch von Tomaten und Polenta in der Nase zu haben. Hie und da sind die Markisen an den Geschäften ausgefahren. Neben einer offenen Kutsche steht ein Junge, offenbar der Sohn von Touristen, in weißen Kniehosen und Hemd mit Krawatte, auf dem Kopf einen kleinen Strohhut. Er scheint auf jemand zu warten und sich allein auf der Straße unwohl zu fühlen. Ein paar speckige Dorfjungen belauern ihn schon. Ein Stück weiter laden zwei Männer dicke Reisigbündel von einem einachsigen Karren. Sie tragen alte und verformte Filzhüte. Die Hemdsärmel haben sie bis zu den Ellenbogen aufgekrempelt. Ein kleiner Scheißer in kurzen grauen Hosen und ärmellosem Pullover rennt gerade über die Straße zu den anderen Jungen, die mahnend die Zeigefinger an die Lippen legen. Verglichen mit dem Touristenkind wirkt die Dorfjugend ärmlich, ihre Kleider sind alt und die Gesichter höchstens mäßig sauber. Eine Gruppe von vier Mädchen mit langen schwarzen Zöpfen klappert auf Holzsandalen übers Pflaster, sie singen dabei ein lustiges Lied. Die Menschen hier, diese Kinder zumal, haben eine andere Ausstrahlung als die nördlich der Alpen. Sie wirken weniger verbogen, viel lebendiger.

Da es gegen Mittag geht, ist sonst nicht viel los. Im Verputz des Hauses, vor dem der Karren parkt, klaffen zwei

tiefe Risse. Wie Blitze weisen sie auf ein hoch an der Wand
hängendes Schild:

> HOTEL PENSION
> Restaurant veget.
> du Monte Verità
> Bains d'air & de soleil

Hesse hat jetzt große Lust, zu den Naturmenschen zu gehen, allem Spott zum Trotz. Er erwartet von ihnen keine
Antworten auf seine Fragen, aber vielleicht ein paar Hinweise. Auch wenn die Tafel an der Wand reichlich nüchtern ist, kommt er sich vor wie auf dem Weg in ein Abenteuer.

Die Wahrheit

Dem Packesel folgend, gelangt Hesse zur Casa Gentile, dem Verwaltungsgebäude der Heilanstalt. An der linken Ecke des unauffälligen Hauses befindet sich ein von einem geschwungenen Blech überwölbter Eingang mit der Aufschrift *Sanatorium Monte Verità*. Auch die Schrift zeigt geschwungene Formen, das V beschreibt ein unvollendetes Herz. Ein Stück den Weg hinauf ist die Casa Andrea zu sehen, das Wohnhaus der beiden Monte-Verità-Besitzer Henri Oedenkoven und Ida Hofmann. Wer die Anlage lediglich besichtigen will, muss einen halben Franken Eintritt zahlen. In der Schweiz, Österreich und Deutschland gibt es eine Reihe von Naturheilstätten. Doch wie keins sonst ist dieses Sanatorium eine Attraktion. Der Eselsführer ruft, und aus dem Haus kommt ein dunkel gekleideter Mann mit langem Haar und Bart, den Hesse später als den Darmstädter Maler und Stellvertreter Oedenkovens Alexander Wilhelm de Beauclair kennenlernen wird. Hesse trägt sich in die Gästeliste ein.

»*Der* Hermann Hesse?«, fragt Beauclair. »Der Verfasser des *Camenzind*?«

In seinen Augen leuchtet Verehrung. Hesse nickt bloß, ein bisschen erstaunt, dass er auch hier sofort erkannt wird.

Er hat sich noch nicht entschieden, ob er tatsächlich eine der Lufthütten bewohnen will. Beauclair bittet den Eselsführer, Hesses Gepäck vorerst zum Zentralhaus zu bringen. Die beiden steigen weiter den Hügel hinan. Vieles auf dem Gelände ist noch im Bau. Hesse hat eine Anwandlung von Panik, die sich zum Glück schnell wieder legt. Die Pflanzungen sind jung, es gibt kaum ältere Bäume. Links an der Böschung arbeitet in schlabberigen Baumwollkleidern ein Gärtner. Er tritt einen Schritt vor, als die beiden sich nähern, und verbeugt sich. In der Linken hält er eine Gartenschere, die in einem seltsamen Winkel zum Unterarm steht. Mit einem leichten Schauer nimmt Hesse die rachitischen Hände des Mannes wahr. Trotz seiner Behinderung bietet er an, Hesses Gepäck zu tragen. Das entlockt dem Eselsführer ein Lachen. Der Gärtner schaut den Tessiner bedauernd an. Er will dem Lasttier nur die Arbeit erleichtern. Als er die Hand ausstreckt, um ihn zu streicheln, weicht der Esel zurück. Hesse hat ein merkwürdiges Gefühl, als seine Augen dem unterwürfigen Blick des Mannes begegnen. Es fühlt sich an, als kennte er ihn.

In der nächsten Kehre bleibt der Esel plötzlich stehen. Der Führer redet ihm freundlich zu, doch er ist nicht von der Stelle zu bewegen. Den Kopf nach vorn gereckt, schnaubt er Luft durch die Nüstern, bleckt die Zähne und schreit ausgiebig. Die kleine Szene gefällt Hesse, er ist gespannt, wie der andere das Tier noch einmal zum Laufen bringen will. Am liebsten würde der Mann wohl den Stock gebrauchen und wagt es an diesem Ort nur nicht. Da ertönt eine scharfe weibliche Stimme und gleich darauf taucht der Kopf einer Frau zwischen den Büschen auf. Ihr Haar ist über den Ohren locker zu Schnecken gesteckt. Sie ist mit einer weißen Bluse und einem simplen Trägerrock bekleidet, dessen Bund gleich unter ihrer Brust sitzt. In der Hand hält sie eine Gerte und will gerade schimpfend auf den Esel zuspringen, als sie Hesse bemerkt und sich schnell bremst. Schon hat sie ein Lächeln auf ihr Gesicht gezaubert.

»Dieser Esel«, sagt sie, »kommt dauernd auf unser Gelände, kommt und vertritt die Wege. Er rupft unsere Pflanzen aus und … von den Hinterlassenschaften will ich schweigen. Sein Besitzer weigert sich, ihn anzubinden. – Sie sind also Herr Hesse?«

Er fragt sich, wie die Nachricht sie so schnell erreichen konnte.

»Ida Hofmann-Oedenkoven«, sagt sie auf seine angedeutete Verbeugung hin. »Herzlich willkommen am Berg der Wahrheit!« Sie drückt ihm die Hand wie ein Kerl. »Einen feschen Sportanzug tragen Sie da.«

Er findet ihre Nase etwas lang.

Sie habe eine wichtige Angelegenheit zu regeln, erklärt Hofmann. In einer Stunde wolle sie sich aber ganz ihm widmen, wenn es recht sei, und ihm persönlich das Gelände und die Lufthütten zeigen.

In der Zwischenzeit macht Hesse sich frisch und liest in einem kleinen Buch von ihr, das im Teehaus ausliegt – *Wahrheit ohne Dichtung*. Hofmann beschreibt darin ihre Ideen von einer sittlichen Weiterentwicklung des Menschen mit Hilfe vegetarischer Ernährung und reformierter Kleidung, die keinen unnötigen Ballast benötigt, also keine Korsetts, keine Rüschen und Schleifen, keine bauschigen Unterkleider. In einem langen Abschnitt polemisiert sie gegen ein paar Mitbegründer der Kolonie, die hier tatsächlich ein kommunistisches Projekt starten und von einem Kurbetrieb nichts wissen wollten. Er ahnt, dass der Esel des Nachbarn mit dieser Sache zu tun hat.

Hesse sieht durch das Fenster einer Tanzgruppe bei der Eurythmie zu. Männer in Reformkleidung sind ebenso dabei wie solche im Anzug, Frauen in einfachen weißen Gewändern und mit Bändern im Haar. Ein paar Unempfindliche tanzen barfuß, viele zeigen ihre Waden. Es sieht aus wie ein Ringelrein, nur sind die Mienen der Teilnehmer ernst und würdevoll. Sein erstes Mittagsmahl kommt: Früchte, rohe und gekochte Gemüse. Etwas Brot. Das Fleisch vermisst er nicht, doch das fehlende Salz lässt die Speisen fad schmecken.

Draußen begegnen ihm wieder einige Naturmenschen. Mit ihren langen Haaren und wallenden Bärten sehen sie wieder biblisch aus. Dazu tragen sie entsprechende Gewänder. Auch viele der Frauen haben dieses wie von einem Maler inszenierte Aussehen mit wallendem Kleid und offenem Haar. Vielleicht verwechseln sie das Leben mit der Bühne. Oder es handelt sich bei diesen Leuten tatsächlich um die aufgegangene Saat des Erlösers, die neue Menschheit, die Kälber und junge Löwen friedlich beisammen weiden lassen und den ewigen Frieden genießen wird. Jedenfalls sind Menschen hier, die anderes leben wollen als das Gros der Leute. Manche haben ihr Erbe verschenkt und sich der Armut verschrieben. Andere suchen Gesundheit. In den nächsten Wochen wird er viele solche Geschichten hören. Sie sind die Vorboten einer besseren Welt, als das nervöse industrielle Zeitalter mit seiner Hektik, Bewegungs-, Freiluft- und Lichtarmut sie bietet. Sie erträumen ein schöneres, vollendetes Menschentum. Da drüben treiben welche Gymnastik. Sie laden Hesse ein, in ihren Kreis zu treten. Noch käme er sich albern vor. In Anzug und mit Binder ist plötzlich er der Exot. Er lässt sie stehen und erkundet weiter das weitläufige Gelände. Hundert Franken kosten ihn die vier Wochen in der Naturheilanstalt.

Gerade hat er sich entschlossen, auf eigene Faust zu den

Lufthütten zu gehen, da taucht die Anstaltschefin wieder auf. Sie entschuldigt sich, weil sie ihn hat warten lassen.

»Erlauben Sie, dass ich Ihnen den Monte Verità zeige!«

Ihre Züge erscheinen ihm nun weicher – mütterlich mit sanften, gleichzeitig lebhaften Augen. Sie hat die vierzig überschritten, wirkt aber beweglich und voller Spannkraft. Die Gesichtslinien sind kantig, die hochgewölbten dunklen Brauen unterstreichen ihre Tatkraft. Kaum hat er ihr Angebot angenommen, hakt sie sich bei ihm unter. Sie hält sein Handgelenk fest im Griff. Ihre Körper berühren sich nicht für den geringsten Moment. Trotzdem bekommt er den Eindruck, dass sie einen irgendwie harten Kern haben muss.

Während sie mit ihm über das Gelände schreitet, bezeichnet sie sich als große Verehrerin seiner Dichtung. »Der Camenzind hätte leibhaftig kommen sollen«, meint sie und lacht gnomenhaft, »da hätte er seinen Lebenszweck zweifellos eher gefunden.«

»Es erscheint dieser Tage ein neues Buch von mir«, entgegnet er, »ein Band mit Erzählungen. *Diesseits* habe ich ihn genannt.«

»Ihr Camenzind leidet nämlich an derselben Krankheit wie so viele heutige Menschen. Von selbst gibt die Welt ihnen nicht, was sie brauchen. Deshalb kommen sie her. Deshalb sind auch wir hergekommen. Aber das wissen Sie sicher genauso gut wie ich. – Ah, es freut mich, dass Sie zu uns gefunden haben. Prüfen Sie unsere Auffassungen und unsere Lebensweise. Sie werden nicht von der Hand weisen können, dass wir als Erste den nächsten Schritt in der Entwicklung der Menschheit tun. Sie können jederzeit Teilhaber unserer Kooperative werden.«

Erschreckt von ihrer Zudringlichkeit erwidert Hesse nichts und ist froh, als sie ihm gleich darauf ein Kabel zeigt, das, aus dem Boden kommend, ein Stück weit an einer Hauswand emporführt, bevor es durch ein Loch nach drinnen verschwindet.

»Wir sind hier keine Primitivisten, wissen Sie. Mein Mann ist der Erste in dieser Gegend, der elektrischen Strom erzeugen lässt. Auch in den Lufthütten gibt es elektrisches Licht.«

»Ist das denn mit einer natürlichen Lebensweise vereinbar?«

»Es gibt kein Zurück zur Natur. Die Menschheit schreitet mittels Zuchtwahl stetig zum Höheren fort. Maschinen erleichtern uns das Leben. Der Verzicht auf Fleisch und Blut in der Nahrung wird uns sittlich vervollkommnen. Wir wollen nicht zurück in einen erträumten Urzustand. Vielmehr wollen wir fortschreiten zum Kulturmenschentum.« Sie hebt einen Stein vom Weg auf und wirft ihn ins Gebüsch. »Wie Sie bemerkt haben werden, glaube ich nicht an Tolstois Idee von der Selbstarbeit. Sie mag die körperlichen Kräfte entwickeln und zu einer sittlichen Auffassung der Arbeit führen. Es kann aber nicht sein, dass einer zum Schuster oder Bauern werden soll, der bisher Künstler oder Schriftsteller war. Jeder nach seinen Fähigkeiten. So schreitet die Menschheit fort.«

»Sie würden mir also das Dichten nicht ausreden wollen?«

»Sie scherzen, Herr Hesse! Ein Mann wie Sie, mit so außerordentlicher Poesie begabt, ist ein Geschenk für die Menschheit. Sie ahnen nicht, was Ihr Roman uns bedeutet.«

»Würden Sie mir eine der Lufthütten zeigen?«

»Ah, Sie neigen zur Einsiedelei. Wir haben tatsächlich noch eine freie Hütte ganz am Rand der Anstalt.«

»Das macht mir nichts, im Gegenteil.«

»Sie werden erstaunt sein, wie viel Komfort unsere Hütten bieten. Sie sind wie gesagt mit Strom versorgt und in jeder findet sich ein eisernes Normalbett. Auch eine eigene Toilette gehört dazu.«

Hesse ist erstaunt. Er hatte sich vorgestellt, auf Laub und Stroh zu schlafen.

»Wäre der Frühling nur schon weiter fortgeschritten! Ich schliefe liebend gern im ungemähten Gras, den Sternenhimmel über mir.«

»Das widerspräche den Anstaltsregeln. Wenn Sie draußen schlafen wollen, benutzen Sie bitte die Veranda Ihres Chalets. Mit Wasser versorgen wir uns derzeit noch aus Brunnen und Regenwasser-Zisternen. Die Wasserleitung soll im nächsten Jahr kommen.«

Das erinnert ihn an die eigene Baustelle.

»In erster Linie bin ich hier, um zu fasten. Mein Magen ist so ziemlich ruiniert.«

»Das können Sie selbstverständlich bei uns tun. Aber ich möchte Ihnen raten, Maß zu halten.«

Sie nähern sich einer Palisade. Hofmann erklärt ihm, dass die eigentlichen Licht- und Luftbadezonen, in denen man sich nackt aufhält, durch Zäune vor Einblicken geschützt werden. Männer und Frauen baden selbstverständlich getrennt. Auch der Garten, in dem nackt gearbeitet wird, ist eingezäunt. Es fällt Hesse schwer sich vorzustellen, dass die unternehmerische Frau, die da an seiner Seite geht, unbekleidet die Beete jätet.

»Übrigens möchte ich Ihnen noch erklären, warum mich der Esel vorhin so aufgebracht hat.«

»Sie erwähnten bereits, dass er Ihnen die Wege vertritt.«

»Der Esel, der hier häufig eindringt, gehört Karl Gräser, müssen Sie wissen. Gräser hat unsere Kolonie mitbegründet. Aber er wollte nichts davon wissen, eine Heilanstalt zu führen. Er will nicht wirtschaften. Es komme das Nötige schon zur rechten Zeit, sagt er. Den Esel bindet er nicht an, weil er ihm nicht die Freiheit nehmen will. Als Arbeitstier ist er ihm jedoch willkommen.«

Eine steigende Erregung ist bei ihr zu spüren.

»Geld lehnt er ab. Falls Sie ihm begegnen sollten, fragen Sie ihn doch einmal, wovon er lebt.«

»Was antwortet er da?«

»Aus eigener Kraft. Er lebt aus eigener Kraft.«

Sie lacht spöttisch.

»Ganz ohne Geld wird es nicht gehen«, erwidert Hesse, obwohl der Gedanke ihn sofort fasziniert.

»Den größten Teil seines Erbes hat er verschenkt. Das möchte ja alles hingehen, wenn er nicht meine Schwester in seinen Bann geschlagen hätte.«

»Ihre Schwester ist mit dem Radikalisten verheiratet?«

»Oh, nein! Die Ehe gilt uns als der Inbegriff der Unmoral. Sie lebt mit ihm. Die arme Jenny, sie ist so beeinflussbar. Er hat sie hypnotisiert, müssen Sie wissen.«

»Die zwei sind demnach nicht mehr Teil Ihrer Kooperative?«

»So wenig wie noch andere«, sagt sie kalt.

Sie begegnen dem Gärtner mit den rachitischen Händen wieder. Die Art, wie er ein Beet angelegt hat, passt der Hofmann nicht. Sie gibt ihm genaue Anweisungen, welche Pflanze wie behandelt werden müsse, und spricht von Mondphasen, die es zu beachten gelte. Schließlich ermahnt sie ihn, mit dem Dung, den er zugibt, hauszuhalten. Der Gärtner nickt und bemüht sich eifrig, ihr alles recht zu machen.

»Heut Vormittag im Dorf bin ich einem jungen Kerl begegnet. Die Kinder schienen ihn für Jesus selbst zu halten.«

Hesse überlegt, wie er ihn treffender beschreiben soll, aber das braucht es gar nicht.

»Das ist der Bruder!«, ruft sie aus. »Vor dem müssen Sie sich in Acht nehmen. Sosehr er sich wünschen mag, der Erlöser zu sein, so wenig wird er den Ansprüchen, die wir an einen Christus haben dürfen, gerecht. Er hat Karl und Jenny auf diesen ungangbaren Pfad gelockt. Der arbeitet nicht gern, müssen Sie wissen. Sein künstlerisches Talent lässt er sträflich brachliegen. Lieber schreibt er Sprüche auf bunten Karton und geht damit hausieren.«

»Was für Sprüche?«

»Wenn Sie mich fragen, handelt es sich um einen Abklatsch unserer Wahrheiten. Völlig verdreht, versteht sich.«

»Und davon lebt er?«

Sie lacht auf.

»Hat er Hunger, so bedient er sich in den Gärten der Bauern. Oder er bettelt. Er scheint zu glauben, dass die Menschheit ihm etwas schuldig ist. Dabei verärgert er die Einheimischen, die natürlich uns allen die Schuld an seinen Umtrieben geben.«

Für einen Moment hängt sie ihren Gedanken nach. Hesse dämmert, was sie mit »Wahrheit ohne Dichtung« meint. Der Titel hat mit Goethes Lebensbeschreibung gar nichts zu tun. Er soll einfach eine witzige Verdrehung sein. Wahrheit ist für sie dieses von der Konvention befreite, aber praktische, den Realitäten verpflichtete Leben. Dazu gehört, dass man seine Flöhe zusammenhält und ein Unternehmen wie den Monte Verità auf eine Grundlage stellt, die wirtschaftlichen Erfolg verspricht oder zumindest ein Überleben ermöglicht. Dichtung sind dagegen die Spinnereien der Gräser-Brüder. Die Dichtung lässt alles einfach gehen, wie es geht. Sie lässt den Esel frei laufen, damit er seine Freiheit hat. Sie lebt von dem, was andere erarbeitet haben, und bedenkt nicht die Folgen. Die Dichtung ist mit einem Wort die Weltfremdheit. Er fragt sich, wie sie auf dieser Grundlage den *Camenzind* derartig loben kann.

Hofmann ruft einer Bediensteten, die gerade aus dem Teehaus tritt, ein paar Anweisungen zu.

»Wir haben auch Angestellte«, sagt sie, »anders geht es nicht. Aber wir behandeln sie menschlich und zahlen anständig. Die Pflicht ruft mich, Herr Hesse. Wenn Sie mich bitte entschuldigen würden –«

Er macht eine zustimmende Verbeugung.

»Aber ich freue mich, Sie heute bei der Abendgesellschaft begrüßen zu dürfen. Nach des Tages Mühe dienen die späten Stunden bei uns der zwanglosen Unterhaltung, wissen Sie. Ich werde ein paar Stücke von Chopin auf dem Klavier zu Gehör bringen.«

»Chopin ist wunderbar.«

»Es soll mir ein Vergnügen sein, dieses Wunder vorzutragen. Ich kann versprechen, dass ich nicht stümpern werde. Sollten Sie übrigens im Tea Room auf mein Büchlein stoßen, so ärgern Sie sich bitte nicht über den Titel. Dichtung wie die Ihre ist damit nicht gemeint. Der *Camenzind* hat mich ganz prächtig unterhalten.«

Sie entfernt sich mit zielstrebigen Schritten.

Der leicht zu begeisternde Hesse fühlt sich wunderbar angeregt. Das hier ist doch was anderes als das bürgerliche Kurhaus Monti. Hier kann er gewiss gesunden. Er wird fasten, nicht rauchen, nicht trinken. Er will sich reinigen, sich aus den juckenden Häuten der abzustreifenden Jugend schälen und ein Erleuchteter werden. Nun bedauert er, sich unter seinem richtigen Namen angemeldet zu haben. Er fürchtet weitere Besuche, Anfragen für eine Lesung bei der Abendgesellschaft des Sanatoriums. Sollte es dazu kommen, wird er selbstverständlich ablehnen. Sosehr er selbst ein Realist sein will, in einem Punkt kritisiert er Ida Hofmann: Es kann nicht jeder ein Unternehmer sein. Die Welt braucht gerade auch die Taugenichtse, damit sie nicht vergisst, was Freiheit sei.

Das Zimmer der Frau

Dichte, dicke Flocken stöbern im kalten Wind. Der See ist aufgewühlt, die schlammigen Wellen jagen in langen Reihen ans Ufer. Kein Boot mehr unterwegs. Die kahlen Bäume beugen sich, sie strecken die Äste wie nutzlose Waffen. Das Wasser ist gestiegen, sein Saum keine zehn Schritte vom Haus entfernt. Wo es ein bisschen ruhiger ist, hat sich ein Teppich aus altem Laub, Geäst und anderen Pflanzenresten gebildet; der schaukelt schlapp mit den Wellen. Es wirkt, als könnte man ruhig drauftreten, er trüge. Den Weg herauf kommt eine weibliche Gestalt in antikem Gewand. Sie trägt ein Sieb voll Wasser auf dem Kopf. Die Hände auf den Hüften abgestützt, geht sie stetig, vorsichtig, aber sicher, den Blick nach vorn gerichtet. Keinen einzigen Tropfen verliert sie aus dem Sieb: das bedeutet: Sieg. Komm ins Haus, Hohe Priesterin der Vesta.

Ein Paket bringt die Vestalin herein und die Magd die andere Post. Große und kleine Umschläge, weiße, graue, blaue, braune ergießen sich über den Tisch, da taumeln sie und das Paket ist ein Dampfer, der die Wellen pflügt, der Buzi weint in der Ferne, das bringt alles zum Drehen.

Mia schimpft mit Karline, als sie kapiert, dass die Magd den Kleinen allein gelassen hat. Karline erwidert trotzig, sie hätte die Post sonst nicht bringen können. Seine Post: Einladungen, Rezensionsexemplare, Beiträge für den *März*, über deren Erscheinen noch zu entscheiden ist. Es sind auch wieder Talentproben dabei. Sie hätte nie geahnt, wie viele Dilettanten es auf der Welt gibt. Sie regelt das Geschäftliche, sagt die Einladungen ab, lässt unerbetene Zusendungen ebenso verschwinden, wie sie ungebetene Gäste abwimmelt.

Tuccia ist beeindruckt von so viel Post. Neugierig must sie in den Umschlägen und fragt Mia, ob das alles für ihren Mann sei. Mia beschreibt ihr, was üblicherweise hereinkommt. Sie sagt ihr, dass die schiere Menge an Zuschriften für Hermann unmöglich zu bewältigen sei.

»Was macht ihr dann damit?«, fragt Tuccia und schaut bereits den Ofen an.

»Der Hermi hat gesagt, wir heben's auf, das gibt nachher einen guten Untergrund für die Gartenwege. Beim neuen Haus, du weißt ja.«

Nun sind all die Umschläge mit Briefen, Manuskripten und Büchern zu Erde geworden. Aber das Schiff liegt noch da, und Mia löscht eigenhändig die Ladung, schneidet die Schnur auf, reißt das Papier weg, sie schimmern ihr entgegen: *Diesseits Diesseits Diesseits Diesseits. Erzählungen von Hermann Hesse.* Sie fährt mit den Fingerspitzen über die leicht raue blaugraue Oberfläche, mit blinder Gier über die eingeprägten Buchstaben, die Blumen und Früchte, den zierlichen Rahmen.

»Oh, Tucci, schau!«, ruft Frau Hesse. »Es ist da.«

Sie hat einen Mann, der Kinder bekommt. Sie ist Vater geworden.

Die kleine Schwester, in einer Mischung aus Neid und Stolz, der alles Priesterliche mangelt, nimmt das Buch derart ungeschickt entgegen, dass es um ein Haar zu Boden

fällt. Gerade noch kann sie es fangen. Sie blättert, sie liest,
sie lacht auf: »Die Marmorsäge. Das klingt ja gruselig«, sie
liest hie und da, sie sagt: »Herzlichen Glückwunsch!«, und
legt das Buch zurück auf den Stapel.

»Du kannst eines behalten, das sind die Freiexemplare.
Nimm doch!«

Tuccia nimmt, Tuccia sagt danke. Es wird schon noch in
den Koffer passen.

Sein Buch schwimmt über den Ozean nach Amerika. Es
soll, bitte schön, um die ganze Welt schwimmen auf den
Meeren der unerbetenen Zuschriften, der Seufzer, dem Stöhnen der Unglücklichen, der Sehnsüchtigen, der Kannnichtse
und Möchtegerne. Mia wird es verschicken an die Familie,
auch der Vater wird eines bekommen, der an den Erfolg des
abgelehnten Schwiegersohns nicht glaubte, der vom Musi-
ker zum Notar mutiert, die Größe der Kunst verneinte, die
Freunde sollen ein Freiexemplar haben, die Neider, die Gön-
ner. Diesseits Diesseits. Ein Diesseits hier, eines dort, eins fürs
Jenseits. Der Hindermann soll keins bekommen, der kann
es kaufen, aber dem Buzi will sie eins aufheben. Die Tucci
soll bitte nicht neidisch sein, auch wenn sie am Anfang selbst
ein klein bisschen für den toll-melancholischen Jüngling
schwärmte, der zu ihren jours fixes stieß und so feinsinnige Dinge über Mias fotografischen Stil sagte und dem es
egal war, dem es vielleicht sogar ein wenig gefiel, dass sie,
Mia, ihm um so viele Jahre voraus war. Tuccia hat schließlich den feschen Chemiker Rudolf und der wird sie auf Händen über den Ozean tragen.

»Wir bleiben Schwestern, nicht?«

»Unauflöslich!«

Das schwören sie sich, und Mia, die für das Englische
nie viel übriggehabt hat, sagt: »Let's make a picture.« Die

brandneue Kodak-Kamera hat es auf ihren Grashüpferprothesen nicht lange ausgehalten und sich, umtost von der Post, zum Ausruhen auf die Seite gelegt. Nun kommt sie nach oben auf einen Stapel Bücher, da steht sie viel günstiger. Das Licht ist zurück, sie könnten es wagen. Das Problem liegt in der Bewegungslosigkeit. Wie soll Mia stillhalten, es gibt so viel zu tun und sie spürt, dass sie alles, alles schaffen kann. Sie darf nur nicht zu viel nach links und rechts schauen. Nicht zurückschauen auf die dunkle Tür, die ihr noch mal einer öffnen wird, dass sie schaudernd in die Ewigkeit blickt. Sie wird den Buzi und den Hermann können und sieben Kinder dazu. Sie wird den Kater können, der sich immer auf ihren Platz legt. Sie wird auch das Abendessen können, das sie beinah vergessen hat.

»Karline! Kar-liii-ne!«

Die Magd kommt herein mit dem Finger auf den Lippen. Manchmal ist sie ängstlich und manchmal frech, ein halbes Kind eben. Sie wird auch die Magd können.

»Geh einmal zum Gassner hinüber und frag, ob er uns einen Hasen schlachtet.«

»Aber nicht den Toni«, sagt Karline.

»Was weiß ich, wie du die Hasen nennst. Den scheckigen Rammler, den wir im letzten Sommer gekriegt haben.«

In den Augen der Magd leuchtet ein kleines Licht auf. Offenbar ist es nicht der Toni, dem's an den Kragen geht. Sie knickst.

»Und wenn der Gassner es nicht macht?«, fragt sie, ist schneller, als man schauen kann, durch die Stubentür geschlüpft und stampft im Flur gehörig auf, um richtig in die Schuhe zu kommen.

»Dann schlachte ich ihn selber. Ça sera vite fait.«

»Mon dieu, Mia!«, ruft überraschend Tuccia.

Sie hat doch wahrhaftig vergessen, dass ihre kleine Schwester im Zimmer ist. Mia lacht. Sie lacht sich scheckig.

Durch all die Aufgedrehtheit und beinah schon backfischhafte Alberei spürt Tuccia einen hohlen Grund. Am Anfang dachte sie, das rühre von ihrem Abschiedsschmerz und der plötzlichen Angst vor der Ehe. Nun merkt sie, dass auch an Mia etwas seltsam ist. Sie kann gleichzeitig lachen und wirken, als wäre sie ganz woanders. Darin ähnelt sie dem Bruder Adolf und noch mehr der Mutter. Es geht damit aber noch tiefer, etwas in ihr klopft an einen verschlossenen Raum, der wie ein Tongefäß hallt. Schon lang begrabene Erinnerungen strecken ihre schmierigen Hände aus der Gruft. Sie war noch klein und Mia fort, sehr lange fort … dann ein Besuch, eine Begegnung in einem großen, fremden Haus. ›Maria, ich bin es, Mathilde.‹ – ›Ich schlachte dich!‹ Nein, niemals hat die Schwester das gesagt. Es kann und darf nicht sein. Tuccia wischt es weg, so gut sie kann.

»Jetzt müssen wir erst wieder vernünftig werden, hörst du. Ich will ein schönes Foto von uns, auf dem wir eine natürliche Ausstrahlung haben.«

Mia lacht immer noch.

»Wir werden aussehen wie die Fastnachtsmasken.«

»Ich überlasse das ganz dir, ma petite.«

»Dann lass uns rausgehen. Hier drin haben wir nicht genug Licht. Und Blitzpulver ist auch keins da.«

»Natürlich«, erwidert Mia, »wie sollen wir natürlich aussehen, wenn wir derart künstlich angeleuchtet werden? Es wird schon gehen hier drin. Wir müssen uns eben ruhig halten.«

Sie hat mal wieder ihren eigenen Kopf. Schon als sie in München das Handwerk lernten, war es Mia, die sich mit der Chefin anlegte, weil ihr so manches Porträt nicht gefiel. In Hamburg fand sie dann den richtigen Lehrer, der sie in ihrer Eigenheit bestärkte. Dührkoop war künstlerisch neue Wege gegangen, weg von der starren Atelierfotografie der öden Pedanten, wie er schimpfte, in die Wohnungen und die Natur. Er nahm es mit den Zufälligkeiten von Licht und Umgebung auf zugunsten eines lebendigen Ausdrucks. So hat auch Mia immer ihre Ideen.

Tuccia gibt zu, dass sie von ihrer Schwester viel gelernt hat. Sie war am Ende doch mehr die Frau fürs Handwerkliche und Solide. Aber nie hat Mia sie das spüren lassen. Und wenn sie später Kohle- und Gummidrucke zu Ausstellungen in Wiesbaden, Dresden, Den Haag und Bozen einreichten, firmierten immer *M. & T. Bernoulli.*

»D'accord, wir knipsen drinnen«, sagt Tuccia endlich.

Sie richten das Foto ein. Das helle Licht vom Fenster wird die anderen Partien dunkler erscheinen lassen. Es soll keinesfalls zu einem Gegenlichteffekt kommen. Sie könnten das Fenster öffnen, aber das würde die Bildaussage verändern. Tuccia will jetzt selbst den geschlossenen Raum, die Schwesternhöhle. Es bleibt ihnen nur übrig, sich vor den Ofen zu setzen, der groß und glänzend dem Raum hinter ihnen Tiefe geben wird. Mia schaut selbst durch den Sucher. Sie stöhnt, weil ihr der Schmerz beim Vorbeugen wie eine Stahlsaite durchs Kreuz fährt, wie sie sagt. Sie bleibt die ganze Zeit über abgelenkt, will Aufnahmen von sich allein machen lassen und sagt nach jedem Schuss, es sei genug. Tuccia verbraucht für den Selbstauslöser alle vorhandenen Zelluloidringe, weil die Klammer zweimal den Ball nicht gut zusammendrückt. Sie haben den Teppich unter dem

Tisch zusammengeschoben, und es gerät nichts und niemand in Brand. Tuccia hat sich auf einen Stuhl gesetzt und Mia, um den Größenunterschied auszugleichen, steht ein bisschen in den Knien. Sie stützt den linken Arm auf die Schulter der Schwester und kommt ihr so nah, dass Tuccia Mias Wärme spürt.

Wer entwickelt nun den Film? Der Fritz! Ihr Bruder Fritz führt ohnehin das Atelier weiter. Die Dunkelkammer ist dem Theologen lieber als die Kirche.

»Der Fritz wird's können«, sagt Mia, »und jetzt zeig ich dir was. Wo du schon nicht mit mir an die Luft willst.«

Aus einer Ecke der Stube zaubert sie eine große Mappe.

»Jetzt schau dir das an. Die hat Gattamelata auch schon bearbeitet. Das wird dem Hindermann missfallen.« Mia zieht ein gefaltetes Papier aus dem zerkratzten Karton und breitet es über all die Briefe und Bücher. »Das ist der Grundriss. Ich muss auch bald zum Bucherer gehen.«

Tuccia braucht eine Weile, um sich anhand des Plans etwas vorstellen zu können. Sie ist noch ganz in Gedanken an das Basler Atelier versunken. Mia erklärt ihr die Anordnung der Räume im Parterre und in der ersten Etage, zeigt, wo der Buzi schlafen soll und wo der Hermann Bibliothek und Arbeitszimmer haben wird. Wie sie den Plan so anschaut und die Beschriftungen der Räume – *Küche, Diele, Wohnzimmer, Schlafzimmer* –, kriegt Tuccia wieder einen engen Hals. Gott weiß, wie das werden soll, wenn sie erst in Amerika ist und nicht zurück nach Hause kann. Sie sieht sich in einem Raum, kaum größer als die Schiffskabine im Prospekt, mit acht, neun, zehn Kindern, die alle klein sind und wie die Flöhe springen, die Lärm machen, das Porzellan zerbrechen, die Limonade verschütten und sich gegenseitig Püffe geben. Ihre Eltern haben spät geheiratet, die Mutter war schon dreißig. Dann ging es Schlag auf Schlag: Als Erstes kam achtzehnhundertzweiundsechzig Bertha, im Jahr darauf die Anna, im Jahr darauf Emilie, der Adolf sechsundsechzig, Mia achtundsechzig, Fritzi neunundsechzig. Ab da ging's erst gemächlicher. Emma und Mathilde folgten im Abstand von je vier Jahren. Emilie starb mit fünf an Diphtherie, Fritz war ein Siebenmonatskind. Sie würde niemals weitere Kinder haben können, nachdem ihr eins gestorben wäre! Es kommt Tuccia gerade vor wie Wut, die Kinder-mach-und-weg-Wut ihrer Eltern. Als hätten sie versucht, den Abgrund, der sich zwischen ihnen aufgetan, mit Nachkommen zu füllen. Will Mia es genauso machen? Jedes Jahr ein Kind – sie schwärmte geradezu davon. Sie wird das ganze große Haus mit Kindern füllen, denkt Tuccia. Es wird zu klein sein, sie wird vollständig darin verschwinden. Vor Tuccias Augen fängt es an zu krabbeln und zu wimmeln.

»Tucci? Du bist ja ganz in Gedanken versunken.«

»Was ist mit deinem Zimmer?«, fragt Tuccia.

»Das Klavier kommt ins Wohnzimmer. Schau, wie groß es ist, das wird ganz anders klingen als in der kleinen Stube hier.«

»Wenn ihr schon baut, musst du ein richtiges eigenes Zimmer haben. Das da!« Sie zeigt auf eines der Kästchen auf dem Plan. »Das wird das Zimmer der Frau. Dein Zimmer, Mia. Du könntest –«

»Die Westseite«, sagt Mia.

»Du musst es dir so ändern lassen, dass du es auch als Tageslichtatelier benutzen kannst.«

»Ich weiß nicht. Wozu soll das gut sein auf dem Land?«

»Es soll ja kein Ladengeschäft sein. Aber du hättest die Möglichkeit –«

»Ich weiß nicht, Tucci. Und so allmählich knipst doch jeder seine eigenen Bilder.«

»Es ist doch euer Haus! Du hast gesagt, es wird genau so, wie ihr wollt.«

»Immerhin könnte ich mit Hindermann reden. Ich weiß nicht …«

»Ein großes Fenster musst du haben. Und wenn das Sonnenlicht zu direkt reinscheint, machst du da einen Rideau hin.«

Tuccia hebt die Hand in die Höhe und schließt mit einem kräftigen Ruck den empfohlenen Vorhang.

Der Heiler

Ein schneller Blick über die versammelte Gesellschaft recht-
fertigt seine Entscheidung, nicht in Abendgarderobe zu erscheinen. Hesse legt nicht allzu viel Wert auf Kleidungs-
konventionen. Nach einer Lesung in der Schweiz wurde er
getadelt, weil er nicht im schwarzen, sondern im Reisean-
zug erschienen war, das freute ihn insgeheim. Dabei ist er
durchaus modebewusst.

Die Versammlung im Tea Room wirkt bunt. Die Mehrzahl der Gäste trägt auch abends Reformkleider, weite Gewänder und Hosen aus eher grobgewebten naturweißen
Stoffen. Auch Jägersche Normalkleidung ist zu sehen, eng-
anliegende gestrickte Wollhosen und Pullover mit soldatisch
wirkendem Überschlag. Andere sind sportlich und modisch
gekleidet. Die meisten tragen Latschen oder einfache Schnallenschuhe. Einzelne gehen barfuß. Bei den Männern gibt es
Stiefelträger. Das Klacken ihrer Sohlen und Absätze auf dem
Holzboden fällt durch seine Seltenheit umso mehr auf. Die
Gesellschaft ist jung, nur einen Mann schätzt Hesse deutlich über vierzig. Niemand raucht in den Räumen.

Er schaut nach den Leuten, mit denen er beim Abendbrot
zusammensaß. Das Wiener Professoren-Ehepaar sitzt in der
Bibliotheksecke und liest. Der Tischler aus Gera mit den so-
zialistischen Ansichten, der aufgrund seines starken Dialekts

ringsum schlecht verstanden wurde, spielt mit ein paar Naturaposteln Karten. Seine Arme und die Hälfte der Brust sind nackt, Kälte scheint er nicht zu kennen. Die beiden Herren aus England, erfahrene Homöopathen, sind der Abendgesellschaft ferngeblieben. Dafür haben die Russen zwei Tische zusammengeschoben und diskutieren leise, aber leidenschaftlich in ihrer Muttersprache.

Alles in allem füllen an dreißig Personen den mit Holzpaneelen ausgekleideten Raum. Hesse trägt als Einziger eine Brille. Er fühlt sich beobachtet und sieht aus dem Augenwinkel eben noch, wie ein Mann mit langem braunen Haar und stechenden Augen den Blick senkt und sich gibt, als wäre er in die *Vegetarische Warte* vertieft, die er gut erkennbar aufgeschlagen in den Händen hält. Ein Stück weiter weg sitzt der Eigentümer des Bergs. Henri Oedenkoven ist etwa gleich alt wie Hesse. Sein dunkles Haar ist schon recht dünn, was durch die Länge noch mehr auffällt. Anstelle von Kniehosen und Pluderhemd trägt er an diesem Abend einen legeren schwarzen Samtanzug. Oedenkoven winkt und Hesse setzt sich umstandslos zu ihm. Aus der Nähe betrachtet wirkt der Belgier mit seinem Milchgesicht trotz Bart wie ein zu alter Junge. Aber Hesse merkt schnell, dass er bei einem echten Unternehmer sitzt. Oedenkoven erzählt von den Anfängen der Kolonie und der schmerzhaften Abspaltung Gräsers, an dem er zu hängen scheint, obwohl er dessen ökonomische Verantwortungslosigkeit scharf kritisiert. Wohin es führe, wenn man nicht wirtschafte, könne jeder leicht am Grappenhof ablesen. Dessen Gründer habe innerhalb weniger Jahre pleitegemacht und es sei nur ein einziges Haus von der riesigen Anlage übrig geblieben.

»Wenn du so tust«, sagt Oedenkoven, »kannst du gleich wieder einpacken.«

Die flämische Färbung macht seine Sprache weich und die Wortwahl manchmal eigentümlich. Wie Ida Hofmann kommt Oedenkoven auf den Strom zu sprechen, den er als Erster in der Gegend nutzt. Er hat ein Erdkabel legen lassen, damit es nicht den Landschaftseindruck stört. Leider ist die Isolierung mangelhaft und es geht viel Elektrizität im Boden verloren. Hesse hört sich das an, ohne die Zusammenhänge zu verstehen. Mit Elektrizität hat er sich nie befasst. Etwas mehr weiß er über Wasserleitungen. Er erzählt, dass die Leitung zu seinem neuen Haus nach Ansicht des Architekten mindestens achtzig Zentimeter tief liegen soll.

»Das wäre bei uns unmöglich«, erwidert Oedenkoven, »hier musst du nur mal mit dem Spaten reinstechen und bist gleich auf dem Fels.«

»Sie brauchen sich auch nicht so um die Frostsicherheit zu sorgen.«

Oedenkoven lacht.

»Im Winter kann es auch bei uns sehr ungemütlich werden. Aber Sie haben recht. Andauernden Frost haben wir kaum.«

Während sie so in einer Ecke des Salons reden und sich ohne Überschwänglichkeit sympathisch sind, geht Ida Hofmann zum Flügel. Sie hat eine Zeitlang mit Gästen aus der Westschweiz auf Französisch parliert, jetzt spielt sie Chopin. Ihr Anschlag ist weicher als ihr sonstiges Auftreten. Manchmal wirkt ihr Spiel ein bisschen süßlich, alles in allem hat sie aber die Klasse einer professionellen Pianistin.

Oedenkoven setzt Hesse derweil die Grundsätze der Kooperative auseinander. Er erzählt ihm von Arnold Rikli, der schon Mitte des 19. Jahrhunderts im österreichischen Veldes seine alternativen Kuren entwickelt hat. Wasser, Luft und Licht waren die Grundlagen seiner Heilmethoden, wobei die Luft gegenüber dem Wasser das wertvollere Heilmittel darstellte und das Licht wiederum die Luft übertraf. In Veldes ist Oedenkoven gesund geworden, dort hat er Ida Hofmann und Karl Gräser kennengelernt und dort haben ihre Ideen für eine Reformierung des menschlichen Lebens Gestalt angenommen.

Arnold Ehret, der Mann mit dem stechenden Blick und später berühmte Hungerkünstler, sitzt allein an einem Tischchen. Er beobachtet Hesse schon eine ganze Weile, er weiß, wen er vor sich hat, weil er täglich die Gästeliste studiert und die Leute gern im persönlichen Gespräch zu seiner Fastenkur überredet. Für das Klaviergehämmer von Ida Hofmann hat er so wenig übrig wie für Karten- und Brettspiele. Aber er hat die Erfahrung gemacht, dass viele Menschen an den geselligen Abenden leichter zugänglich sind für seine Ideen. Tagsüber beschäftigen sie sich mit Kuren und sind mit all dem Neuen, das an sie herangetragen wird, reichlich beschäftigt. Ein gangbarer Weg, sie für seine Praxis zu gewinnen, ist die Gesichtsdiagnose. Ohne unverschämt zu werden, beobachtet Ehret einen Gast, tritt irgendwann an ihn heran, macht ein bisschen Small Talk und sagt ihm dann, was ihm am Gesicht des Gegenübers aufgefallen ist, welche Hinweise auf Krankheit oder falsche Ernährung es gibt und so fort. Die meisten Menschen sind froh, wenn sie merken, dass jemand sie zu lesen weiß, vorausgesetzt, er versteht es, ihre Tabus zu achten.

Hesse ist eindeutig ein Wenigesser, vom Typ hager-cholerisch. Das schon schüttere Haar deutet auf eine grundverkehrte Lebensweise. An der grauen Tönung der Haut erkennt Ehret den Raucher. Die Labionasalfalten sind deutlich erkennbar, außerdem tendiert er zur Hohlwangigkeit, also wird er es mit dem Magen haben. Gelegentlich will er sich Hesses Augen und Schläfenpartie genauer ansehen. Er nimmt an, dass diese Merkmale den Eindruck von Nervosität bei seinem Gegenüber bestätigen werden, auch wenn er sich äußerlich gelassen gibt und sich mit übergeschlagenen Beinen (den Stuhl ein Stück vom Tisch weggerückt) lässig zurücklehnt. Im Unterschied zu den Beinen kennen die Hände keine Rast. Einmal schlingt Hesse sie ums Knie, ein andermal lässt er die Rechte locker auf dem Tisch liegen. Dann aber spielen die Finger der Linken mit den Streben in der Lehne seines Stuhls.

Eine ganze Zeit lang spricht Hesse bereits mit Oedenkoven. Ehret hält Abstand, er kann die Ausführungen des Belgiers nicht mehr hören und gerät regelmäßig in Streit mit ihm, wenn dieser seine so unverrückbaren wie falschen Ansichten über Fleisch- und Alkoholkonsum vertritt. Ehret hat die Ursache aller körperlichen Übel gefunden: Es ist der Schleim. Fleisch, Alkohol, Kaffee und Tabak sind bei mäßigem Gebrauch eher harmlos. Auch gegen Zucker ist nichts einzuwenden. Stärke dagegen schadet der Gesundheit sehr. Noch schlimmere Folgen hat aber die Vielesserei, da bilden Gemüse und Obst keine Ausnahme.

Als er die schöne, junge Frau Kiss eintreten sieht, weiß Ehret, dass seine Stunde gleich schlägt.

Hesse hört, wie in seinem Rücken die Tür zum Salon aufgeht. Im selben Moment sieht er in Oedenkovens hellen Augen einen Funken aufglimmen und wendet daraufhin selbst den Kopf. Eine junge Frau ist ins Zimmer getreten, sehr hübsch und selbstbewusst, mit vollem rötlichen Haar und klarem Blick. Dem Typ nach könnte sie Ungarin sein. Ihr Auftritt wird allgemein bemerkt. Zielstrebig durchschreitet sie den Raum und setzt sich zu einer der kleinen Gesellschaften. Oedenkoven hat sich sogleich wieder seinem Gast zugewandt und fährt fort, seine Pläne für den Monte Verità zu erläutern. Ein neues Gästehaus soll entstehen. Ob das Ganze nicht zu einem bloßen Kurbetrieb werde, fragt Hesse. Oedenkoven widerspricht. Er will später Fabriken für Reformwaren bauen, um die materielle Grundlage des Projekts zu sichern, Mühlen, vor allem aber eine Kindererziehungsanstalt und eine Kunstschule, die den neuen Menschen bilden sollen.

Bei allem, was er sagt, wirkt er nun abgelenkt, und da Hesse keine rechte Lust verspürt, mit Oedenkoven seine Ansichten über Pädagogik und Kunsterziehung zu diskutieren, wird die Unterhaltung der beiden schleppend. Hofmann unterbricht mitten im Satz ein Nocturne. Die Stille der überraschten Gäste scheint sie zu genießen. Sie lacht etwas zu fröhlich und entschuldigt sich mit den Worten, ihr sei an diesem Abend viel mehr nach Wagner zumute als nach Chopin. Kaum hat sie ein paar Takte angeschlagen, da erhebt sich jemand von dem Tisch, an den die junge Schöne sich gesetzt hat, und bietet an zu singen. Die Gesellschaft klatscht, alle (Hesse einmal ausgenommen) wollen Wagner, lange Haare hin oder her. So kommt es zu einem spontanen Vortrag der Wesendonck-Lieder. Oedenkoven empfiehlt sich und schlüpft schnell auf den frei gewordenen Platz am Tisch der schönen Frau, mit der er offen flirtet.

Hesse beobachtet das fasziniert, er bemerkt, wie Ida Hofmann unter gesenkten Lidern, scheinbar in ihr Klavierspiel vertieft, zu dem Tisch hinüberschielt, das Verhalten ihres Partners genau registriert und doch keine Regung zeigt. Wenn er die beiden Frauen vergleicht, die eine fünfzehn Jahre jünger und blühend in ihrer Schönheit, die andere mit dem harten Zug um den Mund, der von Entschlossenheit und Erfahrung zeugt, aber auch vom wenigen Raum, den Zärtlichkeit und Spontaneität daneben einnehmen, kann er sich nur schwer vorstellen, dass die Hofmann innerlich ruhig ist. Er weiß, wie ängstlich Mia ihn selbst beobachtet, sobald eine Jüngere in der Nähe ist, wie sie ganz unbewusst, doch umso zielstrebiger dazwischengeht, Unterhaltungen an sich zieht und auf feinsinnige, manchmal auch sehr direkte Weise demonstriert, zu wem er, Hesse, gehört.

Immerhin könnte der Wechsel zu Wagners Kompositionen für die heimlich geliebte Mathilde Wesendonck einen versteckten Hinweis geben. Darf die Hofmann überhaupt eifersüchtig sein? Vor ein paar Stunden hat sie auf die Ehe geschimpft. Hesse merkt jetzt erst, wie der konventionelle Mann in ihm unter diesem Hieb zusammenzuckte. Er selbst fand die Ehe ja nie unmoralisch. Sittlich fragwürdig scheint ihm eher das Potenzial von Verletzung und Unglück, das im freien Spiel von Attraktion und Zurückweisung liegen muss.

Und gebieret Tod nur Leben,
Geben Schmerzen Wonne nur:
O wie dank ich, daß gegeben
Solche Schmerzen mir Natur!

Er wird Wagner niemals leiden können, die Verse der Wesendonck ebenso wenig. Im Stillen äfft er den Gesang nach: Ooooooooooooooooooo.

Eigentlich hätte Oedenkoven sein Sanatorium den *Venushügel der Wahrheit* nennen sollen. Er rennt fast jedem Rock hinterher. Und er hat meistens Erfolg. Bis jetzt hat Ehret nicht herausgefunden, was den Belgier für Frauen so attraktiv macht, denn schön kann man ihn kaum nennen. Am Ende wird es die schnöde Aura des reichen Mannes sein, die ihnen imponiert. Genug. Ehret zwingt sich, seine Gedanken ganz auf Hermann Hesse zu lenken, bevor er fragt, ob er an dessen Tisch Platz nehmen darf. Der Dichter erlaubt es höflich, doch in seinen Zügen malt sich erkennbar die Abneigung des scheuen Menschen gegen jede Zudringlichkeit. Blitzartig lässt Ehret seinen ursprünglichen Plan fallen, das Gespräch mit einer allgemein gehaltenen, anerkennenden, aber nicht bewundernden Bemerkung über Hesses Bücher (die er nicht gelesen hat) zu eröffnen. Vielmehr fragt er den Autor nach seinen ersten Eindrücken vom Monte Verità und schafft der vermuteten Eitelkeit des Dichters auf diese Weise eine Plattform. Außerdem kann er so sein Gegenüber verhohlen weiter beobachten und analysieren. Er muss bei Hesse einen Volltreffer landen, wenn er ihn zu einer Ehret'schen Kur bewegen will. Der jedoch hält sich zurück mit Urteilen und bemerkt lediglich, dass er alles, wovon am Berg bisher die Rede war, interessant und erwägenswert findet. Man werde ja sehen, ob er von hier in einem besseren Zustand fortgehe als gestern vom Haus Monti.

Demnach war er dort nicht zufrieden. Ehret ist ungefähr orientiert über die Methoden des Dr. Betz. Er fragt, ob Hesse sich habe faradisieren lassen, und als dieser bejaht, holt er zu seinem Generalschlag gegen die Elektrotherapie im Speziellen und die Schulmedizin im Allgemeinen aus. Das schnelle Gesundwerdenwollen mit nahezu beliebigen Mitteln sei die Ursache für deren Wirkungslosigkeit. Pillen und Mixturen,

Serum und Tuberkulin, Jod, Quecksilber, das alles bekämpfe nicht die wahre Ursache aller Krankheiten. Ehret bemerkt, wie Hesses Interesse wächst.

»Und was ist, Ihrer Meinung nach, die Ursache aller Krankheiten?«

»Das sogenannte gute Essen.« Ehret bleibt absichtlich noch vage. »Darf ich fragen, woraus Ihre Diät im Monti sich zusammengesetzt hat?«

Hesse sagt es ihm und erwähnt gleich, dass sein Hausarzt die Ernährungsvorschriften der Locarneser kritisiert und ihm empfohlen habe, viel Butter, Milch und Eier zu essen, Fleisch dagegen nur in geringen Mengen.

»Der Fleischkonsum«, erwidert Ehret und senkt verschwörerisch die Stimme, »wird als Gesundheitsfaktor völlig überschätzt. Bei mäßigem Verzehr ist Fleisch recht harmlos, genau wie Zigarren und Wein.«

Er kann nicht ausmachen, ob er Hesses Schwächen mit dieser Aufzählung hinreichend entschuldigt hat.

»Sie sind demnach gegenteiliger Auffassung über den Vegetabilismus wie die Betreiber des Sanatoriums, das Sie angestellt hat?«

Ehret verwahrt sich, er sei kein Angestellter, vielmehr habe er mit Oedenkoven einen Kooperationsvertrag geschlossen und sei völlig frei und in eigener Regie hier tätig. Auch in der Sache widerspricht er.

»Verstehen Sie mich nicht falsch, ich erkläre dem Fleisch und dem Alkohol absolut den Krieg. Fleisch ist verfaulendes Eiweiß, ein Reizmittel, das dem Körper einen Energiegewinn bloß vortäuscht.«

Hesse nickt nachdenklich in die Pause zwischen zwei Liedern.

»Nur ist das Vielessen eben viel schlimmer. Fleisch«, er

geht jetzt davon aus, dass Hesse es nicht mag, »und stärke-
haltige Lebensmittel erzeugen im Körper Schleim. Je mehr
einer isst, desto mehr Schleim sammelt sich an. Das ist die
Ursache aller Krankheiten. Schleim, der von den natürlichen
Ausscheidungsorganen nicht mehr bewältigt wird, in das
Blut übergeht und an der betreffenden Stelle, wo das Gefäß-
system vielleicht durch eine zu starke Abkühlung verengt
ist, Hitze, Entzündung, Schmerz oder Fieber erzeugt. Alle
Krankheiten sind ein Bestreben des Organismus, Schleim
und Eiter, also zerfetztes Blut auszuscheiden.«

»Was ist mit den Bazillen?«

»Das ist nichts als fortgesetzter Dämonenglaube! Bazillen sind das Produkt einer Krankheit, nicht ihre Ursache.«

Ehret ist nun in Fahrt. Mit einiger Anschaulichkeit wickelt er verbal den zehn Meter langen menschlichen Ver-
dauungstrakt vor Hesse aus.

»Die meisten Vegetarier«, sagt der Heiler und senkt erneut die Stimme, um deutlich zu machen, dass sein überle-
gener Standpunkt hier nicht von jedem gern gehört wird,
»sind nicht gesund, weil sie Brot, Brei, Milch, Butter, Eier,
Käse, Mehlspeisen und besonders Stärkemehlnahrung zu
sich nehmen.«

»Aber etwas muss man doch essen?«, fragt Hesse skep-
tisch.

»Eben nicht! Der Mensch ist umso gesünder, je weniger
er isst. Denken Sie an die Propheten, die Religionsstifter, die
waren allesamt Asketen. Ist das denn Kultur, dass man in
Berlin wohnt und dreimal täglich fein diniert?«

Hesse rückt ein Stückchen näher, als er das sagt. Er ist
ganz offenbar kein Berlin-Fan.

»Ist das sozialer Fortschritt, dass jeder Arbeiter täglich
fünfmal isst und sich abends mit Bier vollpumpt?« Ehret gibt

selbst die Antwort: »Das bis jetzt für harmlos und anständig gehaltene Fest- und Gutessen ist nicht nur unsittlich, sondern krankheitserzeugender als alles andere, selbst bei Abstinenten und Vegetariern. Wenn sich der kranke Organismus durch Garnichtsessen regenerieren kann, so folgt doch logisch, dass der gesunde eben mit wenig Nahrung kräftig und ausdauernd bleibt.«

Hesse scheint sich besonders für den kulturellen Aspekt zu interessieren, er lenkt das Gespräch auf die Religionsstifter zurück. Woher Ehret denn wisse, dass Jesus Christus wenig gegessen habe, von seinem vierzigtägigen Fasten einmal abgesehen.

»Etwas anderes ist absolut unvorstellbar. Alle Wunder der Heiligen an den Gnadenorten sind nur auf Askese zurückzuführen und heute deshalb nicht mehr möglich, weil zwar viel gebetet, aber nicht mehr gefastet wird. Wir haben keine Wunder mehr, weil wir keine Heiligen, das heißt durch Fasten und Askese Geheiligten und Geheilten mehr haben. Die Heiligen waren selbstleuchtend, modern ausgedrückt radioaktiv, weil sie durch Askese physiologisch göttlich, gesund waren. Ich habe es selbst schon zu sichtbaren elektrischen Ausströmungen gebracht, aber nur durch äußerliche und innerliche Zufuhr von Sonnenenergien.«

Der letzte Ton der Wagner'schen Lieder ist verklungen. Die Gäste klatschen mehr aus Gewohnheit. Ida Hofmann bleibt auf dem Klavierstuhl sitzen und nimmt den Applaus mit einem stillen Lächeln entgegen. Sie steht nicht auf, um sich zu verbeugen oder zu knicksen. Hesse ist schon einigermaßen abgefüllt von den exponierten Thesen Arnold Ehrets. Deshalb erlaubt er sich, mitten im Gespräch den Blick erneut über die Gesellschaft schweifen zu lassen. Die Leser sind weniger geworden, im Übrigen ist die Zusammensetzung an den Tischen recht stabil. Er fragt sich, ob Oedenkoven tatsächlich eine Affäre mit der jungen Frau hat. Vielleicht wird sie bald rausgehen und Oedenkoven ihr nach einiger Zeit unauffällig folgen. Aber nein, gerade hilft er ihr in die kurze Jacke, die sie einfach über die Stuhllehne gehängt hatte. Die beiden stehen gleichzeitig auf und verlassen den Tea Room gemeinsam. Ida Hofmann kündigt munter eine Zugabe an. Sie scheint es demnach nicht tragisch zu nehmen.

Ein Räuspern erinnert Hesse daran, dass er nicht allein am Tisch sitzt. Er überlegt, wovon Ehret zuletzt gesprochen hat.

»Innerliche ... Zufuhr?«, fragt Hesse unsicher. Er scheint von Oedenkovens Abgang mit dem ungarischen Mädchen höchst irritiert zu sein. Oder fasziniert. Jedenfalls starrt er lange zu den beiden rüber.

»Äußerlich werden die Sonnenenergien durch Sonnenbäder zugeführt, innerlich durch Nahrung aus der Sonnenküche. – Obst. Wenn Sie den Mut haben, können Sie das Experiment selbst durchführen. Was mich betrifft, so habe ich vor, demnächst unter Aufsicht der Öffentlichkeit fünfzig Tage zu fasten.«

Das wären zehn mehr als bei Christus. Weil Ehret spürt, dass Hesse wieder skeptischer wird, kehrt er zu den konkreten Erfolgen seiner Kur zurück. Er berichtet, dass die Wundheilung bei ihm viel schneller vonstattengehe, wenn er faste oder gerade gefastet habe. Auch sein Haarwuchs habe sich merklich verbessert. In der Zeit, als er todkrank – und fett – gewesen sei, habe er unter deutlichem Haarausfall gelitten, er könne Hesse Fotos zeigen. Jetzt dagegen könne man sein Haar durchaus als voll bezeichnen. Er lüftet die vorderen Strähnen, damit Hesse den Haaransatz sieht. Und er fasst sich unter den kräftigen Bart, den er ein wenig anhebt. Hesse reagiert auf diesen Aspekt nicht sichtbar. Vielleicht hat er keine Angst vor einer Glatze.

Vielleicht ist er auch wieder abgelenkt von dem angebissenen Apfel, den er jetzt erst vor Ehret auf dem Tisch stehen sieht und der aus sich heraus zu leuchten scheint. Es handelt sich um eine exotische, nämlich kanadische Sorte, den McIntosh. Dieser Apfel ist das Wurmloch, durch das Hesse und Ehret in einem parallelen Universum gerade in die Zukunft rauschen. Es ist der Apfel auf unseren iPhones und Notebooks, der uns nicht das Paradies vorgaukelt, aber gewissermaßen den bestmöglichen Ersatz. Es ist der Apfel, der Hesse mit seinem späteren Fan, dem LSD-Verehrer und Menschheitsentwickler Timothy Leary verbindet. Es ist der Apfel, in den Steve Jobs gebissen hat, auf der Flucht vor Fleisch und Stärke und zu viel Essen, denn Jobs war Ehretist, und seine Jünger diskutieren in Internetforen darüber, ob die extreme Diät des Computermannes nun zu seinem Bauchspeicheldrüsenkrebs geführt habe oder vielmehr dazu, dass er dem Karzinom zum Trotz noch so viele Jahre leben konnte (er ist mit sechsundfünfzig Jahren gestorben, im gleichen Alter wie sein Guru Arnold E.).

»Fasten Sie«, sagt Ehret eindringlich. »Schon ein sechsunddreißigstündiges Fasten verleidet dem grimmigen Übeltäter in unserem Leib das Leben, zwingt ihn zur Flucht und mit Schrecken wendet er sich von uns, den Fastern ab. Besser ist freilich ein Zeitraum von drei Tagen zuzüglich Nachkur.«

»Einfach drei Tage nichts essen?«

»Auf keinen Fall! Das wäre im Gegenteil vollkommen schädlich. Kommen Sie morgen zu mir, damit ich Sie zunächst untersuchen und einen auf Sie zugeschnittenen Fastenplan erstellen kann.«

»Also doch etwas essen?«

»Im Wesentlichen läuft es folgendermaßen ab: Sie essen drei Tage gar nichts und trinken nur Zitronenlimonade schluckweise nach Bedarf. Vom vierten Tage ab beginnen Sie mit Gemüse, Salat und Früchten.«

»Das ist die Kost, die es hier ohnehin gibt.«

»Wichtig«, ergänzt Ehret, denn es ist unerlässlich, offen zu sein, »wichtig ist außerdem die vollständige Entleerung des Darms vor dem Fasten. Auch am Abend des vierten Tages sollten Sie abführen. Wenn Sie morgen zu mir kommen, kann ich Ihnen ein Klistier –«

Selbst hinter diesen dicken Brillengläsern lässt sich beobachten, wie Hesses Pupillen schmal werden.

Im Rauch

Es ist schon spät, als er durchs Dunkel den Weg zu seiner Hütte sucht. Vom See zieht kalte Luft herauf. Einmal reißen die Wolken auf, geben aber nur einen schmalen Mond frei, dessen Licht der Oberfläche des Langensees kaum einen Glanz abringen kann. Eine einsame weibliche Gestalt huscht über den Weg, er ahnt sie mehr, als sie zu sehen. Ihre Statur und ihr helles Haar erinnern ihn jäh an die hübsche Apothekerin, die ihn so reizend auf den Arm genommen hat. Wie ist sie nur auf Fuxius gekommen? Der Fuchs ist ein so schlaues wie mörderisches Tier, und die Fuchsie eine üppig blühende Nachtkerze.

Außer ihm scheint niemand mehr wach zu sein. Auf der Veranda seiner Hütte meint er, den Geruch von räuchernder Wurst wahrzunehmen. Das kann bloß eine Fata Morgana sein auf dem fleischlosen Berg, als hätte er einen Schoppen zu viel gehabt. In Wirklichkeit ist er vollkommen nüchtern, er hat den Wein bis hierhin nicht vermisst. Erst als er sich jetzt auf die Stufen setzt, verspürt er Lust auf etwas Alkoholisches. Er fragt sich, ob er sich diese Freude, die manches Mal die einzige des Tages bleibt, wirklich versagen soll. Mit dem abendlichen Schoppen fällt sonst die Tageslast von ihm ab und er kehrt zu einem Sein zurück, das ihm das liebste ist: er wird Dichter. Nicht länger Erfolgsautor, Briefeschreiber, Herausgeber, Hausvorstand und was er sonst tagsüber sein muss.

Hesse verzichtet nicht nur auf den Wein. Er hat auch seinen Koffer im Haupthaus deponiert. In seinem Rucksack befinden sich bloß etwas Wäsche, Papier und Stifte, warmes Überzeug, ein, zwei Bücher. Nicht einmal Daphnes Balsam gegen Kopfweh hat er eingepackt. Die Taschenuhr wird morgen stehenbleiben. Er will die Zeit fortan vom Himmel ablesen und ganz dem Rhythmus der Natur folgen. Lange ignoriert er die Kälte. Erst als er zu zittern beginnt, geht er hinein.

Gegen einen erstaunlich starken Widerstand dreht er den Lichtschalter. Schallend klackt er, die Birne leuchtet auf wie ein Blitz, *brzzz* ist es wieder dunkel. Zweimal dreht er den Schalter weiter, vergeblich, es hat irgendeinen Defekt gegeben. Hesse zündet eine Kerze an. Die Hütte ist innen mit Holz ausgeschlagen, in die Ecke ist ein fester Schrank eingebaut. Hinter der einfachen Bettstelle befindet sich ein Waschtisch mit einem in die Marmorplatte eingelassenen Becken, zwei kleinen Schubladen und einer Tür. Daneben auf dem Boden steht ein einfacher emaillierter Wasserkrug, an der Wand hängt ein kleiner Spiegel. Ein aus rohem Holz gezimmerter Sessel und ein winziger Tisch vervollständigen die Einrichtung. In einem Anbau befindet sich das Torfklo.

Er macht kein Feuer. Schlotternd legt er seinen Sportanzug ab und hängt ihn ordentlich auf einen Bügel. Im Unterzeug krabbelt er ins Normalbett. Obwohl er sich so fest in Betttuch und Wolldecke wickelt, dass er die Arme kaum noch rühren kann, wird ihm nicht warm. Die Stille ist vollkommen. Kein Eulenruf und kein Gebell. Seine Gedanken driften auf ihrer ewigen Reise. Es dauert lange, bis er einschlafen kann.

Im Traum sieht er einen schwarzen Schwan in einem südlichen Bergsee landen. Es herrscht Dämmerung, der Schwan verschwimmt mit dem Zwielicht und dem dunklen Wasserspiegel. Da steht seine Mutter am Ufer. Sie trägt ein schwarzes Kleid und hat diesen Blick aufgesetzt, der ihm vorkommt, als hätte sie dahinter ein für alle Mal ihre Lebensfreude verkniffen. Er glaubt, sie sei gerade aus dem Wasser gestiegen, und fragt, warum ihr Kleid nicht nass sei. Das komme, weil sie sorgfältig die Federn fette, erklärt sie. Sie beginnt Fasern aus ihrem Arm zu zupfen und ins Wasser zu werfen. Eine ganze Schar schwarzer Schwäne taucht am Ufer auf. Gierig verschlingen sie die Bröckchen. Die Szene wechselt, er befindet sich nun am Bodensee bei der Gaienhofer Bootslände. Oben auf dem Steg sitzt seine Ferngeliebte. Er will sich ihr nähern, doch seine Füße stecken im Uferschlamm fest. Du musst ziehen! Elisabeth lacht, ihr Busen wackelt unter dem Reformkleid. Die Schuhe, ruft sie zurück, du hast ja noch die Schuhe an, mein Lieber. Er sieht sofort ein, dass er mit Anzug und Halbschuhen niemals ins Wasser hätte steigen dürfen. Hesse erwacht, er fühlt sich nach wie vor unbehaglich. Sein Glied ist steif, er fasst es an. Es regnet wieder in der Dunkelheit.

Nachher fröstelt ihn nicht mehr. Er betrachtet die weißen Inseln auf seinem Bauch. Er hat nichts, um sich abzuwischen, und wird schließlich das Laken nehmen müssen, obwohl er fürchtet, dass die Wäscherinnen Bescheid wissen und ihn als einen Knaben verlachen werden. Gleichzeitig spürt er einen männlichen Stolz auf seinen Samen. Die Fortpflanzung hat ihn nicht beschäftigt, solange er nicht verheiratet war. Menschen bekamen Kinder, wie Bäume Äpfel oder Pflaumen trugen. Dieses Gefühl veränderte sich erst, als Mia seine Hand nahm und auf ihren schon runden

Bauch legte. Da spürte er eine Beule unter ihrer Haut wandern. Mia behauptete zu wissen, dass es ein Füßchen wäre. Und mit einem Mal war er Vater, der Erzeuger von etwas Lebendigem. Dieses Gefühl hat sich noch verstärkt, seit Bruno auf der Welt ist.

Er stellt sich vor, wie Mia den Kleinen auf dem Arm herumträgt, ihm scherzend ein paar Tropfen kaltes Wasser ins Gesicht spritzt und ihn die Ziegel berühren lässt, die bei der Baustelle auf einem Haufen liegen. Schau, Bruno, das wird unser neues Haus, wird sie ihm erklären, während er unbekümmert die Hand auf ihren Busen presst. Sie wird ihm sagen, dass er dort ein schönes Zimmer bekommt, wo er aus dem Fenster schauen kann, ohne auf einen Stuhl steigen zu müssen. Sie wird ihm von den Geschwistern erzählen, die eins nach dem anderen dieses Haus bevölkern sollen. Mia ist jetzt achtunddreißig und hat keine Zeit zu verlieren. Von den Bäuerinnen nennen sich manche, die keine zehn Jahre älter sind, schon Großmutter. Plötzlich erinnert sich Hesse. Als er noch einmal ins Schlafzimmer kam, um seiner kranken Frau ade zu sagen, schaute sie ihn mit so einem seligen Blick an. Jede Spur von Unglück war daraus verschwunden. Dieses Rätsel entschlüsselt sich ihm jetzt: Es war der Blick der befruchteten Frau. Genau so hat sie ihn angesehen, als sie ihm von der ersten Schwangerschaft berichtete. Und so halb schwindelig wie damals fühlt er sich heute. Es ist wohl wieder etwas unterwegs, denkt er, ohne sich darüber freuen zu können. Die Stricke, die ihn an Gaienhofen binden, verwandeln sich in Ketten.

Allmählich wird es hell. Sein Blick bleibt unter dem Dach der Lufthütte hängen. Am Sparren haben sich Tropfen gebildet, ein Leck, durch das Regen in sein Häuschen dringt. Vielleicht sollte er die Kanne drunterstellen und das Wasser sammeln. Da müsste er nicht zur Zisterne laufen. Er hat Durst, bislang aber keinen Hunger.

Irgendwann steht er auf. Er schaut an den verschiedenen Seiten der Hütte aus dem Fenster. Rechts sieht er ein Stück vom Sanatoriumsgelände mit seinen niedrigen Bäumen und verstreuten Hütten, nach vorne raus eine Ecke des Teehauses und ein Stück vom Dach der Casa Andrea. Linker Hand geht der Blick hügelab über die Dächer Asconas bis hinaus auf den See. Die Berge dahinter scheinen sich im Himmel aufgelöst zu haben. Zwei Esel lassen sich hören, einer aus großer Ferne, der andere wahrscheinlich vom Gelände. Trotz der Randlage seiner Hütte kann er vereinzelt auch Stimmen hören, aber keine Worte unterscheiden. Bei immer noch grauem Himmel kann er unmöglich die Uhrzeit schätzen. Eigentlich sollte sie keine Rolle spielen, doch sogar der Monte Verità kennt Essens- und Therapiezeiten.

Er will sich zurückziehen, so weit er nur kann. Obst und rohes Gemüse wird er bei der Küche abholen und in seiner Hütte verzehren, auf Gekochtes will er vorläufig ganz verzichten. Barfuß läuft er durchs nasse Gras, tippelt über spitze Steine zur Casa Gentile und gibt Order, seine Post zu lagern und ihn nur zu benachrichtigen, falls ein Telegramm kommen sollte. Das Paket mit den Schindeln lässt er mit einem kurzen Antwortbrief zurückgehen. Zum ersten Mal entspannen sich seine Füße, sie werden sogar warm. Wie ein Kind freut er sich jetzt, den Boden unter seinen Sohlen zu spüren.

Allmählich wird er zum Prärie-Indianer, zu einem Urmenschen, der mit Pfeil und Bogen den Auerochsen jagt. Sein Gehör ist scharf, kein knackender Zweig entgeht ihm, seine Nase ist fein und unterscheidet hundert Düfte. In seinem

Übermut nimmt er die Brille ab, die zum Primitiven nicht gut passen will. Das ernüchtert ihn, denn sein Blick hat sich durchaus nicht geschärft. Er fragt sich, ob es in der Urzeit Kurzsichtige gab. Sicher waren die Augen unserer Vorfahren weniger verdorben. Er beschließt, die Brille dennoch wegzulassen, und hofft, damit seine Augenschmerzen zu kurieren. Der Magen soll gesund werden, indem er die schlechte Nahrung fortlässt, der Kopf, indem er die schlechte Medizin fortlässt, die Seele, indem er was fortlässt?

Das Nichtrauchen macht ihm zu schaffen. Er holt sich ein Stöckchen und klemmt es anstelle der Zigarre zwischen die Finger. Automatisch zieht er daran, das bereitet ihm eine herbe Enttäuschung. Hesse sammelt sonst seine nicht zu Ende gerauchten Zigarren und schenkt sie Ärmeren. An diesem Tag könnte er selbst sich nach jedem Stumpen bücken, den jemand anderes fortgeworfen hat und der auch nur einen oder zwei Züge verspricht. Es regnet ohne Ende. Unter der tropfenden Stelle steht sein wasserfester Wanderhut und will sich nicht füllen. Mit der Rohkost geht er sehr sparsam um, sein Ziel ist es, ein paar Tage lang gar nichts zu essen und bloß Wasser zu trinken. Auch Limonade würde hingehen, da Ehret sie so dringlich empfohlen hat. Er weiß, dass der Hunger irgendwann nachlässt.

Immer wieder flieht ihn der Schlaf. In solchen Nachtstunden kommen ihm sonst oft ein paar Gedichtzeilen in den Kopf. Hier und unter den gegebenen Bedingungen fällt ihm kein einziges Wort ein. Er betrachtet das als Fortschritt. Er liest nicht. Er will leer werden. Die Sorge um die grundlegenden Dinge tritt in den Vordergrund. Sie reinigt und kräftigt seinen Geist. Sie holt ihn in die Gegenwart. Er denkt Morgen, er denkt Mittag, er denkt Nacht. Der alte Affe steht wieder in ihm auf. Er meidet die Abendgesellschaft. Unter

Menschen zu gehen scheint ihm nichts zu bringen als Lärm und unnötige Anstrengung, etwa beim Sprechen. Die Illusion von Räucherdüften kehrt wieder. Einmal bildet er sich ein, vor dem Fenster seiner Hütte Qualm aufsteigen zu sehen. In Momenten wie diesen beißt der Hunger zu.

Die geistige Leere füllt sich mit Gedanken. Sein Leben in Gaienhofen beschäftigt ihn. Der Entschluss, auf dem Land zu leben und einen Garten zu haben, ist Mia und ihm nicht schwergefallen. Sie hatten beide kaum Geschmack an der guten Basler Gesellschaft, dem steifen und künstlichen Umgang, der Enge und dem Betrieb der Stadt. Sie wollten ein naturnahes Leben führen, den Geist schweifen lassen, aber die Hände in der Erde haben. Das tun sie nun, warum sind sie nicht glücklich? Der Monte Verità sagt: ihr seid halbherzig. Denn weder haben sie die weichen Betten aufgegeben noch das Klavier. Im Keller steht das Fässchen Moselwein, und alle naselang fahren sie in die Stadt. Auch wenn sie ihr Wasser am Brunnen holen. Auch wenn sie Kartoffeln einlagern, Marmeladen kochen und Obst einwecken, leben sie noch lange nicht ursprünglich. Sie sollten viel strikter sein.

Wieder träumt er von seiner Mutter, wieder trägt sie das schwarze Kleid. Diesmal geht er mit ihr Arm in Arm über eine Wiese voller Frühlingsblumen. Mit der freien Hand, sich hier und da bückend, pflückt er einige davon. Als er seiner Mutter den Strauß überreichen will, lässt sie ihn abrupt los und ruft: Die sind doch alle giftig! Weißt du das nicht? Du wirst dir die Hände verbrennen. Er will sie wegwerfen, sie kleben fest. Jetzt sondern sie ätzende Milch ab. Er erwacht mit einem Ekelgefühl, als hätte er Scheiße an den Fingern.

Er lässt ein Fenster offen, er giert nach den Geräuschen auf dem Berg. Es regnet wieder stärker. Er stellt sich vor, dass

Raucher auf der Veranda Platz nehmen und fette Qualm-
wolken durchs Fenster blasen. Einmal wird er wach und
weiß nicht gleich, wo er sich befindet. Noch ist er in der Lähmung des Schlafes befangen, und ängstlich lauscht er in den
Raum. Zuerst hört er nichts. Die verlorene Macht über den
eigenen Körper fühlt sich nach der größtmöglichen Qual
an, als hätte der Tod ihn gebunden und, bevor er ihn holte,
aufgeweckt, um seinen Spott mit ihm zu treiben. Mit größ-
ter Mühe reißt er endlich eine Hand los. Schnell gehorchen
ihm auch die übrigen Glieder. Er hat nicht eigentlich Angst,
eher ein kreatürliches Schrecken in sich, die Furcht des Tiers
vor der Vernichtung. Das macht es schwer aufzustehen. Er
bezwingt diese Regung, erhebt sich vom Bett und tritt ans
offene Fenster. Es hat zu regnen aufgehört, die Luft ist deutlich wärmer. Er späht nach dem Himmel, kein Stern ist zu
sehen.

Nach einer Weile hört er ein leises Singen, die Stimme
einer Frau – sirenenhaft süß scheint sie ihm. Er streckt den
Kopf durchs Fenster und schaut angestrengt in die Nacht.
Da sieht er sie. Der Dunkelheit zum Trotz erkennt er sofort
ihre Nacktheit. Tänzelnd, vom Singen ins Summen und zurück wechselnd, nähert sie sich. Sie hat unendlich reiches,
langes Haar. Ihr Gesicht ist verschleiert, er kann die Züge
nicht unterscheiden. Jetzt scheint sie ihn gesehen zu haben,
sie lacht und gleitet näher. Sie fragt ihn, ob er mit ihr tanzen
und Wein trinken will. Obwohl nur ein paar Schritte zwischen ihnen liegen, sieht er sie immer noch verschwommen.
Er überlegt, zurück ins Zimmer zu treten und Brille und
Börse zu suchen. Dabei weiß er genau, dass sie verschwinden wird, wenn er den Blick von ihr wendet. Jetzt mit nackten Füßen durch das nasse Gras laufen. Vorn an der Hang-
kante darauf warten, dass der Mond durch die Wolken bricht.

Seine warmen Hände an ihrer Haut kühlen. Den Duft ihres Scheitels riechen. Den Schleier lüften, herausfinden, ob sie ein schönes Gesicht hat. Die trockenen Ringeln ihres üppigen Schamhaars an seiner Handfläche spüren, das Feuchte suchen. Erkennen. Erzählen. Dem Tod entkommen –

Der Räuber

Hindermann hat die Pläne auf dem Tisch ausgebreitet. Er hat sich entschlossen, die Kratzspuren an der Mappe nicht zu kommentieren. Schließlich ist es seine eigene Schuld, wenn er die Unterlagen beim Bauherrn liegenlässt. In diesem Fall und wenigstens für heute ist der Bauherr eine Frau. Das verunsichert ihn, es kam bisher nur einmal vor und da ist es nicht eben gutgegangen. Aber der Auftraggeber ist ebenso abwesend wie sein formeller Vertreter Max Bucherer. Hindermann hat sich entschieden, keine Krawatte umzubinden und den Hemdkragen offen zu lassen, weil ein Pickel an seinem Hals sich entzündet hat und das Reiben des Stoffes über der aufgewölbten Stelle ihn schmerzen würde. Schließlich, sagte er sich heute früh, ist man doch irgendwie en famille. Seine Frau ist eine Cousine des mit ihm befreundeten Architekten Hans Bernoulli und dieser wiederum ein Cousin von Mia Hesse. Nun aber lenkt der Pickel ihn ab. Dauernd will er hinfassen. Auch der dicke schwarze Kater, der provozierend faul auf einem Kissen liegt und die Augen nur scheinbar geschlossen hält, zieht immer wieder seinen Blick auf sich.

Frau Hesse fehlt ein grundlegendes Verständnis der Bauphysik so wenig wie der notwendige Pragmatismus, der in der Architektur manchen ästhetischen Kompromiss notwendig macht. Sie ist außerdem mit dem Grundriss des neuen Hauses vertraut und versteht, dass nach dem Errichten der Fundamente die Gestalt des Baus festgelegt ist. Damit sie nicht in letzter Minute mit Änderungswünschen kommt, führt Hindermann ihr noch einmal vor Augen, wie viel besser sie es im Haus haben wird: doppelt so viel Platz, keine Mäuse in den Wänden und so weiter. Sie nickt und sagt: »Wissen Sie, mir hat es gefallen, mitten im Dorf zu leben, in einem dieser Häuser, wie die Menschen hier sie bauen. Aber sie haben uns nie als Ihresgleichen akzeptiert. Für die Nachbarinnen bin ich eine Städtische, die Klavier spielt und fotografiert. Es ist nur richtig, wenn wir jetzt vor das Dorf ziehen.«

Sie scheint es zu bedauern, dass sie sich nicht integrieren können. Aber was erwartet sie, denkt er sich, nur weil man auf dem Land wohnt, ist man noch lang kein Bauer. Selbst wenn sie Kühe halten würden, wären sie das nicht. Den Stallgeruch erwerben sich die Menschen im Lauf von Jahrhunderten.

Hindermann spricht mit der Hesse über gestalterische Details, namentlich die Schindeln für die Verkleidung des Holzständerwerks im ersten Stock. Die Muster hat sie ihrem Mann in den Tessin nachgesandt und endlich Antwort erhalten. Sie entscheidet weitere Fragen, in denen der Bauherr ihr freie Hand gelassen hat, mit einer beinah schon unheimlichen Raschheit, spricht über die Farbgestaltung der Fassade und des Hausinnern gleichzeitig, hat aber auch ein Ohr für ihren kleinen Sohn, der irgendwo im Haus zu wimmern begonnen hat, worauf sie laut nach der Magd ruft. Ihre Wangen sind gerötet, sie redet unablässig und streicht immer wieder eine Strähne ihres dunklen Haares zurück, die sich aus dem Knoten gelöst hat. Schon ist sie bei der

Farbe für die Fenster. Der Architekt hat sich ein kleines taktisches Manöver überlegt. Um ihren Geist zu beschäftigen und sozusagen auf einen Nebenschauplatz zu lenken, schlägt er vor, die Rahmen dunkelbraun zu streichen. Das stände im krassen Widerspruch zur sonstigen Farbgestaltung mit gelbem Erdgeschoss und graugrünen Holzschindeln am ersten Stock. Alle Frauen rebellieren, wenn es um die Farben geht. Wie erwartet lehnt die Hesse ab. Sie erlaubt sich sogar einen zweifelnden Blick in seine Augen. Anstelle von Braun schlägt sie einen mittleren Grauton vor. Hindermann gibt nach. Er nimmt eine Farbtafel aus seiner Tasche. Das ist nicht ungefährlich, weil die Vielzahl der Töne die Bauherren oft mehr verwirrt als orientiert. Aber Frau Hesse ist sicher und der Grauton ruck, zuck ausgewählt. Schon glaubt er, sie mit diesem kleinen Triumph zufriedengestellt zu haben.

»In diesem Zimmer muss noch etwas anders werden.«

Sie tippt mit dem Finger auf den Plan. Das Nebenzimmer im Erdgeschoss.

»Woran denken Sie?«

»Es muss mehr Licht hineingelangen.«

»Aber der Raum hat ein schönes großes Fenster, das nach Westen geht. Mit einem Bogensegment oben.«

Er deutet den Bogen mit der Hand an.

»Ich will mir ein Tageslichtatelier einrichten.«

»Ich weiß wirklich nicht, wie –«

»Einen Erker«, sagt sie.

»Aber die Fundamente sind bereits gelegt. Für einen Erker müsste ich den Grundriss ändern. Und ich habe Ihnen vorhin schon erklärt –«

»Licht von drei Seiten«, sagt sie. »Das zeichnen Sie noch ein.«

»Wollen Sie zuerst Rücksprache mit Ihrem Mann halten?«

»In dem Fall nicht«, sagt sie knapp.

Zu seinem Schrecken nimmt sie nun selbst den Tusch-stift in die Hand, zeichnet aber nicht, sondern streicht *Neben-zimmer* aus und schreibt darunter: *Atelier.* Nun reicht es aber. Er nimmt den Stift, streicht ihr Wort durch, und schreibt darunter: *Zimmer der Frau.* Sie schaut ihm direkt in die Au-gen, es wirkt jedoch eher herablassend als herausfordernd.

Hindermann fasst unwillkürlich den Pickel an, der hart-näckig zu pochen begonnen hat. Frau Hesse registriert das mit einem missbilligenden Blick, den sie ebenso wenig kon-trollieren kann wie er seine Finger. Er spürt das Blut in sei-nen Ohren, was ihn ärgert, und zieht den Kragen ein biss-chen hoch. Ihn vor ihren Augen zu schließen wagt er nicht, obwohl er spürt, dass sie von dieser Beule, die ihren Blick genauso unausweichlich anzieht wie seine Hand, gern be-freit würde. Bis jetzt hat er sich von der Rötung über ihren Wangenknochen und der Wärme, die von ihrem Busen aus-geht, wenn sie sich über seine Hände auf dem Grundriss beugt, heimlich betören lassen, doch die Peinlichkeit ver-drängt jeden Hauch von Erotik.

Lautstark meldet ihr kleiner Sohn sich wieder. Ihr Auge flackert. Hindermann findet eine Art verdrehter Freude dar-in, als wäre ein Tropfen Zorn oder Abwehr mit hineingera-ten.

»Der Bruno zahnt wieder«, sagt sie, als ob sie niemals über etwas anderes gesprochen hätten. »Deshalb weint er so. Er kriegt die Stockzähne zuerst.«

Ihr Lachen kommt ihm seltsam vor, halb verlegen und halb, als läse sie aus dieser Anomalie etwas heraus, das sie gerade richtig findet. Sie entschuldigt sich für eine Minute und bietet ihm im gleichen Atemzug noch einen Kaffee an.

Allein gelassen, kann Hindermann endlich in Ruhe den Pickel befühlen. Er fürchtet, es könnte sich schon ein weißer Punkt gebildet haben. Nur nicht zu fest drücken. Er schließt den Kragen, hat nun aber Sorge, der Pickel könnte aufgehen und einen Fleck auf dem gestärkten Stoff hinterlassen. Mit vorsichtigen Schritten schleicht er in der Stube auf und ab. Er schaut durch das Fenster hinaus auf die Kapelle und den Brunnentrog. Von da müssen die Hesses ihr Wasser holen. Im neuen Haus wird es ein WC und ein modernes Bad mit Ofen und Wanne geben. Das stellt auch ihn als Architekt zufrieden. Es fällt ihm ein, dass er Frau Hesse noch etwas mitteilen will. Auf einmal sieht er oben in einer schmalen Vitrine ein Objekt, das mit einem ordinären Geschirrtuch abgedeckt ist, ganz als hätte jemand es eilends verstecken wollen.

Da er keine Schritte hört, nähert Hindermann sich dem Schrank und lüpft vorsichtig das blau und grau gestreifte Tuch. Etwas Schwarzes ist darunter, eine Bronze, wie ihm scheint. Er hebt den Stoff noch weiter an. Das ist ohne Zweifel eine Büste. Die Neugier packt ihn.

Als er an dem Tuch zieht, schwirrt ihm ein fetter Nachtfalter entgegen. Hindermann weicht erschrocken aus. Da öffnet sich die Stubentür. Die Hesse hat sich lautlos zurückgeschlichen. Der Kater springt auf und jagt dem Insekt hinterher. Hindermann schaut bestürzt die Hausfrau an. Das Geschirrtuch rutscht von selbst an der Bronze hinunter. Der dunkle Kopf kriegt einen grau und blau karierten Kragen, ein Mundtuch gar. Hindermann erkennt Hesse und sieht zugleich einen Räuber in Wildwestmanier aus den Büschen springen. Was Frau Hesse erkennt, vermag er nicht zu sagen. Sie schaut mit einem völlig entgeisterten Blick auf den entblößten Kopf ihres Gatten. Immer deutlicher ist ihr anzusehen, dass sie etwas Bestimmtes in Gedanken um und um wälzt, ohne zu einem Ergebnis zu kommen. Der Kater plagt indes weiter den Falter, und das blöde Insekt ist nicht in der Lage, einfach an die Decke zu fliegen, wo es nicht erwischt werden könnte, sondern schwirrt mal hoch, mal tief, lässt sich von den Tatzen haschen und tendiert danach eindeutig mehr zum Boden denn zur Decke. Es geht ein paar Mal hin und her. Dieses Spiel erlöst Hindermann von der Frage, warum die Hesse eine Bronzebüste ihres Mannes mit einem Geschirrtuch abdeckt, beziehungsweise ob sie es überhaupt gewesen ist oder die Magd, oder ob sie am Ende sogar ihn verdächtigen könnte, er habe Hesses Kopf unter dem Leinen verstecken wollen. Auch die Hesse entspannt sich. Sie beginnt mit dem Kater zu reden: »So ist es recht, friss nur die garstigen Falter alle auf.«

Der Kaffee muss bald fertig sein, doch jetzt hat Hindermann es eilig, ein Termin ist ihm eingefallen, weshalb er auf keinen Fall länger bleiben kann. Noch einmal taucht der Falter aus dem Schlund der Hölle auf, in dem er schon verschwunden schien. Der Kater will noch spielen. Sein Opfer aber wirkt matt, es schlägt ein paar Mal mit den Flügeln, ohne weit zu kommen. Mit einem lässigen Wischen holt Gattamelata sich endgültig die Beute. Zwischen seinen Zähnen knackt es leise.

»Ich verstehe gar nicht«, sagt Frau Hesse, »warum er diese Nachtfalter frisst, wo die Flügel doch so mehlig sind.«

Hindermann, der gerade die Pläne zusammenschlägt, hält unwillkürlich inne. Mit knapper Not unterdrückt er die Frage, woher sie das weiß. Mehlige Falterflügel. Als hätte sie seine Gedanken gelesen, setzt sie aber hinzu: »Die müssen doch sehr trocken sein, meinen Sie nicht?«

In dem Moment findet er den Mut, sich zu entschuldigen. Es sei ganz unverzeihlich, dass er das Tuch von der Büste gezogen habe. Er sei untröstlich über seine Neugier. Sie nickt nicht mal dazu.

»Wollten Sie mir nicht noch etwas mitteilen?«, fragt sie.

Er weiß sofort, was sie meint. Das ist merkwürdig.

»Ja, der Ofen«, sagt er. Zufällig hat er nämlich mitbekommen, dass in einem vornehmen Steckborner Haus ein wunderschöner Kachelofen abgetragen werden soll. Den Erben erscheint er zu wuchtig für die Wohnstube. Ins neue Haus der Hesses würde er jedoch wunderbar passen. Hindermann weiß, dass sie ein Faible für derartige Sachen haben. Frau Hesse ist auch gleich bereit, sich den Ofen anzuschauen, falls es damit Zeit hat, bis ihr Mann zurück ist.

»Ich werde nachfragen«, sagt er, »und Ihnen im Lauf der Woche Bescheid geben.«

Dann kommt doch noch der Kaffee.

Tauben

»Mein verehrter Herr Hesse!«

Beauclair kommt aus dem Haus geschossen, bevor Hesse reagieren kann. Wieder kommt es ihm vor, als wollte der Maler vor ihm niederknien. Dieses Lächeln, dieser Glanz in seinen Augen ist ihm unangenehm.

»Machen Sie uns die Freude und spielen Sie eine Partie Boccia mit uns? Ich weiß, die Bahn ist nicht besonders gut. Wir hätten Sie dennoch gern dabei.«

Na gut, na gut, er kommt wohl nicht drum rum. Sagt er heute nein, fragen sie morgen wieder.

»Ich will gerade einen Spaziergang machen«, sagt Hesse. »Heut Nachmittag bin ich wahrscheinlich wieder da.«

»Heut Nachmittag«, echot Beauclair. »Um vier? Sie wissen ja, wo die Bahn ist. Ach, was für eine Freude!«

Hesse erfreut sich mehr am Wetter. Es ist endlich warm geworden, alles grünt und blüht. Die Bienen summen von Pflanze zu Pflanze, auf der Parsifal-Wiese wiegt sich knöchelhoch das Gras, man hinterlässt im Tau frühmorgens eine dunkle Spur. Am meisten freut es ihn, die kleine Emma zu sehen, wie sie splitternackt und sonnenbraun trotz blonden Haaren vor der Casa Andrea ein Holzpferd auf Rädern über den Weg zieht. Sie ist die Nichte von Ida Hofmann, ihre jüngere Schwester Julie, die mit dem Theosophen Brepohl nach München und zwischenzeitlich nach Ungarn gegangen ist, hat sie hiergelassen. Emma winkt Hesse, der schon mal eine halbe Stunde mit ihr gespielt hat.

»Ich bin ganz nackig«, ruft sie, als wäre das eine Besonderheit.

»Und dein Pferdle«, ruft Hesse, »springt das auch nackig herum?«

Sie schaut ihn an, als wär er nicht gescheit.

»Das hat doch einen Pelz«, erwidert sie ernst.

Hesse muss lachen.

»Ich will dir etwas mitbringen«, sagt er und folgt weiter dem Pfad.

Nach Tagen des Barfußlaufens sind seine Sohlen nicht mehr empfindlich für spitze Steinchen und trocken knackende Ästchen. Für den heutigen Weg hat er trotzdem ein Paar Schnallenschuhe angezogen. Er trägt die Hose seines Sommeranzugs und ein weißes Hemd, lediglich auf Rock und Krawatte hat er verzichtet. Die eingesessenen Bewohner der Gegend mit dem Zeigen von Haut zu provozieren hat er nicht nötig. Etwas anderes ist es, nackt zwischen anderen nackten Männern im Luftbad oder der Wärmehalle zu liegen oder Anwendungen mit kaltem Wasser zu haben. Er nimmt einen Teil des Kurprogramms in Anspruch, auf einen anderen Teil verzichtet er. Sich bis zum Hals mit Tonerde bedecken zu lassen und nachher völlig verschmiert auf die Wiese zu legen geht ihm zum Beispiel zu weit. Auch an der Gartenarbeit mit freiem Körper beteiligt er sich nicht.

Kaum dass er unter dem Torbogen durchgegangen ist, fühlt er sich wie befreit. Der Monte Verità mit seinem Zaun aus Kastanienbrettern kommt ihm vor wie eine Erziehungsanstalt mit erwachsenen Zöglingen, die nach und nach auf eine bestimmte Kost, eine fast einheitliche Kleiderordnung und eine bestimmte Weltanschauung verpflichtet werden. Vor derartigen Institutionen hat ihm schon immer gegraut, sei es das Kloster Maulbronn, wo er zur Schule gegangen ist, sei es die *Heil- und Pflegeanstalt für Schwachsinnige und Epileptische Schloß Stetten*, wo er während seiner Pubertät um ein Haar als unheilbar Verrückter weggesperrt worden wäre. Der Unterschied liegt vielleicht darin, dass die Spinner hier sich frei bewegen dürfen und sich am liebsten als Samen einer neuen Welt in alle Lande ausstreuen möchten.

Er schreitet kräftig aus. Das Fasten hat ihn nach anfänglicher Schlappheit gekräftigt, sein Schlaf hat sich deutlich verbessert und der daheim schon Normalität gewordene Dumpfschädel nach einem Abend mit ein paar Schoppen Wein und Zigarre ist verschwunden. Auch seinem Magen geht es besser. Er verzichtet auf Fleisch, Tabak und Alkohol. Allmählich kehrt so seine Willenskraft zurück. Er folgt nicht mehr blind jedem körperlichen oder seelischen Verlangen, vielmehr gewinnt er mittels Verzicht die Herrschaft über seine Bedürfnisse zurück.

Seine Freude am Wandern über den sonnigen Hügel hält während des gesamten Weges an. Er geht ganz im Vormittag auf, beobachtet den Weg, registriert Bäume wie Blumen und lauscht den Vögeln nach. Ein paar Frauen, die ihm in schwarzen Kleidern und mit geflochtenen Kiepen auf dem Rücken entgegenkommen, grüßt er derart lebhaft, dass sie stehen bleiben und ein paar Worte mit ihm wechseln. Es kann nicht mehr allzu weit sein. Hesse lauscht auf das Gurren der Tauben weit weg im Wald. Er findet, es sind die verliebtesten Vögel. Um diese Jahreszeit vibrieren ihre Kehlen vor Wollust; das macht sie andererseits vulgär. Ihm wird bewusst, dass er sich vorgestellt hat, beim Columbarium, wie

Dr. Friedeberg sein Haus nennt, gäbe es tatsächlich einen ganzen Schwarm von ihnen.

Er betritt das Grundstück, beinah ohne es zu merken, denn es gibt weder Zaun noch Mauer. Nur kann man eben von der Straße runter, ohne in den Graben zu treten. Ein Wald von jungen Bäumen wächst auf dem terrassierten Gelände. Kleine Natursteinmauern setzen die verschiedenen Ebenen voneinander ab. So macht es den Eindruck eines verlassenen und seit zwanzig Jahren verwilderten Anwesens. Durch das sprießende Grün sieht er ein Haus schimmern. Von weiter unten ertönen Schläge einer Axt. Nicht lange und es knarrt, es bricht, es rauscht, es prallt dumpf auf den Boden. Noch ein paar Schritte und er blickt ins Astgewirr eines zu jung gefällten Baums. Friedeberg steht in Hemdsärmeln daneben, beide Hände auf den Schaft der Axt gestützt, die zwischen seinen Beinen steht. Offenbar prüft er gerade, welcher Stamm als Nächstes drankommt. Den hinzutretenden Hesse bemerkt er erst, als der ihn grüßt.

»Tach-chen, Hesse! Sie haben also raufgefunden zum ollen Columbarius?«

»Die Tauben habe ich allerdings vermisst.«

»Die kommen schon noch. Die mögen's nicht, wenn man die Bäume fällt.«

Es ist auch nicht die richtige Jahreszeit, denkt Hesse, sagt es aber nicht.

»Das Zeug muss weg. Wir wollen schließlich einen Garten anlegen.«

»Dann haben Sie noch was vor.«

Hesse deutet mit der Hand auf das Gewirr junger Bäume.

»Für heute reicht es jedenfalls.« Friedeberg schaut seinen

Gast prüfend an. »Sie scheinen ja auch nicht bloß die Feder zu rühren. Wollen Sie mal mit anfassen?«

Gemeinsam tragen sie den Baum zu einem offenen Schuppen. Gleich ausgerichtet liegt noch eine Anzahl weiterer Stämmchen da, die Äste abgetrennt auf einem extra Haufen. Im Innern erkennt Hesse einen Sägebock, an dem eine gewaltige Bügelsäge hängt. Drunten schimmert im Sonnenlicht der See.

Während Friedeberg im Haus die Teemaschine laufen lässt, geht Hesse auf der schmalen Terrasse auf und ab und bewundert das Haus. Es liegt auf einem steil abfallenden Felsen über dem Lago Maggiore und ist aus großen Feldsteinen gemauert. An der Südseite beschützt immergrüner Efeu die Fassade. Die Schlagläden sind frisch gestrichen. Durch ein offenes Fenster dringt allmählich der Duft des Tees nach draußen. Hesse setzt sich auf eine Steinbank, schließt einen Moment lang die Augen und spürt dem Spiel der roten Linien und Muster nach, die der Sonnenschein auf die Innenseiten seiner geschlossenen Lider malt. Er genießt die Wärme im Gesicht. Raphael Friedeberg ist er zufällig im Dorf begegnet, der Doktor hat ihn angesprochen und sie waren sich gleich sympathisch. Dabei rechnet Hesse immer damit, dass Friedeberg überraschend seine andere Seite zeigt. Er ist nämlich ein Anarchist, der in Deutschland und Europa für den Generalstreik und die Revolution agitiert. Es heißt, er gewähre Schmugglern, Bombenlegern und Nichtstuern Unterschlupf.

Eben tritt er mit einem kleinen, indisch aussehenden Tablett in den kräftigen Händen vors Haus. Neben den Tee hat er eine Schale mit weiß blitzenden Kandiszuckerstückchen gestellt.

»Und«, fragt er, »wie gefällt es Ihnen bei den Pflanzenfressern?«

»Ich muss sagen, der Aufenthalt dort tut mir wohler als jede Kur bisher.«

»Soso«, sagt Friedeberg. »Ich war übrigens selbst schon dort. Ohne Zweifel verstehen sie mehr vom Menschen als so mancher Quacksalber. Als Arzt kann ich es beurteilen. Aber die ganze Theosophie, wie? Das ging mir auf die Nerven. So Geheimlehren und Geisterkram. Was hat Sie denn veranlasst, dort Hilfe zu suchen? Wenn ich fragen darf.«

Hesse berichtet ihm knapp von seinen Magenbeschwerden, von den verschiedenen Diät-Vorschlägen, die er in Locarno, Ascona und, durch die Briefe seiner Frau vermittelt, auch aus Singen erhalten hat. Zu seiner eigenen Überraschung erwähnt er bei der Gelegenheit Mias Ischias. Friedeberg fährt sich mehrfach mit der Hand über die Glatze.

»Hm, hm, der Magen. Die Ischias, wie? Die Ischias …«, brummelt er. »Süppchen helfen nicht … der Strom, wie, kitzelt nur ein bisschen die … Nerven … im …« Entschieden fährt er fort: »Sie sind doch Schriftsteller, Hesse.«

Oh, er erwartet eine Antwort.

»Mhm. Ja.«

»Wenn Sie eine Geschichte erzählen, schildern Sie, habe ich recht?«

»Mhm, mhm.«

»Sie drücken Ihre Gedanken nicht einfach abstrakt aus. Vielmehr wollen Sie sie begreifbar und sozusagen nacherlebbar machen.«

»Hm.«

»Na, von der Schreiberei versteh ich nicht so viel. Vom Körper des Menschen, oder sagen wir von seinem Innenleben, aber schon. Sie müssen sich vorstellen, der Körper sei ein Dichter. Ihre Magenbeschwerden sind nur die Geschichte, die er Ihnen erzählt.«

»Wie?«

»Sagen wir so: Sie fühlen sich in Ihrem Leben nicht wohl. Nur zum Beispiel, versteht sich. Sie fühlen sich nicht wohl, Sie fühlen sich vielleicht an Haus und Herd gebunden, würden aber lieber über die Prärie streifen und Indianer spielen.«

Hesse schweigt betroffen. Wie kann dieser Mann, der fast nichts über sein Leben weiß, so ins Schwarze treffen?

»Da liefert Ihnen Ihr psychischer Apparat nicht die Diagnose, also er sagt nicht: Lieber Hesse, mach dich auf die Socken, denn du lebst in einem falschen Gehorsam gegenüber dem, was man dir einst beigebracht hat. Nur zum Beispiel. Die Psyche schickt Ihnen Schmerzen – Magendrücken, Sodbrennen, Kreuzweh. Alles Mögliche kann es sein.«

»Die Seele ist ein Dichter und der Körper das Papier, auf das sie schreibt?«

»Etwas komplexer als ein Blatt Papier, will ich doch meinen. Schließlich lässt sich über den Körper auch auf die Seele einwirken.«

»Interessant. Überaus –«

»An körperlicher Betätigung mangelt es Ihnen aber nicht, wie. Sieht man. Also müssen Sie vielleicht mal aus Ihrer geistigen Bequemlichkeit raus. Sich selbst fordern. Dinge tun, von denen Sie spüren, dass Sie notwendig sind, auch wenn es Ihnen schwerfällt. Nicht so brav sein.«

»Sie fackeln nicht gern lange.«

»Hm, nein. Lassen Sie mich etwas ausholen, um meinen Gedankengang zu entwickeln: Zuerst einmal muss man sich frei machen vom Gottesglauben, denn er ist das Herrschaftsmittel des Feudalismus. Des Weiteren vom Gesetzesglauben, dem Herrschaftsmittel der Bourgeoisie, vom Patriotismus und vom Militarismus. Sowie vom ewigen Kinderkriegen. Nun nehmen Sie sich doch ordentlich Zucker!«

Der Arzt mutiert vor Hesses Augen zum Politiker. Das ist ihm unbehaglich. Politische Grundsatzdebatten findet er ermüdend und fast immer fruchtlos.

»Nicht nur das äußere, auch das innere Sein formt das Bewusstsein. Sie werden sehen: Je mehr der Mensch im Zuge der technologischen Entwicklung, insbesondere im Verkehrs- und Kommunikationsbereich, von der Arbeitsfron befreit wird, desto größere Bedeutung kommt dem Faktor des Psychischen zu. Die seelischen Beziehungen üben die stärkste Kraft auf die materiellen Verhältnisse aus.«

Wenn er so etwas hört, hallt bei Hesse die biblische Auffassung nach, dass der Mensch nach der Vertreibung aus dem Paradies verurteilt wurde, sein Brot im Schweiße seines Angesichts zu essen. Er hat so seine Zweifel am Ende der Arbeitsfron. Soll das nun mit seinem Magenkatarrh zusammenhängen?

»Der Fehler der Marx'schen Theorie liegt in ihren praktischen Konsequenzen. Wenn man nämlich glaubt, dass alle gesellschaftliche Entwicklung von der wirtschaftlichen Entwicklung abhinge, postuliert man einen Fatalismus, der die Selbstbetätigung und die Selbstanteilnahme des Menschen in den Hintergrund drängt.«

»Es kommt jemand«, sagt Hesse.

Sie hüpfen barfuß herbei. Alles, was wippen kann an ihnen, wippt nur so. Eine der beiden jungen Frauen trägt ein ärmelloses, am Hals rund ausgeschnittenes Kleid von der Farbe des Frühlings, die andere ein weißes, das ebenfalls Arme und Beine vom Knie an unbedeckt lässt, am Hals aber höher schließt und an den Bünden leicht gerafft ist. Die Mieder haben sie fortgelassen. Die eine Frau hat helles, beinah blondes Haar und ausgesprochen kalte blaue Augen. Die andere ist dunkel und guckt ein bisschen hochmütig. Sie begrüßen Hesse quasi im Vorbeigehen. Er lüpft artig die Mütze und stellt sich vor.

»Elly«, sagt darauf die Helle und lüpft ihrerseits eine nicht vorhandene Kopfbedeckung.

»Elga«, sagt die andere, hebt die Hand und wedelt spöttisch mit den Fingern.

Friedeberg ist aufgesprungen und findet gerade noch rechtzeitig einen stabilen Stand. Elly springt an seine Brust, er packt sie und wirbelt mit ihr zweimal um die eigene Achse. Als sie wieder auf den Füßen steht, presst sie sich an ihn. Heftig küssen sie sich. Elga streichelt Friedeberg über die Glatze, der daraufhin einen Arm um sie schlingt und beide Frauen kräftig an sich zieht. Hesse hat Friedeberg bis eben für einen typischen Junggesellen gehalten und stellt nun fest, dass die Glatze und der Schaukelstuhl, in den Friedeberg sich zum Tee gesetzt hat, nicht wenig dazu beigetragen haben. Ein bisschen grau wird er überdies. Wenn er die Gesellschaft analysiert oder einen spannenden Vergleich zwischen dem menschlichen Leib und einem Dichter zieht, wirkt er wie ein Fünfzigjähriger. Wenn er dagegen Bäume fällt und junge Damen – jünger als Hesse – herumwirbelt, kommt er ihm vor wie höchstens dreißig.

»Haste ein bisschen gemalt?«, hört er Friedeberg fragen, und Elly antwortet ihm: »Ich male nie ein bisschen. Wenn ich male, dann ganz.«

»Sie hat kein gutes Karma heute«, setzt Elga hinzu.

Unwillkürlich wendet Hesse den Kopf. Er sieht, wie Friedeberg selig lächelnd die große Hand im Rücken seiner Malerin und die andere auf der Hüfte ihrer Freundin ruhen lässt. Hat er nicht gerade noch gesagt, man müsse sich vom Glauben befreien? Lehnt er nicht auch die Theosophie ab? Nun schaut er, als fände er Worte wie diese höchst selbst-

151

verständlich. Hesse dagegen findet das Auftreten der beiden überspannt.

Friedeberg bietet an, für alle Tee zu bereiten. Die Frauen lehnen ab. Sie irrlichtern ins Haus, wo sie noch eine Weile lang redend und lachend zu hören sind.

»Nun, was halten Sie von meinem Schatz? Ein bisschen verrückt, wie?«

Er schaut vollkommen belämmert.

»Die Fräulein machen sich einen lustigen Tag«, sagt Hesse vorsichtig.

»Nee, die sind immer so. Fast immer. Und von Fräuleins kann keine Rede sein. Elga ist schon länger unter der Haube. Und Elly ist gewissermaßen meine Braut.«

»Ihre Verlobte«, sagt Hesse. Er hat einen Stich verspürt und offenbar hat sein Mienenspiel deutlich davon gesprochen, denn über Friedebergs Gesicht wandert ein süffisantes Lächeln.

»Nu«, sagt er, »Sie denken vielleicht: die ist ein bisschen jung für den ollen Quacksalber. Aber das kratzt mich nicht. Ein wildes Pferdchen ist sie, das immer gerade drauflosgeht. Mit Verlobung ham wir natürlich nichts am Hut.«

Natürlich! Das war spießig.

»Im Gegenteil«, fährt Friedeberg fort. »Ich will Ihnen ja nicht zu nahe treten und kenne die Umstände Ihrer Ehe nicht. Aber wenn man sich die meisten Ehen ringsum einmal anschaut, kann einen doch bloß schaudern. Da gehen Paare ein Leben lang im selben Joch zusammengespannt und doch schleppt jeder für sich. Sie können sich nicht anschauen, sie können nur geradeaus glotzen. Und sie können immer nur in dieselbe Richtung marschieren.«

»Das Versprechen, sich ein Leben lang gehören zu wollen, ist etwas Großes.«

»Sieh an, ein Verteidiger der Ehe. Das gebe ich Ihnen zu, Hesse. Das Versprechen ist groß. Aber schauen Sie mal, was davon übrig bleibt. Ich sage, dass man so nicht glücklich werden kann. Schauen Sie nur Elly und mich an. Wir unterscheiden uns weltanschaulich sehr stark. Wir haben auch eine unterschiedliche Lebensart. Aber wir lassen uns, wie wir sind. Verstehen Sie? Sie kommt, wann immer sie will. Sie bleibt, solange sie will. Wir gehören uns beide nur je selbst. Das nenne ich Freiheit in der Liebe.«

»Kann Elly sich denn selbst erhalten?«, fragt Hesse.

»Wer Not leidet, dem helfen wir. Das ist für uns das Natürlichste von der Welt. Aus freien Stücken, verstehen Sie? Ohne irgendeine Gegenleistung zu erwarten. Es gibt nichts Herrlicheres, als sich vollkommen frei zu begegnen.«

»Was ist mit Ihrem Haus? Das bindet Sie doch auch.«

Friedeberg sinnt einen Moment nach.

»Vielleicht möchte ich einen Anker haben. Das Haus verbindet mich mit der Erde. Aber wenn ich es nicht mehr will, verkauf ich's eben. Oder ich schenk es einfach jemand anderem.«

»Mir scheint, Sie können leicht loslassen. Das ist nicht jedem gegeben. Ich bin auch nicht sicher –«

Er unterbricht sich, weil er bemerkt, dass Friedeberg auf einmal blass geworden ist. Es hat den Anschein, als atmete er nicht. Starke Unruhe befällt ihn, die sich jedoch nicht motorisch äußert, sondern in seinem Blick. Das ist Angst. Er wird fast schon ein bisschen blau.

»Wie ist Ihnen, Friedeberg?«

Der Doktor nickt und winkt ganz leise ab. Nach einer Weile spricht er, matt und manchmal leicht stockend.

»Gleich vorbei. Vielleicht könn' Se mir ein Glas Wasser holen? Seit der Blutvergiftung leide ich an Herzerweiterung.«

Hesse sucht sich den Weg durch das kühle Haus. Ihm ist nicht wohl dabei, Friedeberg dort allein sitzen zu lassen. Er will die beiden Frauen suchen und schnell das Wasser bringen. Auf einem Holztisch in der Küche steht ein voller Krug, ein Glas findet er auf einem Bord. Während er einschenkt, hört er plötzlich die Stimmen der beiden.

»Mit Brennnesseln«, sagt Elga, »das ist ja furchtbar.

»Sie hat mir bestimmt zehnmal auf die Waden gehauen und gerufen, dass ich mich ordentlich anziehen soll.«

»Du Arme! Das muss ja gebrannt haben wie die Hölle.«

»Ich hab am Dorfbrunnen ein bisschen Wasser draufgetan.«

»Essig ist besser.«

»Aber woher hätte ich denn Essig nehmen sollen. Was die sich aufregen wegen einem Paar blanker Beine.«

Ihre Stimmen wirken nicht sehr aufgeregt, eher etwas träge. Um auszumachen, wo sie sich befinden, tritt Hesse ans Fenster. Da sieht er sie auf einem sonnigen Fleck zwischen den jungen Bäumen. Sie haben Deckstühle aufgestellt und sitzen nackt darauf. Sofort tritt er ins Zimmer zurück und hat doch Zeit genug, die beinah jugendlichen Brüste der beiden zu betrachten, ihre schlanken Körper und die Büsche, einer hell, einer dunkel. Obwohl sie sich gegenseitig anschauen können, halten beide die Beine geöffnet. Der Blitz fährt ihm bis in die Spitzen von Fingern und Zehen. Der Anblick dieser beiden Frauen ist nicht eben askesefördernd.

Als er mit dem Wasser auf die Terrasse zurückkehrt, hat Friedebergs Gesicht schon eine bessere Farbe. Er kann auch wieder reden.

Ringeruhn

Der Sonnenschein nimmt kein Ende mehr. Ab und zu fetzen Schleierwolken über den Himmel und mildern das Licht, hindern die Wärme daran, gleich zu Hitze zu werden. Es ist das Wetter, bei dem die Katzen sich zusammenrollen und einen auf dem Fensterbrett oder dem Gartenstuhl schlafend lehren, was Leben heißt. Hesses erster Sonnenbrand ist abgeheilt. Er hat ihn gelassen hingenommen, denn er glaubt, dass seine Haut auf diese Weise abgehärtet würde. Er sollte nach seiner Post schauen. Mia hat ihm womöglich schon den neuen Erzählungsband geschickt. Aber er schiebt es raus. Er spürt, wie die Fäden schlaff werden, die ihn mit seinem Alltagsleben verbinden, und er genießt das. Klar kann es nicht immer so sein, doch im Moment ist es so, und es soll so bleiben, eine Woche noch und noch einen Tag … Und warum eigentlich kann es nicht immer so sein, warum lebt er nicht seinen Traum von der Ungebundenheit und Bedürfnislosigkeit, die er bald seinem neuen Helden, dem Landstreicher Knulp geben wird? Er hebt kurz den Kopf und starrt auf die Wand. Er schließt die zweite Schnalle an seiner Sandale, schlingt aus einer Laune heraus ein Tuch um den Hals und macht sich auf den Weg. Nach ein paar Schritten kehrt er noch mal um und holt den Strohhut aus der Hütte.

Auf der Piazzetta vor der Pfarrkirche begegnet ihm der närrische Jesus wieder. Hesse hat inzwischen einiges über Gusto Gräser gehört, vieles klang voreingenommen. Angeblich geht er schon mal zu einem Bauern und sagt, er habe geträumt, dass er bei ihm arbeiten solle. Dann arbeitet er gegen Kost und Logis, bis ihm träumt, dass es nun genug sei. Ebenso soll er, ein schmucker junger Mann, bei den Mägden rundheraus um Brot betteln.

Gräser hängt ein Seil in mehreren Windungen von der Schulter quer über den Leib zur Hüfte hinab. Mit den Händen hält er ein Tuch vor die Brust. Er achtet beinah ängstlich auf den Inhalt. Obwohl sie sich nicht kennen, nickt Hesse dem jüngeren Mann zu. Er möchte ihm sagen, wie gut es ihm gefallen hat, dass er die Kinder neulich nicht ihrer falschen Verehrung überließ. Unter dem Tuch an Gräsers Brust regt sich was. Spontan denkt Hesse an Rotkehlchen. Als Knabe fing er gelegentlich welche, barg sie im Taschentuch und nahm sie aus dem Wald mit, um sie heimlich in einem Käfig zu halten. Wenn sie nicht freikamen, starben sie jedes Mal schnell.

Als Gräser Hesses Blick bemerkt, streckt er ihm die Hände entgegen und zieht die Enden des Tuchs dabei ein wenig auseinander. Grau-weißes, klebrig nasses Fell wird sichtbar, nun auch ein rosa Näschen und ein kleines Auge.

»Ich habe sie im See gefunden«, sagt Gräser mit der merkwürdig alt klingenden Sprachfärbung des Siebenbürger Sachsen, »in einem Sack nur zwei Schritte vom Ufer entfernt. Mit etwas Milch bring ich sie durch.«

Schon zieht er das Bündel wieder an sich. Da er die rechte nicht freibekommt, streckt er die linke Hand aus.

»Gestatten, Gras.«

Hesse unterdrückt ein Grinsen über die unerwartete Verminderung.

»Man sagte mir, Sie hießen Gräser.«

»So, sagte man das. Ich sage: Ein einzelnes Wesen soll sich nicht in der Mehrzahl nennen.«

»Angenehm. Hesse.«

»Ich kenne Sie«, sagt Gräser, »Sie sind der Dichter von *Unterm Rad*. Ein grandioser Roman, etwa so wie Ihrem Heilner ist es mir in der Schule ergangen.«

Einmal nicht der *Camenzind*! Vor Freude möchte er den Erretter der Kätzchen am liebsten umarmen.

»Wir sind im Übrigen Dichterkollegen.«

Hesse zieht eine Braue hoch. Von einem Gustav Gräser hat er nirgends gelesen. Er hofft, der hat ihm nicht auch eine Talentprobe geschickt. Gräser lässt sich von der zweifelnden Reaktion nicht irritieren. Er lädt Hesse ein, in den kommenden Tagen mit ihm auf Wanderung durch die umliegenden Berge zu gehen. Der lässt sich beschreiben, wo er den Eremiten finden kann. Als er sich zum Gehen wendet, tritt Gräser ihm in den Weg und hält das Tuch mit den geretteten Kätzchen hoch.

»Ein bisschen Milch bräuchte ich freilich, wenn die Kleinen nicht eingehen sollen.«

Er lüpft das Tuch noch mal. Nun sind die drei kleinen, nassen Kätzchen besser sichtbar. Sie zittern und scheinen kaum zu atmen. Er bekommt nirgends Kredit, denkt Hesse. Kommentarlos kramt er ein paar Münzen aus der Hosentasche.

Gleich am nächsten Tag macht er sich auf den Weg zu Gräsers Höhle bei Arcegno. Unterwegs bleibt er immer wieder stehen, beobachtet die Schmetterlinge und würde sie am liebsten einfangen. Er freut sich an den Ginsterblüten, die so knallig gelb gegen den blauen Himmel stehen, dass es schon künstlich wirkt. Er freut sich an seinem geschmeidig gewordenen Körper, der ihm wieder willig gehorcht. Wie in der Knabenzeit hat er Lust zu rennen und zu hüpfen.

Endlich erreicht Hesse das lichte Waldstück, in dem der Beschreibung nach die Höhle liegen muss. Bald sieht er zwischen den Bäumen etwas Weißes schimmern. Im Näherkommen erkennt er Papierstücke, die an zwischen die Bäume gespannten Bindfäden hängen. Ein kleiner Freiplatz wirkt, als hätte jemand vergeblich versucht, hier einen Garten anzulegen. Zwischen schlaksigen Stämmchen ragt ein großer, teilweise bemooster Fels in die Höhe, vor dem noch mehrere kleinere Brocken liegen. Das stumpfe Grau des Steins zackt nach unten aus und lässt einen gähnenden schwarzen Riesenmund sehen.

Da man nicht anklopfen kann, ruft Hesse halblaut nach Gräser. Er bekommt keine Antwort. Einfach hinzugehen und in die offene Höhle zu spähen kommt ihm indezent vor. Deshalb beschließt er abzuwarten und wendet sich den zahlreichen Zetteln und Karten zu. Sie werden von offensichtlich selbstgefertigten Klammern an den Leinen gehalten. *Mut, Höhe des Mutes*, liest er auf einer, auf einer anderen *Genesen, also ringeruhn*. Und weiter: *Der Kämpfer hat Wahrheit, der Kämpfer hat Recht, der Kriecher ist immer des Irrtums Knecht. – Mütterlichkeit, du Seele allen Lebens * Ohne dich sucht Ruh und Glück alle Welt vergebens.*

Wenn das schon Gräsers ganze Dichtung ist, wundert es ihn nicht, dass er noch nie von dem Kollegen gehört hat. Ihm fällt ein, dass Ida Hofmann ihm erzählt hat, Gräser gehe mit Spruchkarten hausieren. Dafür scheint es die passende Literatur zu sein.

Ohne die eigene Überheblichkeit zu bemerken, vergleicht er ihn mit Franz von Assisi. Wenn es stimmt, was die Leute von Gräser erzählen, gibt es einige Gemeinsamkeiten: die Umkehr nach einer Krankheit oder Krise – Gräser hat sich angeblich mit zwanzig von der begonnenen Malerei abgewendet und seine Bilder zerstört –, der Gedanke, nicht länger Staat und Geld untertan zu sein, sondern innere Freiheit zu gewinnen durch den Verzicht auf weltliche Güter. Gelegentlich bei den Leuten arbeiten, um etwas zu essen zu haben, Spott und Feindschaft friedfertig zu begegnen, sind weitere Parallelen. Aber Franziskus folgte einem göttlichen Gesetz, Gräser folgt eher seinen eigenen Regeln.

Als auf sein zweites, lauteres Rufen wieder keine Antwort kommt, geht er doch zur Höhle und wirft einen Blick hinein. Der Raum ist nur wenige Quadratmeter groß und leer bis auf ein paar Decken, einen Trog aus flachen Steinen, in dem Obst und Nüsse liegen, eine Umhängetasche, das Seil, das Gräser über der Schulter getragen hat, und eine Angelschnur mit Haken. Mehr braucht so einer nicht zum Leben, denkt der Bauherr Hesse anerkennend. Gleichzeitig spürt er ein Unbehagen. Etwas mehr Komfort darf es für ihn schon sein.

Da Gräser sich weder in der Höhle noch, wie es scheint, sonst wo in Hörweite aufhält, zieht Hesse weiter in Richtung Berge. Es macht ihm nichts, allein zu wandern. Er passiert Erlenbüsche, eine Fichtengruppe und immer wieder Kastanien. Die weißgelben Zistrosen blühen, zusammen mit dem allgegenwärtigen Grün, dem Zwitschern der Vögel und dem allenthalben hörbaren Rieseln von Wasser ist seine Wanderung eine einzige Sinnenlust. Weiter oben sieht er den Gneis durch die Bäume und Sträucher schimmern. Dort will er hin. Er kann die warme Erde riechen. Eine Weile läuft er am Rand eines kleinen Tals entlang, durch das ein Bergbach fließt. In der Nähe steigt dünner Rauch auf. Bald erblickt er eine Gestalt, die nackt neben einem kleinen Feuer in der

Sonne hockt. Er erkennt Gräser sofort. Hesse glaubt, dass der andere an einem Stock etwas über dem Feuer brät. Bevor er sich vergewissern kann, ist Gräser aufgesprungen und stellt sich breit vor dem Feuer auf. Er hat wahrhaftig nicht mal eine Hose an.

»Ah, Hesse«, ruft er, »auf dem Weg in die Berge?« Ein spöttischer Blick antwortet auf Hesses momentane Verlegenheit. »Ich bin froh, dass Sie es sind, der des Wegs kommt. Gewisse Leute aus der Gegend ärgert der Anblick der Natur. Dabei sind sie nicht anders auf die Welt gekommen, habe ich recht?«

Hesse gibt ihm recht. Er nähert sich dem Bach, der sie beide trennt, und erkundigt sich nach den Kätzchen.

»Ich kenn im Dorf eine Magd, die mich gern leiden mag. Sie hat versprochen, sich um die Kleinen zu kümmern. Paola hat ein gutes Herz und wird sie gewiss nicht wieder ins Wasser werfen.«

»Ich war bei Ihrer Höhle«, sagt Hesse nach einer kleinen Pause. Er will noch etwas Nettes über Gräsers Einsiedlerleben anschließen, kommt aber nicht so weit.

»Es ist nicht meine Höhle. Die Gemeinde hätte mir den Grund wohl geschenkt, aber ich wollte ihn nicht.«

»Die Erde gehört uns allen.«

»Die Erde gehört sich selbst. Was uns gehört, ist an uns festgewachsen. Waren Sie bei meinem Bruder Karl? Die meisten gehen ja zu ihm. Er hat ein Haus und einen großen Grund gekauft. Da spielt er jetzt Tolstoi, philosophiert über das schmutzige Geld und will, dass man alles hinnehmen soll, wie es kommt. Aber er besitzt Obstbäume und züchtet Bienen. Wenn die Bienen schwärmen, lässt er ihnen nicht die Freiheit, nein, er fängt sie wieder ein. Um das Obst abfahren zu können, hat er einen Weg angelegt. Er ist ein Gefangener. Nur die Bedürfnislosigkeit macht frei!«

Inzwischen ist Hesse der Duft von brutzelndem Fleisch in die Nase gezogen. Er findet nichts dabei, dass Gräser sich was brät. Aber dass er es verheimlichen will, indem er zwischen Hesse und dem Feuer stehen bleibt, ist albern.

»Sie wohnen ja auf dem Monte Verità«, fährt Gräser fort, »und Sie lassen es sich eine hübsche Stange Geld kosten. Licht und Luft, Wasser und Erde, all diese Dinge können Sie umsonst bekommen. Die Oedenkovens lassen andere arbeiten, kochen und die Wäsche machen, damit ihre Gäste es bequem haben. Das ist Knechtschaft und –«

Er unterbricht sich. Hesse ahnt, was er sagen wollte. Die Gäste, also auch Hesse, sind Nutznießer dieser Knechtschaft. Sie werden so zu Ausbeutern. Bei dem Gedanken regt sich Widerstand in ihm. So wie der Gräser für sich kann die Welt als Ganzes doch nicht leben. Es wird immer Leute brauchen, die arbeiten, und immer werden sie etwas besitzen wollen. Sie werden weder auf den Bäumen noch in Höhlen leben wollen. Es stimmt, dass die Oedenkovens einigen Geschäftssinn zeigen, auch er kann spüren, wie vor allem die Frau des Hauses rechnet. Aber verurteilen will er sie dafür nicht. Sie tragen schließlich auch enorme Kosten.

»Das mag sein«, gibt er Gräser zurück. »Aber Sie werden zugeben, dass nicht jeder so leben kann wie Sie. Sie machen sehr viel selbst und haben, wie ich glaube, geringe Ansprüche. Das ist nicht bei allen Menschen so. Es weiß sich auch nicht jeder zu helfen.«

Gräser hat sich wieder dem Feuer zugewandt und stochert mit einem Ast in der Glut. Er bleibt so stehen, dass er seinem Gesprächspartner wenigstens nicht den blanken Arsch zeigt. Den Blick auf sein Feuerchen gerichtet, sagt er: »Willst du frohe Früchte tragen, musst du tief zu ruhen wagen.«

Was kümmert den Weisen der Tor. Hesse will schon weitergehen, als er von einem Baum in einiger Ferne einen großen Vogel abheben und schnell aufsteigen sieht.

»Ein Adler!«, ruft er spontan aus. Dabei ist er keineswegs sicher. Ferne Objekte kann er nur schlecht bestimmen. Gräser starrt einen Moment lang in den Himmel.

»Ein Sperber«, erwidert er. »Irgendetwas hält er in den Fängen, ich kann nicht sagen, was. Könnte ein Zweig fürs Nest sein oder auch ein Zaunkönig.«

Das kommt Hesse unwahrscheinlich vor. Mit Beute in den Klauen wäre der Vogel – Sperber mag ja sein – kaum auf einem Baum gelandet. Aber vielleicht hat er falsch gesehen, und das Tier ist von einem Felsen losgeflogen, der hinter dem Baum liegt.

»Der Starke frisst den Schwachen.«

»Es wird eine Zeit kommen, in der Wolf und Lamm friedlich zusammen weiden. Den Anfang dazu müssen wir Menschen tun. Wenn der Sperber sich niederlässt auf zitterndem Ast, ist es für uns an der Zeit aufzufliegen.«

Es juckt Hesse, Gräser doch noch auf seinen Braten anzusprechen. Aber eine Bemerkung, ganz gleich welche, würde nur weitere Lebensweisheiten provozieren.

»Schicken Sie mir eine Karte, wenn es so weit ist«, sagt er obenhin. »Ich will nun weitergehen und diesen Berg besteigen.« Er zeigt mit der Hand in die Richtung. »Können Sie mir sagen, wie er heißt?«

»Das spielt doch keine Rolle.«

Er scheint nebenbei völlig vergessen zu haben, dass er Hesse am Tag davor zum Wandern eingeladen hat. Sie sagen sich ade. Hesse ist keine fünf Schritte gegangen, als Gräser ihn von der anderen Bachseite noch einmal anruft.

»Hesse! Ich merke, dass ich heute einen Sonnenstich bekomme, und habe doch keinen Hut. Wollen Sie mir nicht Ihren Strohhut geben?«

»Ich würde ihn schon hergeben, aber dann werde ich selbst der Sonne schutzlos ausgeliefert sein.«

»Ich hatte so ein Gefühl, dass Sie mir den Hut gern geben würden.«

Hesse hilft ja gern. Es tut ihm leid, Gräser den Hut verweigern zu müssen. Da fällt ihm das Halstuch ein, das er wieder umgeschlungen hat, weil er sich damit ein bisschen wie der Eichendorff'sche Taugenichts fühlt.

»Nehmen Sie das hier! Sie können Knoten in die Enden machen, dann wird es eine passable Kopfbedeckung abgeben.«

Er nimmt es ab, knüpft einen kleinen Stein hinein und wirft es über den Bach. Gräser fängt es geschickt.

»Eigentlich möchten Sie mir Ihren Hut geben. Ich fühle es genau.«

In den Felsen

Bald riecht er den Rauch von Gräsers Feuer nicht mehr. Stattdessen saugt er den Duft der Blumen ein, betrachtet mit Wonne den im Saft stehenden buschigen Wald mit Eschen, Birken und Kastanien, Wacholder und wilden Rosen. In einem moorigen Wegabschnitt springt er von Grasinsel zu Grasinsel und schafft es, nicht ein einziges Mal mit den Füßen einzusinken. Er passiert steil stürzende Bäche, sieht einer Eidechse zu, die auf einem Stein in der Sonne sitzt. Einmal kreuzt eine Ringelnatter seinen Weg. Das Gelände wird allmählich schroffer. Kämme spitzer Steine stechen aus der Erde hervor wie die Stacheln aus dem Rücken eines Dinosauriers.

Nach langem Steigen begrüßen ihn die bimmelnden Glöckchen weidender Ziegen auf einer Alpe. Er sieht die Herde vor einem mit Gebirgsrosen überwachsenen Felsen stehen. Ein Junges stößt heftig mit der Schnauze in das fette Euter der Mutter, sinkt auf die Knie und trinkt. Weiter hinten, bei einer aus Feldsteinen errichteten Hütte, steht ein angepflockter Bock. Es ist kein menschliches Geräusch zu hören, bloß dünner Qualm steigt auf. Hesse denkt noch einmal zurück an sein Gespräch mit Gräser. Der wollte wahrscheinlich gar nicht verbergen, dass er sich über seinem Feuer Fleisch briet, er hatte nur Angst, etwas abgeben zu müssen.

Hesse lächelt bei diesem Gedanken. In seinem Innern hat er sich mit dem wunderlichen Mann schon wieder ausgesöhnt.

Oberhalb der Alpe beginnt eine zunehmend steile Felswand. Er lässt den Blick in die Höhe wandern. Oben steht nur noch Gesträuch, vereinzelt ein paar Büschel Gras. Hesse schöpft Wasser mit der Hand aus einem Bach. Die Sonne treibt ihm inzwischen den Schweiß aus den Poren. Da er nicht erwartet, so weit oben noch jemand zu begegnen, zieht er das Hemd aus und knotet es um die Hüften. Er kann nun jeden Lufthauch auf der Haut genießen.

Gegen Mittag sucht er den Schatten eines Überhangs. Eine Zeitlang ist er barfuß gelaufen, doch die Steine unter seinen Füßen waren zu schartig und hätten seiner Tour vorzeitig ein Ende gesetzt. Er isst einen Apfel und eine Handvoll Nüsse. Vor seinen Augen liegen die Rücken kleinerer Hügel, der Berg der Wahrheit ist einer von ihnen. Weit wie ein Meer fast blitzt unten der Lago Maggiore, die weitere Ferne versinkt im Dunst. Es lockt ihn, das Gebirge zu durchstreifen, den See zu durchschwimmen. Liefe er wirklich los, würden sich ihm überhängende Wände entgegenstellen, tückische Strudel im Wasser, irrsinnige Zeitdauern. Die Ferne lullt den Geist ein. Das gilt für Wanderungen genauso wie für das Paradies auf Erden.

Angelockt von dem grandiosen Panoramablick, wagt sich Hesse auf einen Felsvorsprung hinaus und schaut ins weite Land. Er stellt sich vor, das alles würde ihm gehören. Die Fantasie macht ihn euphorisch, er geht noch ein paar Schritte weiter. Es juckt in seinem Bauch. Er hat sich vorgenommen, nicht direkt in die Tiefe zu blicken, muss es dann aber tun. Unter der Felsnase scheint sich nicht mal eine Wand zu befinden. Er steht über dem Nichts. Jäh wird ihm schwindelig. Über dem Langensee brummt ein Aeroplan. Weit weg, kaum größer als der dunkle Punkt, den er am Vormittag für einen Adler hielt. Hesse nimmt das Flugzeug ins Visier, so scharf es eben geht. Vielleicht kann die Vorstellung vom Fliegen seine Höhenangst überwinden. Jedenfalls lenkt sie ihn ab. Er kann sich fürs Fliegen durchaus begeistern. Er stellt sich vor, dass die Welt, wenn man so drüber hingleitet, noch mal ganz anders aussieht. Dörfer und Kirchtürme, die winzigen Menschen entflöhen rasend schnell dem Blick. Der Rauch aus den Schloten der Fabriken erreichte einen nicht. Anfangs fällt es ihm schwer, davon ein Bild zu kriegen. Aber nach einer Weile wird es leicht, und er nimmt Tempo auf, überquert schneebedeckte Gipfel, grüne wie dürre Ebenen, den Ozean und noch mehr Ozean, die Dschungel Indiens, die Wüste Gobi, den Gelben Fluss, die Große Mauer.

Da gerät die Maschine vor ihm ins Trudeln. Sie scheint in die Tiefe gerissen zu werden, dreht sich in einer steilen Vrille um den rechten Flügel abwärts. Hesse sieht vor allem die Abgasspirale, den schnellen Sturz des dunklen Flecks im Blau. Wie ein Kunststück sieht das aus, die Tollkühnheit eines übermütigen Piloten, und gleichzeitig wie vollkommene Hilflosigkeit. Er muss die Augen schließen, unser Hesse, er tastet sich mit Minischrittchen vom Felsvorsprung zurück und gleichzeitig vor in der Zeit, es ist nun Sommer neunzehnhundertzehn und er wandert nicht länger allein.

Noch etwas benommen von den vielen Schrauben hält Hesse sich auf der Bergseite des Pfades. Mia geht vor ihm, sie hat auf einem eigenen Rucksack bestanden, den sie mit Ausdauer trägt. Mit den derben Bergschuhen und ihren festen, aus den Schäften blitzenden Waden gefällt sie ihm besonders gut, auch deshalb geht er gern hinten. Weit unten liegt der

Walensee mit dem berühmten Kurort Weesen. Daheim am Untersee hat es diesen Sommer große Überschwemmungen gegeben. Hesse war froh, dass ihr Haus so hoch liegt, und auch jetzt hat er das gute Gefühl, sich auf dem ansteigenden Pfad immer weiter vom Wasser zu entfernen.

Aufgebrochen sind die zwei in Amden, einem Bergdorf auf tausend Metern Seehöhe, das erst dreißig Jahre zuvor mit einer Straße erschlossen wurde. Wie Ascona ist Amden vorübergehend zu einem Ort geworden, von dem aus die Welt erlöst werden sollte. Der aus Meran stammende, jahrelang in Amerika lebende Josua Klein hat zu überhöhten Preisen riesige Flächen aufgekauft, Höfe saniert, neu gebaut und nach nicht mal zwei Jahren Konkurs gemacht. Nun existieren von der Kolonie nur noch der Grappenhof und eine Handvoll Menschen, die dort, vom Geist der Utopie beseelt, brav ausharren. Die Oedenkovens und die Gräsers waren zu Besuch, der Jugendstilkünstler Fidus wollte dort ein neues Leben beginnen und Tempel für eine neue Religion des undogmatischen Natur- und Lichtglaubens bauen.

Jedenfalls hat das Ehepaar Hesse beschlossen, Haushalt und Kinder, die vielfache Korrespondenz mit dem *März* und anderen Zeitschriften hinter sich zu lassen und ein paar Tage in die Berge zu entfliehen. Der Urlaub misslingt. Das Wetter ist schlecht, Hesse hat einen dicken Hals bekommen. Umso wohltuender empfinden sie es, als für einen Tag die Sonne rauskommt. Jetzt oder nie müssen sie eine Tour gehen. Da es Hochsommer ist, wird der Tag fast schon wieder zu heiß.

Hesse fühlt sich an seine Bergtour bei Arcegno erinnert; es kommt ihm vor, als wär sie keinen Tag her. Er erzählt davon in Mias Rücken hinein und sie gibt Antwort, ohne sich umzudrehen. Sie brauchen ihre Gesichter nicht mehr. Hesse übertreibt ein bisschen; er behauptet, er sei damals schon nackt in den Felsen herumgestiegen. Begeistert malt er aus, wie er den Wind auf der Haut spürte und wie belebt er sich am Abend fühlte von seiner Nacktkletterei. Er schildert ihr, wie er auf dem Felsvorsprung stand, die Arme weit ausgebreitet und mit der hinter den Bergen hervorbrechenden Sonne im Gesicht, sodass sie sich an das berühmte *Lichtgebet* von Fidus erinnert fühlen muss.

Er redet sich in einen solchen Übermut hinein, dass er beginnt sich auszuziehen. Schon hat er Hemd und Unterhemd im Rucksack verstaut. Er schlüpft aus den Schuhen. Mir nichts, dir nichts lässt er die Hose folgen, schaut sich noch einmal um im Gelände, schließlich gleitet die Unterhose zu Boden. Er fordert Mia auf, sich umzudrehen. Überrascht, doch ohne Verlegenheit schaut sie seinen Körper an. Er ist schlank (nicht mehr ganz so dürr wie vor drei Jahren), muskulös, wohlgeformt. Von der Seite gesehen ein bisschen schmalbrüstig.

»Steig einmal in die Wand«, sagt sie zu ihm und deutet auf den steilen, von Gesträuch bewachsenen Hang.

»Und was ist mit dir?«, fragt er überrascht.

»Ich will dich fotografieren.«

Mia hat eine Faltkamera im Rucksack. Bisher ist sie aufgrund des schlechten Wetters nicht zum Fotografieren gekommen. Jetzt holt sie den Apparat heraus und hakt ihn auf. Das Objekt springt vor. Sie schaut in den Sucher. Noch ist sie nicht zufrieden und dirigiert ihren Mann an eine andere Stelle. Sie sucht den Belichtungsmesser, wählt Blende und Verschlusszeit aus. Hesse steht mit der Vorderseite zum Fels. Den rechten Fuß hat er in einer waagrecht verlaufenden Spalte stehen, mit dem linken, die Zehen in derselben Spalte verhakt, drückt er sich nach oben. Den rechten Arm hat er zur Felswand ausgestreckt, der linke bleibt hinter dem Körper verborgen. Er hält sich fest und schaut, wo er als Nächstes hintreten könnte. Ein Klick für den Kletterer Hesse. Aber Mia will noch einen anderen Hesse in Szene setzen, einen mit Weitblick, der nicht mit dem nächsten Schritt beschäftigt ist, sondern mit Größerem, vielleicht gar der Unendlichkeit. Deshalb schickt sie ihn zum Ende der Wand, bis er zu maulen beginnt, weil der Höhenschwindel ihm wieder zu schaffen macht. Vor einem Busch bleibt er stehen, weiter will er partout nicht gehen. Er steht sicher auf einer kleinen Felsnase. Jetzt sieht sie seine Rückseite, beobachtet, wie er sich langsam aufrichtet, sich nur noch mit einer Hand am Felsen hält und die andere in die Hüfte stützt. Er schaut in die wallenden Wolken. Mia fordert ihn auf, den Kopf weiter zu wenden, bis sein Profil zu sehen ist. Sie wartet, bis er sich entspannt und den Blick beinah herrscherlich in die Ferne richtet. Ein Klick für den weitblickenden Hesse.

Als er die Ritzen entlang zurückturnt, wirkt er geschafft. Sie grinst schelmisch, vielleicht ein bisschen spöttisch. Statt ihm zu sagen, wie gut der nackte Kerl im Sucher der Kamera ihr gefallen hat, redet sie über das Licht und die Schwierigkeiten mit dem Scharfstellen, die sie befürchten lassen, das Foto könnte verdorben sein. Hesse setzt als Erstes die Brille wieder auf. Wie üblich schmerzen seine Augen und er ärgert sich im Stillen, weil er vergessen hat, die Sonnengläser einzupacken.

»Jetzt du«, sagt er.

»Was?«, fragt sie und ihre Augenlider flattern.

»Ich will dich auch fotografieren.«

Sie ziert sich ein wenig, doch er lässt nicht locker.

»Aber nur von hinten, hörst du«, sagt sie.

Bevor sie sich auszieht, erklärt sie ihm noch einmal die Kamera. Mit allem Technischen stellt Hesse sich nicht be-

sonders geschickt an. Die Einstellungen können bleiben, wie
sie sind.

Endlich steht sie nackt da, will aber ihren Hut nicht ab-
legen. Das ist Hesse eine kleine Debatte wert. Mia bleibt dabei: der Hut muss sein. Übrigens könnte auch er zugeben,
dass ihr Anblick ihm gefällt und er sie in diesem Moment am
liebsten umarmen und ihr den Hut selbst vom Kopf nehmen
würde. Er könnte sie hinter einen Felsvorsprung ziehen, sie
berühren, sie lieben. Er tut es nicht. Um seine Erregung zu
verbergen, geht er stattdessen hinter dem Rucksack in die
Hocke.

Mia klettert gut, sie ist mutiger als Hesse. Er braucht eine Weile, um sie im Sucher zu finden. Endlich hat er sie. Sie
steht auf dem Kopf, der Hut bleibt sitzen. Ihr Bild ist so win-
zig, dass er die einzelnen Körperpartien kaum unterscheiden kann. Er knipst schnell. Die sorgfältige Komposition
einer Fotografie ist nicht seine Sache. Auch beim Schreiben
ist er ja eher ein Rascher. Mia befindet sich ungefähr in der
Mitte des Bildes. Die Hände in den Fels gekrallt, löst sie gerade die Füße und scheint beinah zu schweben. Ein Klick
für die fliegende Mia, deren Arme so stark sind, doch deren
Füße ihr keinen Halt zu geben vermögen. Ein Klick für die
Frau, die ihr Gesicht beinah im Gebüsch vergräbt, die den
kleinen Hut nicht ablegt, um ihre Frisur nicht zu gefährden,
die kraftvoll und bedroht zugleich wirkt. Keine Wolken,
kein Weitblick für sie. Mia kommt mit einer brennenden
Schramme am Oberarm zurück, die macht ihr nichts. Sie
lachen wie über einen geglückten Streich. Sie nehmen sich
in die Arme. Beide haben sie zerschundene Zehen, der Staub
beißt ihnen in die Füße.

Am Tag darauf verschlechtert sich das Wetter wieder,
die Hesses kehren übellaunig an den Bodensee zurück. Sie

171

haben sich in diesem hastig absolvierten Urlaub kaum entspannen können. Mia entwickelt den Film und zieht die Fotos ab. Einen intimen Moment haben sie da festgehalten, und doch wirkt er entrückt, die Bilder sind gestellt, als wären sie für eine Ausstellung bestimmt. Der Moment am Berg hat sich nicht verankern können, er hat sich in Missmut und stumme Vorwürfe aufgelöst. Als sie am Abend nach der Fotosession doch noch miteinander schliefen, hatte Mia keine rechte Lust und ihr Mann, der das merkte, war wieder einsam.

So verschwinden die Abzüge in einem Kästchen oder einer Mappe. Mia und Hermann werden sie nie je gemeinsam betrachten.

Freie Liebe

Im Gotthard-Tunnel denkt er kaum einmal an die gewaltigen Felsmassen über seinem Kopf. Er hat Zutrauen zu den Werken der Ingenieure. Zudem sind die fünfzehn Kilometer in einer guten Viertelstunde durchfahren. Mehr stört ihn der Geruch von Ruß und Schwefel, der sich den geschlossenen Fenstern zum Trotz im Abteil bemerkbar macht. Überdies wurde völlig grundlos die Heizung angestellt. Die trockene Luft macht seinen Augen zu schaffen. Schräg gegenüber die allein reisende Dame hält sich ein gefaltetes Taschentuch, dem schwacher Veilchenduft entströmt, vor Nase und Mund. Wenn sie glaubt, dass er nicht hinsieht, mustert sie ihn und kann sich offenbar keinen rechten Reim machen. Hesse hat sich bei dem günstigen Locarneser Schneider einen Anzug nähen lassen, den er auf der Heimreise trägt. Der Anzug sitzt gut. Dennoch fühlt er sich darin genau wie in den ungewohnten Schuhen beengt. Er ist braun wie ein Inder, der seit Wochen ungeschorene Bart gibt seinem Gesicht etwas Wildes.

Die Dame dagegen wirkt bürgerlich und steif in ihrem korsettierten, bis oben geschlossenen bronzebraunen Kleid, der altmodischen, unterm Kinn mit seidenen Bändern geschnürten Haube, den gelben Stiefeln, von denen kaum die unteren Knöpfe zu sehen sind. Auch der Sonnenschirm fehlt nicht; er lehnt neben ihr an der Abteilwand wie eine Waffe, die sie gegebenenfalls schnell bei der Hand haben möchte. Hesse schätzt sie auf Mitte vierzig, weit abgeblüht, von leblos weißer Hautfarbe. Die beiden Herren, die außer ihm in Bellinzona zugestiegen sind, typisch innerschweizerische Physiognomien, warfen schon abschätzige Blicke auf ihn, bevor sie ihre Hüte auf der Ablage deponierten und die Zeitung zückten. Kaum dass sie ihn grüßten. Er hält sie für Männer, die niemals über etwas anderes sprechen als ihre Geschäfte.

Der erste Teil der Reise geht in Schweigen hin.

Hesse hat ein Buch mit altindischen Dichtungen im Handkoffer, doch er hat keine Lust zu lesen. Das Licht und die Wärme der vergangenen Wochen, die vielen nackt verbrachten Stunden, die Bäder, die tiefen und die schrägen Gespräche mit Bohemiens und Utopisten, die geballte Ladung an besserem Leben füllen ihn noch ziemlich aus. Das Fasten hat ihm gutgetan und mehr noch die Abstinenz. Sein Magen hat sich beruhigt. Er fühlt seine Sinne geschärft und seinen Willen erstarkt. Die Aussicht auf die daheim drohenden Pflichten verdirbt ihm beinah die Freude auf das Wiedersehen mit Frau und Kind. Mit jedem Kilometer, den er zurücklegt, fühlt er ein Stück der freien Zeit in südlichen Gefilden verlorengehen. Er stellt sich vor, am Ende des Zuges auf dem Trittbrett zu stehen und zuzusehen, wie das Sanatorium, der Hügel, Ascona, der Tessin rasant auf einen kleinen, lichten Punkt zusammenschrumpfen. Darin liegt noch Tempo, Bewegung. Später wird er auf dem Bahnsteig stehen, den sinnlos großen Berg Gepäck neben sich, und der ewig fliehenden Eisenbahn bloß noch hinterherschauen.

Er fragt sich, ob er von diesem Aufenthalt sonst etwas mitgebracht hat. Vielleicht die Ahnung, dass diejenigen, die behaupten, gefunden zu haben, wie alle anderen Suchenden sind. Luxus und Lüsternheit abzulehnen, sogar alle Behaglichkeit zu verachten kann eine wichtige Station auf dem Weg zu sich selbst sein. Aber das Ziel? Die alten Heiligen lehnten das Diesseits ab, weil sie an die Auferstehung im Paradies glaubten, die ihnen auf ewig Friede und Freude gewähren würde. Die Lebensreformer wollen dies alles auf Erden verwirklichen, ohne jedoch die Vorzeichen umzudrehen. Sie glauben, Verzicht führe zur Seligkeit im Diesseits. Die mit dem selbstgebastelten Heiligenschein, der Schnur um die Stirn, die Wanderer und Konsequenten sind ihm dabei verdächtig. Ein Leben, in dem sogar das Blumenpflücken als Sünde gilt, kann kein Modell für eine gebesserte Menschheit sein. Die Frauen mit ihren lockeren Kleidern und Sitten, die doch bei anderen nicht die kleinste Übertretung dulden, die Professorentöchter, die hysterisch werden, wenn es ums Heil der Welt geht, die Wiedergeborenen jeglichen Geschlechts, die Astralleib-Inhaber sind ihm höchst suspekt. Allein mit dem Wechsel des Kleids ist man noch nicht seine Bürgerlichkeit los.

So versucht er den Spagat und dekliniert den Bau der komfortablen Villa so lang, bis er zu dem Entschluss passt, zu entsagen. Er entschuldigt sich mit den Erfordernissen der Familie, mit den praktischen Nachteilen, die das Leben im alten Bauernhaus mit sich gebracht hat und die durch das Kind vervielfacht worden sind.

Die Tunnelfahrt geht zu Ende. Schlagartig strömt das Tageslicht herein, aber was für ein Licht. Es ist grau und stumpf, das Licht der nördlichen Breiten. Nicht mal ein sonniger Tag empfängt ihn auf der ungeliebten Seite der Alpen. Bei früheren Reisen hat er sich nach Verlassen des Gotthard-Tunnels immer in den Speisewagen gesetzt, aber die dort ge-

botene Kost reizt ihn nicht. Er hat nicht mal Hunger. Auch
der größere Trubel, die unwägbaren Begegnungen mit anderen Reisenden halten ihn zurück. So bleibt er sitzen und
schaut zu, wie die künstliche Beleuchtung im Abteil gelöscht
wird. Er versucht noch einmal, mit der steifen Dame gegenüber ins Gespräch zu kommen, doch sie bleibt wortkarg, und
die beiden Geschäftsmänner beobachten die Situation mit
der Bereitschaft von Polizisten, die sofort mit dem Knüppel
dazwischengingen, sollte er ungebührliche Absichten haben.

Keiner der drei hat auch nur einen Blick aus dem Fenster geworfen. Es ist, als führen sie weiter und weiter durch
das dunkle Innere des Bergs.

»Der Spitteler hat ein neues Buch herausgebracht.«

»Wer ist der Spitteler?«

»Kennst du den nicht? Das ist unser bester Dichter. Und
er kommt aus dem Liestal, gerade wie du.«

»Es kann nicht ein jeder wie du Lehrer sein und die Dichter alle mit Namen kennen.«

Es sind keine Geschäftsleute. Sie kommen nicht aus der
Innerschweiz. Jedenfalls der eine nicht.

»Aber den Zola hast du schon gelesen.«

»Der Zola ist für mich als Jurist auch interessant. Der
hat das menschliche Wesen studiert. Mit allen dunklen Seiten. Der schreibt vom wirklichen Leben, nicht von idealis-
tischen Träumen.«

»Der ist aber ein Sozialist!«

»Was kümmert mich das, wenn ich bei ihm etwas lernen kann? Übrigens ist er vor ein paar Jahren gestorben. Eine Kohlengasvergiftung, heißt es. Ist nicht sehr alt geworden, sechzig, fünfundsechzig, würde ich sagen.«

»Hat er nicht furchtbar viel geschrieben?«

»Meinst du, es wäre genug gewesen? Das mag schon sein.«

Sie lachen herzlos.

»Aber«, fängt der Lehrer wieder an, »unsere Schweizer Dichter musst du lesen. Kennst du nicht Kellers *Grünen Heinrich*? Da lernst du etwas über den Schweizer Menschen. Lies den Meyer, den Gotthelf von mir aus. Wenn du mich fragst, sollte der Spitteler den Nobelpreis bekommen.«

»Ist das eigentlich derselbe Spitteler, der für die Bahngesellschaft das Reisebuch über den Gotthard geschrieben hat?«

»Daran darfst du ihn nicht messen«, erwidert der Lehrer, »von dem rede ich ja nicht. Aber sein Epos, der *Olympische Frühling*! Das ist eine feine Sache, das ist von homerischer Wucht.«

Er schwärmt von der antiken Größe dieser Verse, dem von Moden unberührten Geist dahinter und so fort. Sein Gesprächspartner pikst den Lehrer hie und da mit kleinen Provokationen, die ihre Wirkung nie verfehlen. Die jüngst erschienene Erzählung *Imago*, in der einem Mann nichts zu lieben bleibt als das Bild der begehrten Frau – sie selbst hat einen anderen genommen –, hat Hesse aus naheliegenden Gründen stark berührt. Seine Gedanken sind auf einmal wieder bei Elisabeth, seiner Imago, die im Tessiner Frühling verblasst war. Und mit Elisabeth denkt er an *Gertrud*, seinen missglückten Romanentwurf. Er schreibt immer über das, was ihn im Innern bewegt. Warum es ihm mit dieser irrealen Liebe nicht gelingen will, bleibt ihm ein Rätsel. Womöglich fehlt ihm die Heiterkeit. Der Spitteler nimmt sich nämlich selbst aufs Korn – geradezu mit Spottlust.

So wird er mit jedem Kilometer, den er zurücklegt, weiter in sein altes Leben zurückgestoßen. Es würde ihn nicht wundern, wenn auch die Magenreizung, die den Anlass für seine Kur gab, ihn hier gleich wieder plagen sollte. Er ist nie gern zurückgekehrt nach Hause, aber heute fühlt er sich, als müsste er eine Haftstrafe antreten.

Dem Gespräch seiner Abteilnachbarn ist er nicht weiter gefolgt. Deshalb überrascht es ihn, als der Jurist nun sagt: »Immerhin habe ich das Buch von so einem jungen Schweizer Autor gelesen. Heißt er Herbert Hesse?«

Der Lehrer hat ein belustigtes Funkeln in den Augen, erwidert fürs Erste aber nichts.

»Den Titel des Romans habe ich mir gemerkt, weil er so seltsam ist. *Peter Camenzind*. Immer denkt man, es müsste etwas mit ›kind‹ am Schluss sein. Ein guter Kniff, findest du nicht?«

»Der Hesse ist gar kein Schweizer.«

»So! Aber das Buch handelt doch in der Schweiz?«

»Ja, und ich kann dir auch sagen, warum. Weil er den Keller nachmacht. Aber erreichen kann er ihn doch nie im Leben.«

»Mhm, dann ist er also gar kein Schweizer. Na, was nicht ist, kann ja noch werden.«

»Wie meinst du das?«

Die Antwort hört Hesse nicht mehr. Als das Gespräch auf ihn gekommen ist, hat er schnell den Rock angezogen und sich aus dem Abteil geschlängelt. Da sitzt er doch lieber im Speisewagen und trinkt ein Glas Wein. Er hat die Abteiltür etwas zu heftig geschlossen. Nun geht er schwankend über den Gang und stellt erstaunt fest, dass er die Rechte zur Faust geballt hat. Zum ersten Mal im Leben will er seinen Lesern am liebsten in die Fresse hauen. Nicht allen, aber diesen. Er glaubte ursprünglich, mit einer kühnen, neuen Lehre zu kommen. Nun wird er wie ein alter Freund begrüßt oder gar als Abklatsch eines noch Älteren abgetan. Daraus lassen sich nur zwei Schlüsse ziehen: Entweder hat ihn keiner verstanden oder er selbst hat sich nur aufgeblasen wie ein Kind, das König spielt.

Der Speisewagen ist gut besetzt. Hesse bekommt keinen eigenen Tisch, sondern nimmt einem jungen Mann gegenüber Platz, der ihm mit englischem Akzent einen guten Tag wünscht. Nun kann Hesse nicht besonders gut Englisch und der junge Mann nicht besonders gut Deutsch. Doch das soll nicht verhindern, dass sie sich einmal unterhalten. Um ihn besser erkennbar zu machen, lassen wir dem Engländer einen Bart wachsen und springen auf seiner Timeline ein Stück nach vorn. Fünf Jahre reichen schon. Inzwischen hat er zwei Romane veröffentlicht und müht sich mit der letzten Fassung des dritten, der ihn berühmt machen wird. Er hat seinem Professor die Frau ausgespannt und ist mit ihr durch ihre deutsche Heimat gereist. Er nennt sich Mr Noon, aber wir wissen es besser: Es ist David Herbert Lawrence.

Gemeinsam trinken sie Tee und beginnen zu plaudern. Unsichtbar mit am Tisch sitzt Dr. Gross, der frühere Liebhaber von Lawrence' späterer Frau Frieda, außerdem Liebhaber von Friedas Schwester Else, Vater von Elses Kind und Befreier weiterer Frauen, schwer abhängig von Kokain und Opium. Er ist das Schreckgespenst des Sigmund Freud, der Verfechter der freien Liebe und des gesellschaftlichen Umbruchs zur Gesundung der Seele und umgekehrt. Ein enfant terrible in der Wissenschaft wie im Leben, heute etwas teilnahmslos, weil er sehr lange nicht geschlafen hat.

– Einen schönen Bart haben Sie da.

– Finden Sie? So dicht wie Ihrer wird er sicher nicht.

– Meine Frau mag Bart nicht. Ihre?

– Sie weiß noch nichts davon.

Sie trinken gleichzeitig aus ihren Tassen.

– Kommen Sie von Italien?

– I've been to Milan. Und Sie?

– Ascona. Warum verziehen Sie das Gesicht?

– Der Tee ist kalt. Sind Sie bei den Naturleuten gewesen?

– Am Monte Verità. Sicher kennen Sie das Sanatorium.

– Ich hab davon gehört. Sind Sie einem großen blonden Mann begegnet? Ein Österreicher.

– Es gibt dort viele Österreicher. Wie oft stutzen Sie Ihren Bart?

– Immer wenn mir danach ist. Dieser Mann, ich nenne ihn Eberhard, obwohl sein Name Otto ist, hat eine neue Psychologie entwickelt. Er will die Menschheit befreien.

– Das wollen wir doch alle. Diesem Mann bin ich jedenfalls nicht begegnet.

– Dann müssen Sie sich knapp verpasst haben. Werden Sie Ihren Bart stutzen?

– Mal sehen. Wenn ich ihn ein Jahr lang wachsen lasse, sehe ich aus wie mein Vater. Wie aus dem 19. Jahrhundert.

Sie grinsen.

– Ihre Frau ist auch älter?

– Ja, sie war schon mal verheiratet. Aber sie ist in dieser Ehe niemals glücklich gewesen. Ihre?

– Ein altes Mädchen, sagt man bei uns. Sie hat den Richtigen nie gefunden.

– Bis Sie kamen?

Hesse zuckt die Achseln.

– Ich nehme es an.

– Frieda sagt, die Ehe sei abscheulich. Eine Form von Besitzergreifung.

– Demnach gäbe es nicht den Richtigen oder die Richtige.

– Jeder kann der Richtige sein. Eberhard hat sie das gelehrt. Sie sind sicher, dass Sie ihn nicht getroffen haben?

– Sagten Sie nicht Otto?

Am Fenster neben ihnen macht es *Pling,* als hätte ein Steinchen die Scheibe getroffen, und zwar von innen.

– Ich weiß nicht, was er mit den Frauen macht. Sie sind verrückt nach ihm. Frieda sagt, bei ihm fühlt sie sich frei. Ihre Schwester behauptet übrigens dasselbe. Sie halten ihn für ein Genie. Er lässt sie an die Liebe glauben …

– … und daran, dass die Ehe ein Gefängnis ist, auf Furcht gegründet.

– Sie reden wie er. Ich glaube, Sie haben ihn doch getroffen. Hat er Ihnen auch, wie sagt man, seine Wahrheit offenbart?

– Wo Liebe herrscht, haben Eifersucht und Missgunst nichts verloren.

– Es gibt keine Liebe ohne Sex.

– Pardon?

– Das ist seine Lehre. Liebe ist Sex. Sex ist Liebe.

– Damit hat er sie ins Bett gekriegt. Zigarre?

– Danke, ich rauche lieber eine von diesen. Wollen Sie? Probieren Sie mal!

Lawrence hält ihm ein silbernes Etui mit selbstgedrehten Zigaretten hin.

– Die schmecken ja … merkwürdig. Ist das Virginia-Tabak?

– Ich habe ihn, ehm, präpariert. Zur Feier des Tages, Mann, ich habe nämlich Geburtstag. Sie hat Geburtstag, er hat Geburtstag. Anyway …

– Warum ist der Zug stehen geblieben?

– Ist er das? Die Landschaft fliegt nur so an uns vorbei.

– Ebendas meine ich. Die Landschaft fliegt. Der Zug steht.

– Haha.

– Sind Sie eifersüchtig?

– Auf Eberhard? Sehr! Und Sie?

– Meine Frau hat mir nie Anlass gegeben. Ich glaube nicht, dass sie jemals alle Männer lieben wollte.

– Ich glaube, die Liebe ist exklusiv. Kann eine Frau denn mit zwei Männern gleichzeitig schlafen? Sehen Sie.

– Diese Zigarette schmeckt wirklich eigenartig. Aber ein Mann, verstehen Sie, ich meine den Künstler, ein Künstler muss streifen.

– Sie meinen viele Frauen haben? Ich weiß nicht.

– Nein, ich meine, dass es für ihn keine Behaglichkeit gibt. Daheim in trauter Runde sitzen und den Kindern die Wange tätscheln, das genügt ihm nicht.

– Puh, Sie haben komische Wörter im Deutschen. Was meint ›tatschel‹?

– Gott, haben Sie das gesehen? Schnell, schauen Sie raus! Schauen Sie raus und sagen Sie mir, dass ich nicht träume. Dort auf dem Feld! Sehen Sie die riesenhafte Werbetafel?

– Das ist ja Frieda. Sie trägt ein Badekleid.

– Und Elisabeth! Was steht auf der Tafel? Ich kann Entferntes nicht gut lesen.

– ›Women. We just do it better.‹

– Frauen, wir machen es just besser. Mein Englisch ist gut geworden, finden Sie nicht? Ich versteh bald jedes Wort!

– Da ist auch ein Mann auf dem Plakat.

– Wo?

– Sehen Sie ihn nicht am Boden liegen? Frieda hat ihm ihren Fuß in den Nacken gesetzt. Und – –?

– Elisabeth.

– Elisabeth ihren ins Kreuz. Ich kenne den Mann. Das ist …

– August Strindberg! Der lebt noch?!

– Auch wenn man die Liebe nicht begreift, kann man doch leben.

– Haben Sie noch eine von diesen Zigaretten? Ich möchte mehr solche Plakate sehen.

– Und Sprüche lesen. Wir sollten für die Werbung arbeiten, finden Sie nicht? Die wird noch mal die Dichtung überrennen. Hey, mein Deutsch ist ebenfalls unglaublich!

– Was würden Sie zum Beispiel über diese Zigaretten sagen?

– Warten Sie … Vielleicht: Reefers. Recognize Reality.

– Haha, sehr gut. Oder: Ich hatte mir das Glück immer anders vorgestellt.

– Hahaha.

– Wo fahren Sie hin?

– Nach Metz. Dort lebt Friedas Familie. Es sind lauter deutsche Soldaten da. Und Franzosen, die auf das Deutsche Reich schimpfen.

– Freuen Sie sich, Frieda wiederzusehen?

– Ich schätze, ja. Wohin führt Ihr Weg?

– Immer nach Hause.

– Pardon?

– War ein Scherz. Das ist auch so ein Slogan, müssen Sie wissen. In diesem Fall stammt er vom Erfinder der Romantik, Friedrich …

– Nietschi?

– … Hardenberg. Also Novalis. Sind Sie sicher, dass wir keine von diesen Zigaretten mehr rauchen wollen?

– Wenn die Landschaft immer weiter an uns vorbeifliegt, kommt das Zuhause irgendwann zu uns, richtig?

– Guter Gedanke.

– Gut, danke. Wie heißt eigentlich Ihre Frau?

– Maria. Jetzt hätte ich fast gesagt Bernoulli. Das ist ihr Mädchenname. Übrigens nennen sie alle Mia.

– Fahren Sie zu ihr?

– Ja.

– Und freuen Sie sich?

– Ja. Nein. Es ist beides. Ich kann es nicht sagen.

– Es dürfte gern noch ein, zwei Tage länger dauern, bis Sie Mia wiedersehen.

– Sie kennen dieses Gefühl, nicht zurückkehren zu wollen, also auch!

– Ich glaube nicht, dass Sie den Bart behalten werden.

– Warum? Steht er mir so schlecht?

– Er gehört nicht zu Ihnen. Sieht aus wie angeklebt.

– Ist aber echt. Hm, vielleicht haben Sie recht. Ich könnte ihn gleich hier im Zug abnehmen.

– Ich denke, das sollten Sie nicht tun. Sie könnten sich den Hals abschneiden.

– Nur wenn der Zug fährt.

– Trinken wir ausnahmsweise einen Schnapps.

– Einverstanden. Ah, Sie haben einen dabei? Warten Sie. Jetzt schaut der Kellner nicht hin.

– Auf die Liebe!

– Auf die Liebe!

Das schwankende Zimmer

Der Bahnhof in Steckborn liegt, leicht erhöht, ein Stück weit weg vom Ufer des Bodensees. Der Himmel strahlt, die Obstbäume blühen. Neben dem Bahndamm grasen Schafe. Hesses Blick wird unwiderstehlich vom jenseitigen Ufer angezogen. Für einen Kurzsichtigen liegt es weit weg und er weiß nicht, ob der helle Fleck drüben in all dem kraftvollen Grün schon der Dachstuhl seines neuen Hauses ist oder ob er sich das nur einbildet. Er kneift die Augen zusammen, nimmt sogar die Brille ab – völlig sinnlos, wie er selbst weiß – und starrt aufs badische Ufer. In diesem Moment denkt er sehnsüchtig an Frau und Kind, möchte überraschend auf der Baustelle erscheinen, Mia dort antreffen und sich mit ihr zusammen an dem neu entstehenden Heim freuen. Er kann diesen Schwung nicht nutzen. Bis das nächste Schiff abgeht, dauert es noch zwei Stunden. So lässt er sein Gepäck aufbewahren und schlendert in das ihm so vertraute Städtchen.

Steckborn gefällt ihm gleich wieder; es ist doch etwas anderes als das Kuhdorf drüben. Sie hätten auch hierherziehen können. Leider ist es teuer, und er hält aus Gründen, die er nur undeutlich benennen kann, an einem Wohnsitz in Deutschland fest. Er hofft, dass im neuen Haus auch das Leben eine neue Qualität bekommt. Sie können sonst immer noch für die dunklen Monate nach München ziehen. Schon

wieder balanciert er über die dünne Linie, die sein Lebens-
kompromiss vorzeichnet. Frau, Heim und Kind – ein Leben
leben, das schon andere gelebt haben. Zu Ende bringen, was
man begonnen hat. Nur zu welchem Ende?

Eine halbe Stunde später findet er sich in der Apotheke
wieder. Ein Schlafmittel, rein prophylaktisch, kann nicht
schaden, auch wenn die Hausapotheke vollgestopft ist mit
Pillen, Pulvern und Tropfen aller Art und er dem ganzen
Mist am Berg der Wahrheit abgeschworen hat. Hinter dem
Tresen steht der altbekannte Apotheker. Das versetzt dem
erstaunten Hesse einen kleinen Stich. Dabei weiß er ja, dass
Daphne längst wieder abgereist sein muss. Auf seine braun-
gebrannte Haut angesprochen, schiebt er die Enttäuschung
beiseite und plaudert über den Tessin.

»Dann waren Sie am Ende noch bei den Naturmenschen«,
meint der Apotheker, »abgemagert, wie Sie sind. Woran mag
es wohl liegen, dass die Schafe fett werden, wenn sie lauter
Rüben und Gras fressen, die Menschen aber dürr?«

Hesse lacht mit und bleibt die Antwort schuldig.

Er ist sich plötzlich sicher, dass er heute noch nicht über-
setzen kann. Schließlich hat er Mia nicht gesagt, wann genau er kommen wird. Das tut er nie. Also lässt er sein Gepäck in den Adler nach Ermatingen bringen. Mit diesem
Entschluss fühlt er sich wie ein Kälbchen, das auf die Wei-
de gekommen ist und endlich herumspringen kann. In bester Laune macht er seine Runde durch die Läden, bestellt
Kolonialwaren und gewöhnliche Lebensmittel für den nächsten Tag an die Schiffslände. Für Bruno findet er einen Ted-
dybären.

Auf der Wanderung nach Ermatingen begegnet er un-
verhofft Daphne. Sie schwenkt ein Holzkörbchen in der Linken und hat eine Gartenharke über die Schulter gelegt. Ein

Kopftuch bändigt ihr goldenes Haar. Sobald sie ihn bemerkt, lacht sie und winkt stürmisch.

»Fräulein Müller! Ich glaubte Sie längst zurück in der inneren Schweiz.«

»Ja, Herr Calwer, da habe ich Sie beschummelt« – »bschisse«, sagt sie –, »ich bin in Wahrheit den ganzen Sommer hier bei meinem Vetter, weil mein Mann für ein halbes Jahr geschäftlich nach Brasilien gefahren ist.«

Ihr Lachen ist entwaffnend.

»Ich habe Sie auch angelogen«, sagt Hesse. »Mein Name ist nicht Calwer. In Wirklichkeit heiße ich Hesse.«

Es war ein Impuls, er hat in keiner Weise die Wirkung vorausberechnet. Daphnes Lachen verschwindet, man kann sehen, wie sie nachdenkt, und hören, wie sie sogar laut nachdenkt, indem sie den alten Namen mit dem neuen vergleicht und »Hesse … Hermann Hesse«, murmelt, »Hermann stimmt aber?« fragt und rot überflogene Wangen bekommt.

Er nickt.

»Sie sind ja dünn geworden«, sagt sie nun. »Ist es Ihnen nicht gut gegangen in der italienischen Schweiz? Und einen Bart haben Sie sich stehen lassen.«

Vielleicht bereitet sie im Stillen schon den nächsten Coup vor. Vielleicht ist sie auch beeindruckt, weil sie den Autor des *Camenzind* kennt, sogar das Buch gelesen hat. Er glaubt in diesem Moment, einen schwärmerischen Glanz in ihren Augen zu sehen. Oder ist es Spottlust? Um einen peinlichen Wortwechsel zu vermeiden, kommt er auf ihren Korb und die Harke zu sprechen. Er erzählt von seinem Garten und was er alles darin anbauen will.

»Ich mache diese Arbeit nur, um mir die Zeit zu vertreiben«, erwidert Daphne nüchtern. »Ich kenn hier doch keine Menschenseele.«

»Ich kann mir kaum vorstellen, dass Sie unter Einsamkeit leiden.«

Während der Unterhaltung sind sie sich ein Stück näher gekommen. Jetzt macht Daphne noch einen Schritt auf ihn zu und legt ihm flüchtig die Hand vor die Brust.

»Aber ich bin überaus einsam«, sagt sie und zieht eine Schnute, die gleich vom strahlendsten Lachen abgelöst wird.

»Wissen Sie was, ich bringe Ihnen ein Blümchen aus dem Garten mit. Oder brauchen Sie was aus der Apotheke?«

»Ich fahre gleich zurück über den See«, sagt er.

»So, das ist aber schade. Falls kein Schiff mehr gehen sollte … Ich hätte ein Boot und könnte Sie hinüberrudern.«

Es stimmt. Das letzte Schiff legt gerade ab. Er merkt außerdem, dass er sie am Abend gern wiedersehen würde. Sie stehen jetzt so nah beieinander, dass der elektrische Funke überspringt, es blitzt und knistert nur so. Das ist geheimnisvoll und machtvoll auch. Aber wie soll es weitergehen? Man kennt ihn hier, er kann schlecht mit irgendeiner Frau aufkreuzen, die nicht seine ist. Außerdem heißt er nicht Don Juan und hat von dem, was nun zu arrangieren wäre, nicht die geringste Ahnung.

»Sie hätten ein Boot …«

»Es liegt freilich ein Stück außerhalb.«

Perfekt, je weiter außerhalb, desto besser, möchte er zu ihr sagen. Kein Zweifel, er will sie treffen. Die Höri-Halbinsel, auf der er lebt, ist heute glatte hundert Kilometer vom Thurgau entfernt und der Bodensee tiefer als der Hauptkamm der Alpen hoch. Gleichzeitig spürt er ein leises Grauen vor den Lügen und Geheimnissen hinter diesem Horizont. Noch einmal schaut er Daphne prüfend in die Augen. Vielleicht treibt sie nur ihren Spaß mit ihm. Doch er kann nichts als reine, hochverdächtige Unschuld darin finden.

»Ich geh am Abend gern spazieren«, sagt er schließlich. »Da scheint die Sonne so unwiderstehlich auf unser Ufer.« »Jetzt muss ich aber endlich heimgehen«, ruft sie.

»Sicher werde ich Sie in Ihrem Boot sehen, wenn –«

»– wenn ich dort sein sollte«, schneidet sie ihm das Wort ab und verabschiedet sich schnell.

Wollten Sie mich nicht hinüberrudern?, will er ihr hinterherrufen, aber das wäre gerade ganz und gar unpassend.

Den Rest des Nachmittags verbringt er im Gastgarten des Adlers und feilt an einem Gedicht, doch er ist nicht recht bei der Sache. Er malt sich das Stelldichein aus. Daphne Müller. Daphne wieauchimmer. Auf jeden Fall nicht Fräulein Müller, sondern Frau. Er kann nicht leugnen, dass dieser Umstand ihn beruhigt. Beinah fühlt er sich doch wie Don Juan. Sie wird nicht kommen, spekuliert er, sie hat ihn sicher auf den Arm genommen. Warum aber hat sie ihm genau erklärt, wo ihr Boot liegt? Also wird sie kommen. Wenn sie nicht kommt, wird er sich jedenfalls zum Narren machen. Er nimmt sich vor, auf keinen Fall zu warten. Lieber geht er etwas später dort vorbei, etwa bei Sonnenuntergang. Es kann natürlich sein, dass sie denkt wie er und auf keinen Fall riskieren will, vergebens zu warten. Die Sache scheint ihm verzwickt. Er ist drauf und dran, sich einen Schoppen zu bestellen.

Zeitig macht er sich auf den Weg. Zunächst schlendert er zum Ufer und setzt sich dort auf einen Steg, um die Füße im Wasser baumeln zu lassen. Der Abend zeigt sich milde. Schlapp plätschern die Wellen an die Steine, sonst kaum ein Laut. Es ist, als herrschte ewige Harmonie – leider eine Kino- oder für Hesse, der das Kino nicht mag, eine Bühnenharmonie, zum Zuschauen bloß. Einmal schwimmt ein Haubentaucherpärchen vorbei und wirft einen prüfenden Blick herüber. Der Schilfgürtel dehnt sich rechter Hand ein gutes Stück in den See aus. Kein Halm bewegt sich. Zu der Stelle, die Daphne bezeichnet hat, dürften ihm rund zwanzig Minuten Weg bleiben. Seine Füße werden kalt, er trocknet sie an den Hosenbeinen, zieht Strümpfe und Schuhe wieder an.

Eine Zeitlang liegt er rücklings auf dem Steg, den Strohhut über dem Gesicht, durch dessen kleine Löcher er lauter blauen Himmel sieht. Das wird ihm langweilig und er setzt sich wieder auf. Eine Schar exotischer Gänse hat sich dem Ufer genähert. Manche gehen ins Wasser, manche weiden. Nie lassen sie ihren Beobachter aus den Augen. Und immer wirkt ihr Blick überheblich. Ihr Federkleid ist gewöhnlich, grau. Doch zum Kopf hin werden sie weiß mit schwarzen Streifen. Diese Zebra-Zeichnung und das besondere, ins Lichte spielende Rot ihrer Schnäbel gefällt ihm. Die Taschenuhr zeigt zwölf Minuten nach fünf.

Über den Uferweg kommt ein junges Paar. Die Frau schiebt einen Kinderwagen mit geflochtenem Korb, das Kind aber, keine zwei Jahre alt, geht recht flott an der Hand des Mannes. Als das kleine Mädchen die Gänse sieht, jauchzt es und will zu ihnen laufen. Der Vater lässt seine Hand los. Die Gänse erwarten es gelassen, sie weichen vor der Kleinen sogar ins Wasser zurück. Nur eine spreizt die Flügel und zischt das Kind an, das daraufhin heulend zu dem lachenden Vater zurückeilt.

»Musst halt genauso fauchen«, sagt der. Und als sein Töchterlein nicht mit dem Weinen aufhören will, fügt er hinzu: »Schau einmal her! Ich setz mich jetzt in deinen Wagen. Wenn du nicht drin sitzen magst, nehm ich den Platz. Schau!«

Er schwingt ein Bein hoch, und steht nun auf den Zehenspitzen balancierend über dem Korb. Die Mutter verdreht die Augen.

»Hör auf damit, Fritz!«, ruft sie. »Du machst ihn nur kaputt.«

Das kleine Kind versteht den Spaß nicht. Es heult noch mehr, als es sieht, was sein Vater da tut. Es zieht ihn sogar am Hosenbein und lallt »nein, nein«. Der Vater lacht immer lauter. Endlich erbarmt er sich, steigt wieder ab und nimmt sein Mädchen auf den Arm. Gemeinsam setzen sie sich ein paar Meter weiter auf eine Bank. Die Frau holt ein Stück Brot aus ihrer Tasche und beginnt, den Gänsen Krümel zuzuwerfen. Die rennen aufgeregt den Bröckchen hinterher, picken sie auf und schlingen sie runter. Drei der Tiere kommen ziemlich abwechselnd zu ihren Happen. Das vierte dagegen rennt nicht schnell genug und wechselt unterwegs manchmal die Richtung. Dabei will der Kopf der Gans nicht immer wie die Füße und ihr Hals wird schief. Das sieht besonders komisch aus. Jetzt watschelt sie direkt vor die Frau hin und sperrt den Schnabel auf. Die aber hat das Brot bereits verteilt und zeigt dem Tier die leeren Hände.

Als Hesse das nächste Mal auf die Uhr schaut, ist es höchste Zeit.

Mit kräftigen Ruderschlägen treibt er das Boot am Saum des Uferschilfs entlang. Die abendlichen Sonnenstrahlen schießen über den Spiegel des Untersees wie Eisstöcke über eine blank polierte Bahn. Hesse blinzelt. Das Gegenlicht macht es ihm schwer, Einzelheiten im Gesicht des Fräuleins auszumachen, da hilft auch die Sonnenbrille nicht. Irgendwas in ihren Zügen kommt ihm schief vor. Das rechte Auge hängt ein wenig. Jedenfalls glaubt er das. Vielleicht auch der

Mundwinkel. Eins ist jedenfalls sicher: Daphne strahlt ihn an. Keine Kurzsichtigkeit reicht aus, um das zu übersehen. Er genießt es, sich in die Riemen zu legen, den Zug in den Armen zu spüren und wie seine Schulterblätter sich nach hinten biegen. Das Boot gleitet vogelleicht übers Wasser. Er könnte stundenlang so weiterfahren.

Durch die verborgene Gasse im Schilf hat sie selbst das Boot gelenkt. Leise hat sie ihn gerufen, als er in der Nähe war: »Dichter! Hierher, Dichter!«

Allmählich schmilzt die Sonne in den Horizont. Hesse liebt diese Stimmung, den Übergang der Farben, das letzte Strahlen des Tags und die schon spürbare Unerbittlichkeit der Finsternis, die ihn verschlingen wird. Der Spiegel des Sees, aus flüssigem Kupfer, wird bald schwarz. Er liebt es, von seinem Arbeitszimmer aufs Wasser zu schauen, wenn die Häuser am Schweizer Ufer hell in den Abend leuchten. Heute befindet er sich auf der angestrahlten Seite und erblickt am nördlichen Ufer nichts als Schatten, selbst als er die Sonnenbrille wieder abnimmt. Der Schiener Berg bildet im Himmel ein dunkles Loch, durch das er bis in den kalten Weltraum vorstoßen könnte.

»Sie lassen ja schon nach«, neckt ihn Daphne, die wahrscheinlich gemerkt hat, wie seine Aufmerksamkeit abwanderte. Ein letztes Mal lässt die Sonne ihr Goldhaar aufblitzen. In der Dämmerung kommt ihm ihre Gestalt wieder heller vor. Ihre Stimme klingt ebenfalls heller, alles an ihr ist heller geworden. Gehorsam wie ein Automat verstärkt er seine Schläge.

»Unter zehn Stunden werden Sie mich nicht ermüden sehen.«

Sie lacht zweifelnd. Hermann bemerkt, wie sie heimlich kurze Blicke auf seine Schenkel und Schultern wirft. Er ist nicht sicher, ob er ihr gefällt. Sie selbst wirkt sportlich, nur wenig kleiner als er, mit dem schmalen Becken einer Läuferin. Ihre Waden scheinen dagegen derart zart, dass er ihr kaum drei Stunden Fußmarsch zutraut. Er schätzt sie etwa gleich alt, vielleicht zwei Jahre jünger als er selbst. Er reagiert auf diesen Typ sonst nicht so stark.

Als sie merkt, dass er das Boot aufs offene Wasser hinauslenkt, wird sie unruhig. Sie bittet ihn, nah am Ufer zu bleiben. So rudert er weiter am Ried hin, aus dem mit fallender Dunkelheit immer mehr Mücken kommen. Er fragt sich, wo sie mit ihm hinwill. Kaum eine Minute bleibt sie still auf der Bank. Ihm fällt ein Witz ein, den Geheeb ihm mehrfach erzählt hat:

»Beim ersten Ball. Er: Gnädiges Fräulein haben wohl nichts zum Sitzen? Sie: Doch, aber ich habe keinen Stuhl.«

Es fällt ihm noch ein anderer ein, den Ludwig Thoma jedes Mal bringt: Wenn ihr Frauen nur wirklich den Sternen gleichen würdet, die kommen am Abend und verschwinden am Morgen. Den behält er für sich, denn Daphnes Lachen klingt zum ersten Mal gezwungen. Witze passen auch nicht zu ihrer Lage. Leise stimmt er ein Lied an. Sie fällt ein. Ihre Stimme ist hoch, aber nicht schrill. Das gemeinsame Singen bringt ihre Seelen in Gleichklang. In diesem Moment wirkt sie weich auf ihn. Sicher würde sie sich hingeben. Die Vorstellung macht ihn an. Sie ängstigt ihn auch. Er muss ihr sagen, dass er verheiratet ist. Er trägt keinen Ring, der stört ihn an der Hand. Es fällt ihm ein, dass sie selbst verheiratet ist. Jedenfalls hat sie das behauptet. Er weiß nicht, was er ihr glauben soll und was nicht. Ihre Schönheit kann er glauben, ihre erotische Aura.

»Schreiben Sie mir ein Gedicht, Dichter? Es sollen viele Blumen darin vorkommen.«

Er verzeiht ihr diesen Wunsch. Eine Zeitlang betrachtet er sie offen. Das Tageslicht schwindet rasant, die Einzelheiten ihrer Züge entziehen sich ihm. Ein Lächeln gleitet über sein Gesicht.

»Mein Gedicht für Sie heißt: *Königin der Nacht*.«

Ohne das als Anspielung zu verstehen, strafft Daphne ihre Brust und hält huldvoll ihr erhobenes Haupt schräg. Fraglos bezieht sie den Titel auf sich. Ihre Haltung erinnert ihn an den Revolvermann, nur wirkte der geneigte Kopf bei ihm eher verschlagen. Sie könnten Geschwister sein, überlegt Hesse. Ein vollkommen irrer Gedanke.

»Wenn ich die Königin bin, sollen Sie mein Mundschenk sein.«

Sie zieht unter der Bank eine gewürfelte Decke hervor sowie einen Korb, in dem zuoberst eine bastumwickelte Weinflasche liegt. Inzwischen ist es so dunkel, dass er ihre Züge kaum noch unterscheiden kann. Nur wenn das Boot freiläuft und er den Oberkörper nach vorn wirft, um die Ruderblätter erneut ins Wasser tauchen zu können, kann er für den Bruchteil einer Sekunde ihre Miene ausmachen. Das Auf- und Abtauchen ihres Gesichts in der Nacht erhöht noch ihren Liebreiz. Ihr dunkler Mund mit der leicht aufgeworfenen Unterlippe lockt ihn. Neben dem Boot erblickt er die Schemen von zwei späten Schwänen. Anders als die aus seinen Träumen sind diese hier weiß, wirken in der Nacht jedoch wie mit Asche bestäubt. Daphne wirft ihnen ein paar Bröckchen hin. Fortan begleiten sie das Boot.

Endlich rudern sie weiter hinaus. Es ist windstill, der Himmel klar mit halbem Mond und allmählich aufscheinenden Sternen. Mitten auf dem hier nicht mal zwei Kilometer breiten See holt er die Ruder ein. Am thurgauischen Ufer sind einige Lichter zu sehen, von Gaienhofen her hört er bloß die ewigen Hunde. Er zieht den Korken aus der Flasche und riecht daran, schreckt vor dem scharfen Geruch unwillkürlich zurück. Gleichzeitig kommt die Erinnerung an den Genuss, und er beschließt, dass ein Gläschen Wein an diesem Abend ihm nicht schaden wird. Daphne breitet die karierte Decke aus, so gut es geht, und tischt auf: gebratenes Huhn, italienische Wurst, frisches Ruchbrot, das sie mit einem Klappmesser in dicke Scheiben schneidet. Dazu rohes Gemüse und Obst. Er nimmt von allem.

»Ich glaube, ich habe ein Buch von Ihnen gelesen«, sagt sie endlich. Den Übermut scheint sie gerade verloren zu haben.

Hesse, der von dem zu schnell getrunkenen ersten Glas Wein schon benebelt ist, winkt ab.

»Ich bin nur ein Unterhaltungsschriftsteller.«

»Aber Sie haben so schöne Gedichte geschrieben. Wenn ich darin lese, glaube ich, Sie kennten mich fast besser als ich mich selbst. *Das strenge Leben* – das ist so schön gesagt. Ich habe auch manchmal Angst vor dem Tag.«

Eigentlich sollte er Einspruch erheben, ihr zeigen, dass er nicht auf Schmeicheleien aus ist. Stattdessen schweigt er.

»Am besten gefällt mir eins, das heißt: *Weil ich dich liebe.* Wollen Sie es mir vortragen?«

Das war ein Tropfen Essig in den guten Wein. Sie wird doch wissen, dass sie nichts von ihm zu erwarten hat! Er wird ihr das sehr klar machen müssen. Sie lässt ihm keine Zeit für eine Erwiderung. Sie bestürmt ihn weiter, fast wie ein Kind, doch mit weiblicher Verführungsgabe. Er muss nachgeben.

»Sie fangen an!«

Prompt steht sie auf und hebt die Hände vor die Brust wie eine Schauspielerin. Sie ist sehr geschickt, das Boot schaukelt nur leise.

>»Weil ich dich liebe, bin ich des Nachts
So wild und flüsternd zu dir gekommen –«

Ganz einfach und rührend spricht sie, ohne im Geringsten affektiert zu wirken. Sitzen zu bleiben erscheint ihm nun unangemessen kühl. Also erhebt sich auch er. Das Boot beginnt heftiger zu schwanken, sie müssen beide die Arme ausstrecken, um sich zu stabilisieren.

>»Und daß du mich nimmer vergessen kannst,
Hab ich deine Seele mit mir genommen.«

Bei einem noch mal heftigeren Wackler muss er den Oberkörper zurückbeugen. Daphne dagegen wirft sich nach vorn, so weit, dass sie den Stand verliert, ihn um die Hüften fasst und hinabzieht. Gemeinsam sinken sie auf die Planken. Sie drückt den Kopf in seinen Schoß. Sein Atem stockt, etwas in ihm schwimmt weg. Sein Atem verändert sich, ein eindeutiger Wille setzt sich gegen alle Bedenken durch.

»Sie sind ja eine Wilde«, sagt Hesse noch. Schon küssen sie sich. Dieser fremde Mund erregt ihn, diese Zunge ist so flink, dieses Haar duftet so neu. Das Boot hört nur allmählich zu schlingern auf; er wünscht sich, es würde ewig weitergehen. Sie fasst ihn überall an, streichelt über seine Muskeln von den Schultern bis zu den Lenden, streichelt seinen jungen Bart und spielt mit den Härchen in seinem Nacken. Endlich lösen sie sich voneinander. Sie setzt sich auf die Ruderbank, während er noch, wie ein lose gebundener Ballen Fracht, mit schlecht sortierten Gliedern am Boden liegt. Gegen seinen anfänglichen Protest ergreift sie die Riemen und rudert ihn, so will ihm scheinen, tiefer in die Nacht. Sie ist geübt. Sie ist kräftig. Sie scheint ein Ziel zu haben.

Wieder landen sie im Ried. Die schlafenden Vögel murren, als sie ihnen zu nahe kommen. Die Halme streichen an den Planken entlang. Es tut einen kleinen Schlag, Holz schlägt auf Holz, das Boot ist angestoßen. Hesse richtet sich auf. Da steht ein kleiner Schuppen. Er sieht aber das Ufer nicht. Das verwirrt ihn. Für ein Bootshaus ist das hier auch zu klein, es fehlen die Pfähle ebenso wie ein Steg oder eine Luke auf der Wasserseite. Es ist aus genuteten Brettern gebaut und weist anscheinend keinerlei Öffnung auf. Gestrichen ist es in der Farbe des Schilfs. Als er es schaukeln sieht, zweifelt Hesse an seinem Geisteszustand.

»Wir sind da«, flüstert Daphne.

Es ist das schwimmende Häuschen der Radolfzeller Vogelkundler. Sie verrät ihm nicht, wie sie es entdeckt hat. Aber sie weiß, dass es nicht verschlossen ist, sie kennt den Eingang und schlüpft vor Hesse in das schwarze Innere. Bald leuchtet drinnen ein kleines Öllämpchen. Das Ried sieht fahl aus in dem schmalen Lichtkeil vor der Tür.

»Komm schnell«, sagt sie.

Er folgt ihr in das schwankende Zimmer. Sie macht die Luke zu. Sie sagt, es bestände keine Gefahr.

Trauerspiel

Erst heute hat die Magd die letzten Äpfel auf den Mist geworfen. Es war nichts Brauchbares mehr dabei. Nur einen
hat Mia wieder herausgelesen. Sie sah ihn leuchten, als sie
vorüberging. Jetzt liegt er auf dem kleinen Tischchen, das
sie zur Bank hinters Haus gestellt hat. Ein schwarzes Insekt umrundet die Frucht, überquert, ohne abzustürzen,
ihren Äquator. Es scheint zu wissen, dass keine Gefahr besteht. In Wirklichkeit rast es blind drauflos. Wenn es einmal fällt, rappelt es sich wieder auf und rennt weiter. Die
Schale des Apfels ist noch so glatt wie bei der Ernte. Etwas
speckig allerdings. Auf der Mia abgewandten Seite weist er
eine Faulstelle auf, etwa so groß wie ein Zwei-Franken-
Stück. Vielleicht geht die schlechte Stelle nicht tief und wäre mit einer Drehung des Küchenmessers leicht zu entfernen. Oder der Apfel ist innerlich vollkommen faul. Sie kann
es so nicht überprüfen, mag auch nicht aufstehen, um ein
Messer zu holen. Sie käme sich dann vor wie früher in der
Schule, wenn sie selbst beweisen sollte, dass sie falsch gerechnet hatte.

Bruno schläft seit über einer Stunde. Er war in der letzten Nacht unruhig und ist heute dementsprechend müde.
Sie hat ihm erzählt, sein Vater käme heim, und sich einge-

199

redet, etwas von ihren Worten müsse in dem kleinen, nicht mehr gar so kahlen Köpfchen angekommen sein. Daher die Unruhe. Denn der Papa ist nicht erschienen. Und sie ist ohne weitere Nachricht geblieben. Irgendeinen Schlenker wird Hermi gemacht haben, irgendwo hat es ihm gefallen und er wollte noch bleiben. Oder er hat jemand getroffen und zieht mit ihm zusammen durch die Welt. Er trifft ja allerorten auf Bekannte, ganz erstaunlich findet sie das.

In der Früh ist sie zur Baustelle gegangen. Es soll bald Richtfest sein, und doch ist bisher kaum etwas geschehen. Das Zimmerholz liegt ordentlich geschichtet da. Sie lief zwischen riesigen Ziegelstapeln herum, einem Haufen Sand, in dem vom letzten Werktag noch die Schaufeln steckten, und dem Bottich mit gelöschtem Kalk. Sie hat die Abdeckung gelüftet und hineingeschaut, sie liebt das blendende Weiß ebenso sehr wie die teigige Zähigkeit der Masse. Als sie aufblickte und den Deckel wieder zurechtrücken wollte, sah sie den Engel ins neue Haus gehen. Sie sah ihn von hinten und nur einen Moment lang, wie er über die zukünftige Schwelle schritt. Obwohl die Mauern bei weitem nicht mannshoch sind, verschwand er hinter ihnen. Sie glaubt nicht wie ein Kind an Engel. Diese Gestalt jedoch nahm sie für wahr. Sie schloss die Augen und wünschte sich mit aller Kraft, dies möchte der Geist des neuen Hauses sein und auch der des neuen Kindes, das sie in sich wachsen fühlt. Sie kennt die Anzeichen für eine Schwangerschaft inzwischen. Zum Arzt zu gehen oder die Neuigkeit jemand anzuvertrauen scheint ihr nicht passend, solange sie nicht sicher ist.

Eben springt der Kater aus dem offenen Fenster und streicht ihr um die Beine. Mia möchte ihm etwas geben; sie steht auf, um Milch zu holen. Da sieht sie jemand den schmalen Weg zwischen den Gärten heraufkommen, erkennt sofort den Strohhut und die hagere Gestalt in dem schlabberigen weißen Leinenanzug. Ihr Herz hüpft – es ist Hermi. Er hat gar kein Gepäck dabei. Wie von einem Spaziergang kehrt er heim. Nun scheint er sie gesehen zu haben; er winkt und beschleunigt wohl auch seine Schritte. Sie läuft ihm entgegen, es ist Hermi, er ist wieder da. Braun ist er und noch mal magerer geworden. Dabei sollte er sich doch mästen. Sein Gesicht wirkt entspannt, sein Lächeln ist heiter, es muss ihm gut gehen. Der Vollbart steht ihm nicht. Beinah sieht er damit aus wie ein Junge, der auf erwachsen macht.

Wie sie sich gegenüberstehen, zögern sie einen Moment, unsicher, was zu tun sei, verlegen, als wüssten sie nicht, ob sie tun dürfen, wonach ihnen ist. Endlich öffnet er die Arme und sie wirft sich hinein. Er drückt sie, stützt sein Kinn auf ihre Schulter, wie er es schon oft getan hat, küsst ihr Ohr. Es kitzelt sie und sie weicht zurück, sucht dann seinen Mund, zieht sich an ihm hoch und drückt ihm den festesten Kuss seit langem auf die Lippen, den er wie gewöhnlich nur zögernd erwidert.

Ich habe so sehr auf dich gewartet, will sie sagen, sagt es aber nicht, weil sie ihn damit verärgern könnte. So leicht hört er in allem einen Vorwurf. Plötzlich verlieren ihre Füße den Kontakt zum Boden; er hat sie hochgehoben und wirbelt sie herum. Lautlos suchen ihre Füße wieder Halt, kippelt der Absatz auf einem Grasbüschel. Sie schaut zu ihm auf und findet seine Augen kaum, so stark spiegelt die Brille.

»Liebster«, sagt sie.

Sie drücken sich noch einmal, nicht mehr ganz so fest.

»Mia mein.«

Es liegt etwas in seiner Stimme, das sie stört, wie ein Widerstand gegen den Hauch des Atems – ein winziger Moment der Zurückhaltung, als könnte er, was er sagt, nicht aus vollem Herzen sagen. Merkwürdig findet sie auch, wie er das »mein« hintangestellt hat, als wäre es ihm gerade so noch eingefallen. Da räuspert er sich, und sie schlägt ihre Irritation in den Wind. Sie möchte mit ihm im Haus verschwinden, sich den Blicken des Dorfs entziehen. Gleichzeitig bedrückt die Düsternis der Räume sie schon im Voraus. Sie denkt an den Engel, den sie am Morgen über die Schwelle treten sah. Der ging hinein und blieb doch draußen. Wenn es einmal so sein könnte – ein Heim aus halbhohen Mauern, mit dem offenen Himmel als Dach.

»Schläft der Buzi?«

»Schon bald zwei Stunden. Er hat wieder einen Stockzahn bekommen. Es geht bei ihm ganz außer der Reihe. Und schwätzeln tut er. Du musst ihn hören.«

Hermann wirkt auf einmal abgelenkt, er starrt auf die Kapelle, als läse er ein Menetekel dort.

»Komm, wir wollen ins Haus. Nein, lass uns lieber in den Garten gehen. Die Kartoffeln sind wunderbar aus der Erde gekommen. Bald wirst du häufeln können.«

Der Garten ist ihm sicher lieber als das Haus. Sie zieht ihn an der Hand hinter sich her. Er gibt nicht sogleich nach. Das fühlt sich an wie die Trägheit einer Last, die nach einer großen Kraftanstrengung endlich in Bewegung kommt. Wie kann er so schwer sein und gleichzeitig wirken, als wäre er gar nicht hier?

Mia wird auf einmal müde.

Der Ort ist geschrumpft. Die Häuser stehen enger, die Fenster- und Türlöcher haben sich zusammengezogen. Die Balken zeigen tiefere Risse. Die Furchen im Garten sind kurz geworden, das Kartoffelkraut mickrig und löchrig. Der Zaun um den Garten ist niedriger jetzt. Das Gackern der Hühner ist tonloser, das Mahlen der Räder auf den Wegen vergeblicher. Die Birnen blühn.

Daheim ist die Magd ein dummer Backfisch, die Frau ermüdet. Der Kater kennt ihn nicht mehr, der Sohn fremdelt. Der Anzug schlottert, der Bart juckt, die Gedanken wollen in die Schweiz zurück. Er hat sich bald ins Studierzimmer verzogen. Die Geräusche aus dem unteren Geschoss klingen fremdartig. Die Schreibtischplatte ist verkieselt, die Laden geben nur quarrend nach. Das Stuhlpolster ist dem Arsch zu weich. Der Siegellack fühlt sich härter an. Der Hügelkamm draußen hat sich in einen Fries von Schattenrissen verwandelt, in den das klein gewordene Leben auf Jahrtausende gebannt ist. Die schwarzen Schwäne halten das Haupt ins Wasser getunkt, auf ihren Hälsen rutscht fort und fort das Land in den See. Finckhs Bernhardiner stehen auf den Hinterläufen an einer Fensterbank, die Ruten in aufgeregtem Wedeln erstarrt. Am Boden hinter ihnen die nachgeschleiften Ketten. Dunkelknaben mit langen Haaren lassen Reifen auf der Stelle kreisen. Dem Zimmermann ist der den Hammer schwingende Arm eingeschlafen. Der einseitig gelockerte Sparren hockt sprungbereit auf der Außenkante der Pfette. Der Schneider ist über der in seinem Schoß ruhenden Arbeit zusammengesunken. Keine Uhr, die tickte, keine, die schlüge, keine, die ginge, bis auf die seine. Aber das ist nicht seine. Es ist die Uhr eines gewissen Herrn H. Der ähnelt ihm sehr, auch wenn sie im Grunde nichts miteinander zu schaffen haben. Hesse schaut dem eigenen Leben zu wie einem Trauerspiel. Er fühlt sich nicht daran beteiligt.

Herr H bewegt sich durch seine eigene Wunderkammer voller beinahe lebensechter Objekte. Es sind Wachsbilder, Versteinerungen, von ihren Pfählen gewürfelte Bauten aus der Vorzeit. Bruno bekommt keine, sondern verliert Zähne. Herr H hat ihm einen Steiff-Teddy mitgebracht, der, wenn man ihn umstößt, gleichmütig brummt. Für seine Frau ist ihm nichts Rechtes eingefallen, vielmehr, es ist ihm schon was eingefallen, nur stimmte ihr etwas zu schenken nicht zu seinem Gefühl. Und mit dem Zug der Enttäuschung um den Mund, die sie nicht verbergen konnte, verharrte, erstarrte auch sie.

Es hat sich eine Zeitluftblase gebildet, unendlich leicht und leicht zerstörbar durch die kleinste Berührung mit der Raumzeit. Hesse kann darin herumspazieren, aber es gilt vorsichtig zu sein. Er sieht Herrn H am Schreibtisch sitzen und mechanisch-manisch den Siegellack in den Händen drehen. Er hat die Stange vom Seitenstapel der *Gertrud* genommen, dem Manuskript, das er vor seiner Reise aufgab. Er möchte die Sätze vom Blatt zurück in die Feder schreiben, zurück in den Kopf, und aus dem Kopf auf einen dunklen Stern feuern, dessen Schwerkraft jedes Wort gefangen hielte.

Die Frau hat nicht in dem Manuskript gelesen, sonst hätte die Lackstange kaum noch exakt auf den Zeilen drei bis fünf gelegen. Das verletzt ihn mehr, als ihre Indiskretion es getan hätte, denn er glaubt daraus schließen zu müssen, dass seine Arbeit sie nicht interessiert. Herr H ist noch verletzlich. Lieber hätte er sich darüber empören wollen, wie die Frau in seinen Sachen wühlt, die Öllampe gespannt in der Linken haltend, auf der Kante des Stuhls sitzend, fieberhaft die Seiten umblätternd. So ist sie nicht.

Wie mesmerisiert heben sich die Blätter des Manuskripts in diesem Moment übermenschlicher Konzentration vom

Boden der geöffneten Lade. Ein zarter Lufthauch lüpft die
Seiten. Sie zittern wie ein Flugapparat vor dem Start. Bevor
sie sich in die Luft aufmachen, nimmt Herr H den Siegellack
und legt ihn zurück auf die Seiten. Dabei sieht Hesse, wie
der Mann am Schreibtisch mit einem von einem Blatt gefal-
lenen oder auch ausgeschnittenen Buchstaben spielt. Die
lateinische Letter erinnert an ein M. Wenn er das von den
Beinen holt, es seitlich kippt, wird ein E daraus. E wie Elisabeth. Manchmal glaubt er, dass die kleine Frau es weiß:
Sie war nicht seine Nummer eins in Basel. Ob sie glaubt,
dass er sie genommen hat, weil er die andere nicht kriegen
konnte? Er schreibt so oft darüber und sie liest es auch. Ob
sie das aber auf sich selbst oder ihr beider Leben bezieht?
Womöglich kann sie es ignorieren. Sie kennt durchaus ihre
Qualitäten. Nur ist sie sich ihrer nicht zu hundert Prozent
gewiss. Sie hat so lang auf die Liebe gewartet und, wer weiß,
vielleicht zu fest gedrückt, als das Vöglein sich endlich er-
greifen ließ. Sie hat die andere Stimme nicht hören wollen,
die gegen den Jubel in ihrer Brust anmahnte. Sie hat die eigenen Bedenken in den Wind geschlagen, die nicht die Mit-
tellosigkeit des Antiquariatsgehilfen zum Gegenstand hatten, sondern seine Jugend. Neun Jahre Altersunterschied.
Für ihn ist das ein Drittel seines Lebens. Die unterdrückte
Stimme ist zum Schmerz geworden mit Namen Ischias – der
Titel der Erzählung, die ihr Körper schreibt. Da biept und
bohrt es in ihrem Kreuz. Auch heute ist sie deshalb früh zu
Bett gegangen. Sie muss sich schonen, um nicht wieder steif
zu werden. Die Ischias, das hat der Dr. Friedeberg nicht mit-
bedacht, lässt sich zudem viel besser handhaben als eine
Verdunkelung von Seele oder Geist. Mit Ischias kann eine
gleich nach der Hochzeit zurück zur Herkunftsfamilie reisen. Die Ischias lässt sich viel leichter in Briefe wickeln und

in Gespräche weben. Die Ischias birgt wenig Risiken bei Nachfragern und wenig Nebenwirkungen bei Nachdenkern. Die Ischias gilt nicht als eingebildete Krankheit.

Hesse lässt sich weiter durch seine Zeitluftblase treiben. Es ist auf eine Art auch toll, dass er sich darin bewegen und gleichzeitig miterstarrt sein kann. Herr H ist nun wie alle andren zur Wachsfigur geworden. Die ist nicht ganz perfekt, der Bart wirkt etwas wollig und das Kopfhaar strohig. Wie sie den Stift hält, ist dagegen sehr gut nachempfunden, die Tönung der Haut durch ins Wachs eingemischtes Zinnober und werweißwasnoch recht gut getroffen. So könnte die Figur in Castan's Panopticum zwischen Fontane und dem Mörder Sand ausgestellt werden. Wie er Herrn H so sitzen und träumen sieht, kommt auch Hesse ins Träumen. Er verspürt kein Bedürfnis, seine stehen gebliebene Welt wieder aufzuziehen. Deshalb begegnet ihm auch nicht die Frage, ob er überhaupt den Schlüssel dazu besitzt. Ab und zu weht ein Hauch von der wärmeren Welt hinter den sieben Bergen herein, die er wieder verliert. Leichter Föhn, der den Wachsmann nicht zum Schmelzen bringen kann, ihn höchstens biegsam macht. Er fängt an, seiner Sehnsucht zu misstrauen. Der Traum vom Süden kommt ihm verlogen vor, mehr Flucht als Zuflucht. Nun baut er am nördlichen Ufer des Untersees ein Haus, das ist etwas Richtiges. Realität. Elisabeth ist seine nächste Flucht. Vollkommen bleibt sie nur, solang er sie erträumt. Heftig stößt er das E an, es kippt zurück auf die Füße: M. Mia hat Macken. Mia ist echt. Das Echte, Wahre, Schlechte, dieser kleinere Teil des Lebens. Der größere bleibt Möglichkeit. Er kann nicht Vagabund und gleichzeitig solide sein, nicht schweben und am Boden gehen, nicht Gatte sein und Liebhaber. Nicht betrachten und gleichzeitig tun. Es geht nicht, geht nicht, geht nicht.

Er wird bald dreißig und er steckt voll überschüssiger Kraft. Er kann rudern und dabei singen. Er kann dichten, einen Haufen Briefe schreiben und noch im Garten arbeiten. Er kann ein Heim haben und ein Reisender sein. Aber er kann nicht mit einer Frau Kinder zeugen und eine andere ficken. Er kann nicht der brave Sohn pietistischer Eltern bleiben und in der Dichtung weit gehen. Da ist der Bruch, die San-Andreas-Verwerfung in seinem Leben. Es ist unabsehbar, woher sie rührt und wohin sie führt. In seiner Virilität traut er sich zu, den Graben zuzudecken, mit kühnen Sprüngen hinüber und herüber zu wechseln. Doch er kennt auch das Erdbeben von San Francisco, das im Jahr zuvor die halbe Stadt vernichtet hat. Und so entscheidet er sich, der kleinen Frau vom Daphne-Abenteuer nichts zu sagen. Sie würde ihm schwerlich verzeihen. Er fällt auf den Wunsch herein, die Dinge mit ihr in diesem trügerischen Gleichgewicht zu lassen, das Schweigen bedeutet. Ein Fehler, Hermann. Gerade machst du alles falsch: Geschehenes zu leugnen, aber genauso Wünsche zu verdammen. Erinnere dich an dein Gespräch mit Mr Noon. Falsch ist es auch, die Figürchen und Sächelchen in deiner Zeitluftblase, dich selbst eingeschlossen, aus übertriebener Vorsicht nicht bewegen zu wollen. Du wähntest dich recht sicher. Aller Vorsicht zum Trotz ist das Geschiebe gegeneinandergerichteter Kräfte doch aufgetreten und das unausweichlich folgende Beben, ein Zittern vorerst, bringt die Blase zum Platzen, du, Hermann, der sich nennt Herr H, fährst zurück in den Leib Hesses, das schmerzt, ein Geruch von frischem Kuhdung weht durchs Fenster herein, das nervt, nebenan stöhnen die Bettfedern. Sie schläft also noch nicht?

Womöglich wartet sie auf ihn. Unter dem Knarren dieser Federn läuft die Zeit wieder an. Schwergängige, teils korrodierte Mechanik, die nun als Schmierstoff die Gewohnheit aufnimmt und sie allmählich im Uhrwerk des Alltags verteilt. Es ist ein großes Werk – wie von einer Turmuhr aus Perrots Fabrik, in der Hesse mal gelernt hat – mit ausreichend Kraft, um einem die Hand zu zerquetschen. Nur ist der Ablauf komplexer. Die Mechanik ähnelt derjenigen des kürzlich geborgenen, geheimnisvollen Astrolabiums von Antikythera. Hesse wird sich auf der vorgegebenen Bahn zu Bett und Frau bewegen, das vorläufige Verweilen am Schreibtisch ist da eingebaut. Mit seinem Schreibtisch kämpft er, der Druck der Platte gegen seine Unterarme ist ihm noch nicht wieder gewohnt, und so knetet er innerlich an der Übereinstimmung seiner Empfindung mit der Erinnerung. Er ist schon so weit einverstanden, dass er wieder an diesem Platz arbeiten will. Nur geht es noch nicht. Hesse fragt sich, warum er beim Schreiner ein Möbel mit so vielen Schubladen in Auftrag gegeben hat. Muss er sie mit kommenden Romanen und Gedichten füllen, so ist es ein Instrument seiner Knechtschaft. Oder sollen sie schlucken, was er auf dem Schreibtisch nicht sehen will, die potenziell hundert misslungenen Fassungen der *Gertrud* und andere Fragment gebliebene Geschichten? Hätte er sie nur alle verschließbar anfertigen lassen. Für gewöhnlich schreibt er seine Prosa mit traumwandlerischer Sicherheit und ohne darin viel zu redigieren. Aber das könnte vorbei sein. Er könnte an der Grenze seiner Fähigkeiten angekommen sein. Das würde bedeuten, sich in Zukunft nur noch zu wiederholen oder zu schweigen. Es kommt ihm vor, als schnappten die Schubladen gelassen mit ihren Fischmäulern. Längst scheinen sie sicher, dass sie ihn kriegen werden, den Idyllenschreiber, den Unterhaltungsschriftsteller.

Die Luft im Zimmer wird kühler, das Wachs, der Siegellack, alles Organische wird härter. Er löscht die Kerze und tritt ans Fenster. Der Himmel hat sich mit Wolken bezogen. Der See kann sich durch kein Glanzlicht bemerkbar machen. Gaienhofen ist dunkel. Mechanisch massiert er seine Nasenwurzel. Er tastet nach der Furche, die der Brillensteg hinterlassen hat. Die Augen tun ihm weh, habituell, nicht durch Ofenluft noch durch anstrengendes Lesen zu erklären. Eine Geschichte, hinter der sicher auch etwas anderes steckt. Die Beine sind ihm steif geworden.

Er ist nicht lebendig. Das ist das Trauerspiel.

Szenenwechsel. Schlafzimmer der Ehegatten. Hesse öffnet die Tür und tappt herein. Sorgfältig entkleidet er sich, legt Hose, Hemd, Socken und Unterzeug ordentlich auf einem Stuhl ab. Auf dem Nachttisch wartet sein hübsches Arsenal an Arzneien. Mia schläft halb, als er sich zu ihr legt. Sie wirkt steif. Das kommt von der Sperre im Kreuzbein. Die Ischias. So sagt man neunzehnhundertsieben: die Ischias. Der Tessin. Hesse legt sich löffelweise. Er spürt ihren Arsch. Automatisch wird sein Penis steif. Er streichelt ihre Seite, ruckt an der oberen Hüfte. Sie dreht sich zu ihm um. Er klappt die Bocksfüße weg. Ihre Hände finden sich. Die Finger beginnen ein nervöses Spiel. Die Zahnräder schnurren lautlos, eins bewegt das andere. Die Gatten reden nicht, auch das ist eingeübt, Teil des Programms. Er nimmt seine Hand fort. Er berührt ihren Nacken. Dort verweilt die Hand kurz, wandert dann weiter über die Schulter zu ihrer Brust. Die Hand drückt den Busen. Das entfesselt seine Lust. Hesse, Hermi, Herr H, zieht die immer noch unbeweglich wirkende Frau an sich, drückt sich gegen sie. Er schiebt die Linke unter ihr durch und packt ihre Backen, er zielt mit seinem Steifen ins Schwarze. Sie ist für ihn offen. Es fehlt noch eine Vierteldrehung. Die nehmen sie gemeinsam vor, schön vorsichtig, damit der Schmerz nicht ihre Rechnung durchkreuzt. Die Frau liegt schließlich auf dem Rücken, er obenauf. Sie empfindet wenig Lust. Er ist wie von Sinnen.

Nur einmal, während sie sich physisch treu sind, nimmt er sie wahr, als sie die Hände gegen seine Hüften stemmt. Das ist eine Variante. Vielleicht will sie verhindern, dass er zu tief eindringt. Vielleicht will sie ihn in eine Stellung und in einen Rhythmus bringen, der ihr mehr Vergnügen macht. Vielleicht will sie ihn wieder draußen haben. Kurz ist er bestürzt. Er denkt, dass sie es weiß. Sein Schnäbi hat ihr geflötet, was letzte Nacht geschehen ist. Nun wird sie ihn abwerfen und ihm schlimme Vorwürfe machen. Ein weiteres Räderwerk setzt sich in Gang. Darin sind Falsch und Richtig mit Gut und Böse so unpassend verzahnt, dass es dauernd hakt. Nein, es geschieht nichts, sie ahnt nichts. So ist es schlimmer, so folgt dem Falschen eine Eigenstrafe. Schon jetzt weiß er, dass sich so etwas wie die Nacht mit Daphne nicht wiederholen wird. All das reist wieder in den Hintergrund. Nachdem er gekommen ist, lässt Hesse sich schnell zur Seite sinken. Er kann sich nicht mehr um die Lust der Frau kümmern. Ohnehin erscheint es ihm, als wäre sie satt und lächelnd. Er dagegen schämt sich seines Rausches.

Ihren Bahnen folgend, entfernen sie sich voneinander. Seine führt in eine weitere schlaflose Nacht. Ihre führt zu diesem Satz: »Ich liebe dich.« Sein Grauen wächst. Er müsste ihn erwidern. Es wär verlogen. Er fragt sich, ob sie weiß, was sie da sagt. Er ruckt. Er wankt. Er schweigt. Der Bruch tut weh. Hesse sieht alles vor sich: die Kreisbahn mit der Frau, dem Haus, dem Kind, der Flucht, der Rückkehr, der Frau, dem Haus, dem nächsten Kind. Es ist ein endlos tiefer Graben. San Andreas Fault.

Tiefer in der Nacht fängt Bruno zu jammern an. Hesse holt ihn ins elterliche Zimmer. Er legt ihn zu der regelmäßig atmenden Frau. Er freut sich, dass der Kleine still wird. Er liebt ja seinen Sohn und wird auch die kommenden lieben. Das ändert scheinbar die Konstellation. Er holt tief Luft und sagt zu sich: Ich will. Ich will die Frau, ich will das Kind, ich will das Haus.

Alles soll gut sein.

Leise verlässt er das Zimmer., lautlos schließt er die Tür. Im Studierzimmer verlässt er sich auf das Mondlicht. Er schreibt:

> Ich habe meine Kerze ausgelassen.

Er streicht das Verb, ersetzt es.

> Ich habe meine Kerze ausgelöscht;
> Zum offenen Fenster strömt die Nacht herein,
> Umarmt mich sanft, und lässt mich ihren Freund
> Und ihren Bruder sein.

Nach und nach kommen weitere Zeilen. Als der Morgen dämmert, ist ein neues Gedicht geboren. Es gibt daran noch was zu schleifen und polieren, aber es ist da. Das befriedigt ihn tief. Der Kater kommt und schleicht ihm um die Beine. In der Küche findet er Milch und stellt ihm eine Schale hin. Er schaut zu, wie Gattamelata schleckt. Sich selbst schenkt er bloß Wasser ein, das vom Vortag in einem Krug dasteht.

Im Hausflur stehen noch seine Reiseschuhe. Da wird's
ihm eng in seinen Wänden. Ein frischer Tag ist da, ihn gilt
es zu umarmen. Er zieht die Schuhe an, den weißen Schlab-
beranzug trägt er schon. Dem Kater schlägt er um ein Haar
die Tür vor die Nase. Er läuft durchs Dorf und übers Feld,
an Finckhs Baustelle vorbei, wo neben neuen noch die ver-
kohlten Balken liegen. Die Lerchen zwitschern nur für ihn
ihr Lied. In der Niederung beim Bach frühstückt ein Storch.
Von der Landstraße her hört er einen Karren rasseln. Das
alles kennt er, Geräusche und Gerüche, den Blick über den
See und hinüber zum Schiener Berg. Noch rührt sich keine
Menschenseele. Doch bald wird er Leuten begegnen, und
sie werden ihn kennen und fragen, seit wann er zurück ist.
Sie werden Witze machen über seine Magerkeit und ihn wegen seines Bartes frotzeln. Sie werden sagen, dass er noch
zum Kohlrabiapostel wird, wenn er so weitermacht, und sie
werden das nur sagen, weil sie spüren, dass genau das nicht
geschehen wird. Über die einen wird er sich freuen, über die
anderen wird er sich ärgern. So ist es eben, und es ist gut. So
will er, dass es gut sei.

Doch als er auf der Baustelle steht und die dicken Mauern
sieht, den Haufen starker Balken für Stockwerk und Dach,
bekommt er Angst. Er eilt durch die noch sturzlose Tür,
hämmert mit bloßen Händen an die Ziegel, wirft sich mit
der Schulter dagegen, dass sie schmerzt. Das Mauerwerk gibt
keinen Millimeter nach. Ihrs ist das alles, denkt er: ihr Ent-
wurf, ihr Leben. Ich will etwas ganz anderes. Er sieht sich
Feuer an die Balken legen. Er sieht die Flammen aus dem
nicht mal aufgeschlagenen Dachstuhl schießen. Im Fliehen
springt er über eine Fensterbrüstung, jagt um das Haus
herum und in den Keller. Dort fängt er sich in der Dunkelkammer. Er lässt sich an der Wand zu Boden gleiten, setzt

sich der Kühle aus, atmet die feuchte Erdluft. Das löscht die Flammen in seinem Kopf. Es ist zu klamm, dieses Haus wird niemals brennen.

Er kann es wollen, wie er will: Es ist nichts gut. Er hockt in einem Totenhaus und niemand kommt ihn holen.

LIEBE IM KRIEG
(1918)

Die Zeit der Ernte

Gleichgültig, wie nur ein Tier es kann, schaut der Bär durch Hesse hindurch. Er steht aufrecht, sogar überstreckt und hält die Vordertatzen vor die Brust. In dem Moment drückt der Fotograf auf der anderen Seite des Grabens den Auslöser. Vier Bären hält er fest, einen auf allen Tatzen laufend, den schon genannten stehend, scheinbar dem Menschen ähnlich, man würde sich kaum wundern, wenn er spräche. Ein dürrer Baum teilt die Fotografie in der Senkrechten. Links davon sind zwei kleinere Bären zu sehen, die beide eher jämmerlich wirken. Der eine kehrt dem Betrachter das Hinterteil zu und scheint halb in der Mauer zu verschwinden, die den Berner Bärengraben im Halbrund begrenzt. Der andere steht wie der rechts auf zwei Beinen, doch er wirkt, als müsste er noch üben oder wollte bloß um Futter betteln. Hesse drüben hat sich auf die steinerne Brüstung gestützt. Er schaut dem aufgerichteten Tier in die Augen und fragt sich, warum es derart lange in einer Haltung verharrt, die ihm beschwerlich sein muss. Er hat nicht zum Schein den Bären etwas zugeworfen wie mancher dumme Tourist. Vielleicht will der Bär ihn mit seiner Vorführung gerade dazu animieren.

Außer ihm und seinem Sohn Bruno sind nur wenige Menschen da. Die Souvenirbude in seinem Rücken blieb fast das gesamte Frühjahr geschlossen und macht auch an diesem Morgen kein gutes Geschäft. Bruno hat sich nicht weit von seinem Vater auf die untere Querstrebe des Eisenzauns gestellt, der an dieser Stelle die Steinbrüstung unterbricht. Sein Schwerpunkt befindet sich so weit oben, dass er leicht in den Graben stürzen könnte. Hesse wird ein bisschen schlecht, als er das sieht; er wird die Vaterangst nicht los. Dabei ist Bruno zwölf, er kann selbst auf sich aufpassen. Wenigstens verkneift Hesse sich eine besorgte Bemerkung. Bruno fährt mit der Hand in die Hosentasche. Ausgerechnet er tut jetzt so, als zöge er Futter hervor und würfe es den Bären hin. Hesse hält noch einmal an sich. Die Bären warten ab.

»In Freiheit durchstreifen Braunbären Gebiete von bis zu einhundert Quadratkilometern«, belehrt er seinen Sohn. »Kannst du dir vorstellen, wie diese hier sich fühlen müssen auf ihren paar Quadratmetern nacktem Steinboden?«

Er weiß nicht genau, wie viele Tiere derzeit in der Anlage leben, es waren schon mal vierundzwanzig. Zwei Dutzend elende Wahrzeichen der Schweizer Bundesstadt. An einem heißen Tag wie diesem sticht einem ihr Geruch besonders scharf in die Nase. Die Pelze sind zerzaust, ein Zeichen mangelnder Gesundheit.

»Ich glaub, es geht ihnen gut«, sagt Bruno in einem natürlichen Schweizer Ton, wie ihn Hesse auch nach vielen Jahren und trotz Mundartkurs nicht hinkriegt.

»Wieso glaubst du das?«

»Sie bekommen immer ihr Futter und müssen nicht jagen. Sie sind vor Feinden geschützt.«

Er fragt seinen Sohn nicht, welche Feinde außer dem Menschen ein Braunbär seiner Meinung nach habe.

In dem gegenüberliegenden, weit aufgesperrten Ausgang des Bärenstalls steht ein weiteres Tier und streckt die Nase vor. Deutlich erkennt Hesse dessen angespannte Muskeln, den Willen oder den Trieb ins Freie zu schreiten. Ein unsichtbarer, ja, ein unwirklicher Widerstand hält ihn auf. Hesse glaubt den Grund zu kennen. Zumindest empfindet er etwas Gestörtes an dem Bären, eine Spur von Stumpfsinn, wie er sich an Tieren in zoologischen Gärten beobachten lässt. Zwanghaftes Auf- und Abgehen, hundertmaliges Zucken mit dem Kopf und der Schulterpartie, sinnloses Einknicken der Vorderbeine haben schon häufig sein Mitleid mit den eingesperrten Kreaturen erregt.

»Schau – der Bär, der dort im Durchgang steht«, sagt er zu dem immer noch auf dem Zaun hampelnden Bruno. »Der ist gewiss nicht glücklich. Er bewegt sich nicht frei, er will vorwärts und kann doch nicht.«

»Er wird halt keine Lust haben.«

Damit ist das Thema für seinen Sohn erledigt.

Hesse fühlt sich verletzt, geradezu angegriffen von dieser fehlenden Feinfühligkeit. Bruno ist gegen ihn. Er spürt, wie das, was er die »dunkle Welle« nennt, über ihn schwappt. Sein Herz wird unruhig, der Atem kürzer. Er kann sich mit keiner Vernunft dagegen wehren. Und er findet es ungerecht, schließlich liebt er seinen Sohn und hat ein Anrecht auf Gegenliebe. Die jungen Bären zu seinen Füßen fangen an, sich zu balgen. Derjenige, der eben so menschenähnlich aufrecht stand, scheißt nun ungeniert auf die Steinplatten und verhöhnt so seine Vermenschlicher. Barsch packt Hesse seinen Sohn am Hemdkragen und zieht ihn fort.

»Dieser Gestank ist nicht auszuhalten.«

Bruno leistet praktisch keinen Widerstand, das findet der Vater läppisch. Die rot-weiß gestreifte Markise am Kiosk und die gelben Strohhüte der Männer und blauen Kleider der Frauen bekommen einen grellen Stich wie auf den mies kolorierten Postkarten, auf die sein wütender Blick nun trifft. Was für eine Zumutung, ihm einen derartig billigen Abklatsch seiner eigenen Umgebung vor die Augen zu setzen! Schwach spürt er wieder sein altes Verlangen, sich einen Revolver zu kaufen und um sich zu schießen, zuerst auf die albernen Karten und die blendenden Scheiben der Souvenirbude, dann auf die Bären, denen er damit wohl einen Gefallen täte, am Ende sogar auf die Menschen, die um den Graben stehen. Nun tritt auch noch der Bär, der eben neurotisch gefesselt im Ausgang seiner Höhle stand, mir nichts, dir nichts ins Freie und setzt dem Hohn damit die Krone auf.

Ohne darauf zu achten, ob Bruno ihm folgt, macht Hesse sich mit langen Schritten davon. Er kann jetzt nicht in die Straßenbahn steigen, es könnte ein Unglück geben. Lieber läuft er in der Sommerhitze zu Fuß nach Hause. Wobei es ein weiterer Hohn ist, da von einem Zuhause zu sprechen.

Als er sich doch nach Bruno umschaut, rempelt er einen der Männer mit den Kreissägenhüten an, muss sich zähneknirschend entschuldigen und noch den feixenden Blick dieses kleinen dunkeläugigen Kerls erdulden. Feixt nicht auch Bruno, feixen nicht die Bären, feixt nicht seine Frau zu Hause, die solche Stimmungen ihres Gatten schon mehrfach kilometerweit zu riechen schien? Lacht Gott ihn aus?

Immer länger werden seine Schritte, bis Bruno, der natürlich nicht zurückgeblieben ist, sich zaghaft über das hohe Tempo beklagt. Mürrisch dreht Hesse sich um, lässt den Jungen aber höchstens auf fünf Schritte herankommen, bevor er weitereilt. Es geht bergauf, das ist ihm gerade recht. Nach zehn Minuten sind sie auf der Höhe. Von hier an senkt sich das Gelände allmählich. Zwischen Feldern und vereinzelten Höfen führt der Weg zum Melchenbühl, zum alten Ougspurger-Haus, das die Hesses seit bald sechs Jahren gemietet haben. Vor ihnen lebte und starb in diesem Haus der mit ihnen befreundete Maler Albert Welti.

Um niemand begegnen zu müssen, rennt der immer noch aufgebrachte Hesse in den Garten. Ausgerechnet dort trifft er auf seine Frau. Sie pflückt Himbeeren und wirft nur einen flüchtigen Seitenblick auf ihren energiegeladenen Mann. Das könnte ihm recht sein, aber es regt ihn innerlich auf. Wieder mal beachtet sie ihn nicht. Dabei ist in ihrer Ehe eine Besserung eingetreten. Sie reden viel miteinander, erzählen sich ihre Träume, setzen sich mit der katastrophalen letzten Zeit in Gaienhofen auseinander, als sie sich ganz auseinandergelebt hatten. Am vorigen Abend hat Mia ihm gestanden, dass sie ihn damals nicht mehr liebgehabt und zeitweise sogar gehasst habe. Das hat ihm einen Stich versetzt. Sie kann ihn also hassen, warum hat sie dann niemals von Trennung gesprochen? Er ist zu dem Schluss gekommen, dass sie ihn mehr lieben muss als er sie. Trotz allem ist sie gänzlich auf ihn orientiert, das hat sie selbst gesagt. Hesse dagegen kann nach bald vierzehn Jahren Ehe sein Gefühl für Mia nicht eindeutig bestimmen. Er glaubt, die eigentliche Liebe noch gar nicht erfahren zu haben.

Immer wieder erstaunt ihn, was in seiner Frau so vorgeht. Für manches hatte er gar kein Empfinden. So setzte er den Namen Martin für ihren Jüngsten brüsk durch, nachdem er bei den älteren Jungen jeweils nachgegeben hatte. Er vergaß diese Angelegenheit bald. Mia dagegen zeigte sich jüngst sehr verletzt davon. Nichts im Leben scheint ihr mehr zu bedeuten als ihre Söhne.

Sie fragt nun auch nach Bruno, als könnte er ihn unterwegs verloren haben. Hesse behauptet, der Große sei bockig gewesen und nun wahrscheinlich in sein Zimmer gegangen, um für die Ferien zu packen. Er will schon weitergehen, als Mia, den Blick weiterhin forschend auf die Hecke gerichtet und Beeren lesend, erwähnt, sie habe einen Taglöhner eingestellt, der bei der Gartenarbeit helfen und das Holz für den Winter spalten soll. Das regt Hesse auf.

»Kann ich nicht mal zu Hause meine Ruhe haben«, schimpft er. »Den ganzen Tag lang bin ich schon umstellt von Menschen, die ich nicht kenne. Das strengt mich an! Lauter Fleisch gewordene Zumutungen für meine Nerven. Kein Mensch kann unter solchen Umständen aufschreiben.«

Mia bleibt ruhig.

»Der Arbeiter verschafft uns doch Muße.«

»Für mich ist das eine Zumutung. Und dann muss ich ihn noch zahlen!«

»Ich kann ihn auch selber zahlen, du.«

»Immer triffst du solch einsame Entscheidungen. Für dich bin ich nur ein Möbelstück, das du nach Belieben rumschiebst.«

Jetzt regt sich auch Mia auf.

»Wessen Entscheidungen sind denn immer wie aus Schmiedeeisen? Die meinen sind eher aus Plastizin und lassen sich nötigenfalls umändern, ohne sich völlig zu zerschlagen.« Sie hat ihm eine kleine, nachgiebige Tür gebaut. In seiner schmiedeeisernen Wut bemerkt er diesen Ausweg nicht. So zanken sie weiter. Der Weltkrieg geht ins fünfte Jahr.

Sie schießen scharf und treffen doch nicht tödlich. Oder sie sind längst tot, zwei Ehezombies hinter Maschinengewehren. *Tatt-tatt-tatt-tatt-tatt-tatt-tatt. – Tott-tott-tott-tott-tott-tott-tott.* Ohne Deckung zu suchen, zieht Hesse sich von der Front zurück. Soll sie ihm in den Rücken schießen, es käme gerade recht. Wie sie mit ihm umgeht, so behandelt man keinen Hund.

Er wollte an den Schreibtisch, daran ist nicht mehr zu denken. Mit langen Schritten läuft er aufs Feld. Hier, mitten in der Schweiz, ist kein Geschützdonner zu hören, vielmehr erfüllt das Geräusch der sommerlichen Ernte die Luft. Massen von Grashalmen sinken hin, niemand wollte sie zählen. Die Getreide stehen auf dürren Halmen und scheinen die Köpfe willig ihren Henkern zuzuneigen. Schnitter an Schnitter geht mit erbarmungslosem Schritt voran, die blitzenden Sensen fällen Garbe auf Garbe. Die Luft ist erfüllt vom *Schrippschrapp* der Wetzsteine und dem unaufhörlichen *Tingtingting* der Dengelhämmer. Die Mähmaschinen zischeln in ihrem übermenschlich schnellen Takt dazwischen, die Leiterwagen knarren unter hoch aufgetürmten Lasten, Pferde, Ochsen, Kühe stemmen sich still in die Geschirre. Ein erster Dieseltraktor blubbert über das Schlachtfeld der Ackerbauern.

Hesse schlüpft aus den Schnallenschuhen. Die bleichen Gräserstümpfe unter seinen Sohlen stechen ihn; genau das sucht er. Der Kreislauf aus Werden und Vergehen liegt ihm zu Füßen. Da schiebt sich zaghaft frisches Grün durch alte Halme. Der Krieg ist für ihn nicht der blutige Dünger, den es braucht, um eine runderneuerte Welt hervorzubringen. Er selbst fühlt sich im Leben festgenagelt. Er kann nicht daran denken, etwas Neues anzufangen, er kann nicht, um sich zu besinnen, eine Weile fortgehen.

Den Ausbruch der Kämpfe verschlief er fast in seiner Landidylle. In den ersten Wochen freute er sich noch über deutsche Schlachtenerfolge. Er meldete sich freiwillig, jetzt ist er froh, dass sie ihn nicht genommen haben. Er appellierte in Artikeln an Geist und Menschlichkeit, schrieb gegen Hass und Nationalismus an, das wurde ihm verboten. Nur unter Pseudonym äußert er sich noch zum Krieg. Europa kommt Hesse inzwischen vor wie ein Schläfer, der in Angstträumen um sich haut und sich selber verletzt.

Drei schwer beladene Erntewagen ziehen vor seinen Augen langsam des Wegs. Er bleibt stehen, die Stoppeln unter seinen Füßen geben nach. Er schaut zu, wie die Ochsen sich in die Joche stemmen, die Knechte nebenhergehen und sie leiten, die Mägde oben auf dem Heu sitzen und seufzen, weil sie keinen Schatten haben. Von einem der Geschirre blitzt ein Lichtstrahl auf und entzündet aufs Neue den Funken in seiner Brust. Er will zu sich selbst kommen, er muss, er wird. Mitten im Krieg, der den Wert des Einzelnen so krass verhöhnt, hat er eine Psychoanalyse gemacht. Nur Ich und Ich und Ich und seine Träume. Das hat die Flammen seiner kleinen Hölle nicht gelöscht. Gerade schlagen sie wieder hoch. Doch seither ist die Richtung klar, in die er gehen muss. Die kleine Selbsterkenntnis wiegt ihm schwerer als der epochale Überblick. Kein Untergang des Abendlandes, vielmehr: Erkenne dich selbst. Wer es nicht wagt, dem eigenen Inneren zu folgen, vermehrt aus seiner Sicht die Qual und Schuld der Welt.

Am Ende der Wiese steht bereits die Leiter im Klarapfelbaum. Wenn die Wagen erst auf die Straße eingebogen sind, will er hinübergehen und von den Früchten kosten. Vielleicht wird er sich eine Stunde in den Schatten legen, in die Wolken schauen, sich erinnern an die Zeit des größten Schmerzes. Kaum zwei Jahre ist das her.

Verfluchte Flucht

Hin und wieder turnt noch ein unwillkürlicher Schnaufer die Sprossen in seiner zusammengekrampften Brust empor. Mit dem Weinen ist es erst mal vorbei. Hesses Augen brennen, nie tritt genug Flüssigkeit aus, seit an seinen Tränenkanälen herumgedoktert wurde. Das hat den einzigen Vorteil, dass sein Blick sich nicht verschleiert.

Seit dem Frühjahr geht es so, er heult und heult. Neunzehnhundertsechzehn (wir springen einmal zurück) wird das Jahr seines Weltrekords im Weinen. Bei der Beerdigung seines Vaters hat er nicht geheult; kurz danach ging es los. Er übernachtete bei Dr. Hucks in Singen, er hatte einen schönen Abend mit diesen so warmen Menschen. Am frühen Morgen wachte er mit eiskalten Füßen auf, er spürte Druck auf dem Herzen. Als ihm einfiel, dass er am selben Tag nach Lörrach zum Wehramt weitermusste und er auf keinen Fall den Zug verpassen durfte, geriet er in Panik. Mit einer Einberufung wäre vorderhand nicht zu rechnen, hatte Woltereck durchblicken lassen, der über gute Kontakte ins Kriegsministerium verfügt. Dennoch graute Hesse vor den Amtsgängen, der allfälligen Untersuchung, für die er sich wie ein Knabe würde ausziehen müssen, der Untersuchung seines Geschlechtsapparats durch die ärztliche Hand, die maschinenmäßige Routine mit allzu menschlicher Herablassung zu verbinden wusste. Wie war es möglich, dass er sich nachher nicht bloß betatscht, sondern – in dieser spezifisch männlichen Hinsicht – hässlich und unvermögend fühlte? Auf dem Rückweg von der erneuten Musterung fing es an. Im Zug hielt er sich noch einigermaßen und musste bloß den Kloß im Hals weiter anschwellen lassen. Er starrte unablässig aus dem Fenster auf die wintergraue Landschaft. Bloß niemand betrachten müssen. Beim Grenzübertritt musste er sich zwingen, die Augen offen zu halten. Er wollte keine Uniformen mehr sehen, selbst wenn es nur die der Zöllner waren. Zu Hause reichte eine kleine Bemerkung von Mia über seinen Vater aus, um den Damm brechen zu lassen.

Lang hat ihm ein Taschentuch gereicht, als es losging. Er hat nicht weiter insistiert oder gefragt, sondern sich zurückgelehnt, ihn zwar weiter angeschaut, aber mit einem mehr schwebenden Interesse, das ihm Raum zum Weinen ließ. Bald hatte er einen Apfel in der Hand, von dem er krachend große Fetzen biss. Hesse kennt das schon. Lang hat wahre Anfälle von Esslust. In der Lade seines Schreibtisches muss ein unerschöpflicher Proviant verborgen sein. Der Psychiater hat ihm erklärt, warum das für ihn wichtig ist. Dennoch irritiert es.

Während er die Auszeit andererseits genießt und heimlich verlängert, indem er Seufzer auf Seufzer aus seiner Brust entlässt, betrachtet er die kleine Skulptur auf Langs Schreibtisch. Es ist eine Nachbildung, sie haben sich schon darüber unterhalten. Das Steinbild zeigt den mesopotamischen Himmelsstier, den Gilgamesch und Enkidu dem jahrtausendealten Epos nach gemeinsam besiegten. Die Spitzen der steil aufwärts gebogenen Hörner berühren sich beinah. Am anderen Ende der Tischplatte steht die angeblich echte Bronze einer vierarmigen Göttin, die lauter steife Schwänze in den Händen hält und auch auf einem sitzt.

Lang legt den Apfelbutzen auf einen kleinen Porzellanteller, den er für solche Zwecke auf dem Tisch stehen hat. Er ist ein überaus reinlicher Mann mit perfekt manikürten Nägeln. Das überreiche Haar auf seinem riesigen Kopf wirkt immer gebändigt, zu gleichmäßigen Wellen gebürstet, die keine Locke oder Strähne quer stehen lassen, als sollten sie den unter ihnen hausenden umstürzlerischen Geist beschützen und maskieren.

»Jedenfalls«, fährt Hesse endlich fort, »habe ich mir auf der Fahrt von Bern nach Luzern heute Vormittag reichlich Gedanken gemacht über meine eigenen Bücher. Immer denke ich ja, es müsste etwas darin liegen von dem früheren Hesse, das mir nicht mehr ohne weiteres zugänglich ist. Aber es fällt mir nichts ein. Ich weiß recht gut, worum es in diesen Büchern geht, auch, was ich mit ihnen wollte. Trotzdem sehe ich sie nicht deutlich. Es ist, als hätten sie mit mir herzlich wenig zu tun. Dann fällt mir ein, darüber haben wir ja mehrfach gesprochen, wie schwach ich meine Manuskripte in den letzten Jahren fand, besonders die *Gertrud*, eigentlich auch *Roßhalde*. Letzteres ist wenigstens formal gelungen. Besonders peinlich berührt mich ein kleiner Text, ein Nachruf auf meinen Vater. Darin erhöhe ich ihn fast zu einem Heiligen. Vielleicht war er auch so was.«

Er schaut auf eine Regung in Langs Gesicht, aber der pult bloß mit der Zunge zwischen den Zähnen.

»Ich schreibe von seinem Ehering. Ich habe nie einen tragen mögen, wissen Sie. Aber als mein Vater starb, habe ich den seinen genommen und über meinen Finger gestreift. Ich schreibe, dass er mir gut passte, ich jedoch in der Nacht zweimal aufgewacht wäre wegen des ungewohnten Gefühls an meiner Hand.«

»Was bedeutet der Ring für Sie?«

»Plötzlich wurde mir klar, dass ich mit dem Ring die Lebensvorstellungen des Alten endgültig übergestreift habe. Ich glaube, dass ich seine Ehe lebe, nicht meine.«

»Mit welcher Frau sind Sie dann verheiratet, mit Mia? Oder ein bisschen auch mit Ihrer Mutter?«

»Nein. Meine Mutter ist mir das Liebste, was ich hatte. Aber heiraten, nein. Weder sie noch meinen Vater.«

Er fühlt sich einmal ganz klar. Das tut gut!

»Sie bringen Ihren Vater wieder ins Spiel. Sie haben vorhin gesagt, dass Sie ihn nachträglich erhöhen. Sie stellen ihn auf einen Sockel. Das ist die Idee, die mir dazu kommt. Wie ein Denkmal. Eine bestimmte Geste oder Pose wird herausgearbeitet und verewigt. Das Lebendige bleibt auf der Strecke.«

Da ist wieder dieser mokante Zug in Langs Wesen. Müssen denn immerzu alle von ihren Sockeln gestoßen werden? Da müsste man ja auch anfangen, Goethe schlechtzumachen. Ihm Dienstflucht vorwerfen, statt seine Reise nach Italien zu bewundern, oder über seine wilde Ehe mit der Vulpius die Nase rümpfen.

»Mein Vater war ein Mann von festen Grundsätzen. Das bewundere ich an ihm. Er hat sich da entschieden, wo ich zaudere. Er kommt mir so stark vor. Eindeutig, wenn auch stark christlich. Ich dagegen bin eben schwach. Ich habe keine Grundsätze beim Schreiben. Einmal will ich die Himmel stürmen und nie Dagewesenes schaffen. Ein andermal scheint es mir sonnenklar, dass ich Raabe, Jean Paul oder Mörike nie werde erreichen können. Zuzeiten fand ich es ganz angenehm, zwischen allen Stühlen zu sitzen. Aber da bin ich mir vermutlich nur ausgewichen. Zu dem Nachruf etwa hat mich meine Schwester überredet. Und weil ich ja Dichter bin, nicht wahr, habe ich mich gleich hinreißen lassen. – ›Den Glauben streift man nicht ab, und wenn man ihn noch so mit Füßen tritt.‹ Solche Dinger stehen da drin.«

»Wem wollen Sie denn gefallen, wenn Sie so etwas schreiben?«

»Sie haben recht. Ich mache mich lieb Kind bei meinem Vater.«

»Ihr Vater ist doch gestorben?«

»Ich glaube, dass er nach wie vor sieht, was ich tue. Ich habe geschrieben, im Gesicht des Verstorbenen würde die Ruhe atmen.«

»Schönes Sprachbild, das ist stark!«

»Ab und zu gelingt mir vielleicht was. Doch die Schwäche zieht sich durch. Früher war ich immer sicher. Jetzt habe ich gar keine richtige Idee mehr davon, wie ich schreiben soll. Keine Notwendigkeit im Stil. Ich kann mich technisch vervollkommnen, aber das kommt mir so leer vor. Es verbindet sich nicht mit dem Inhalt. Dann lass ich mich wieder zu diesen Sächelchen hinreißen. Letztes Jahr hat mein alter Freund Finckh mich überredet, das Vorwort zu einem Buch zu schreiben – *Zum Sieg*. Darin habe ich behauptet, wir müssten nicht nur die Engländer besiegen, sondern das Englische in uns.«

»Worin besteht das Ihrer Meinung nach?«

»Ich meinte nicht das Tennisspielen, sondern das Anbeten des Geldes und die Selbstgerechtigkeit.«

»Kommen diese Forderungen Ihnen von irgendwoher bekannt vor?«

»Naja, meine Eltern haben niemals viel auf materiellen Wohlstand gegeben. Und der Zweifel, die ständige Überprüfung der eigenen Lebensführung war tatsächlich ein Grundgebot unseres Lebens. Da haben Sie recht. Aber wissen Sie, was der Finckh in seinem Aufsatz geschrieben hat: Deutschland solle die Welt befruchten. Wir sollten dem Feind ins Gesicht schießen, damit er uns unsere Liebe glaubt. Das ist doch chauvinistisch!«

»Haben Sie irgendwelche Fantasien dazu?«

Hesse windet sich ein bisschen. Er weiß, dass er hier alles sagen soll, doch er fürchtet, Lang könnte ihn schweinisch finden, Phallus-Skulptur hin oder her.

»Ich denke dabei an Ejakulation. Im Befruchten ist das deutlich ausgesprochen. Ich denke an ein von Samen besudeltes Gesicht. Sein Feind ist in Wahrheit das Weib. Ich hätte dieses Vorwort nicht schreiben dürfen. Man wollte eh nur meinen bekannten Namen. Ich wollte ihm die Bitte nicht abschlagen.«

Nun hat er den Faden wieder.

»Wissen Sie, dass ich an meinem zehnten Hochzeitstag von der Kriegserklärung Deutschlands an Russland erfuhr? An diesem Tag habe ich meiner Frau ein Gedicht geschenkt, das mir heute vollkommen peinlich ist.«

Er sieht, dass Lang etwas notiert und entscheidet spontan, es nicht ganz vorzutragen.

»Zehn Jahr sind eine lange Zeit«, fing es an. Sagen Sie selbst, das ist doch Poesiealbums-Lyrik. Sogar zu einem Gedicht auf den Kaiser habe ich mich bewegen lassen. Das darf man vollends niemand zeigen.«

»Wenn wir noch mal auf Ihre Ehe zurückkommen – kamen Ihnen die zehn Jahre zu lang vor?«

»So war's ja nicht gemeint, sondern«, er unterbricht sich. »Sie haben recht, unbewusst habe ich es wohl genau so gemeint. Eigentlich war ich enttäuscht, als ich es geschrieben habe.«

»Hat die Enttäuschung mit Ihrem Vater zu tun?«

»Nein. Ich hatte das Gefühl, dass schon nichts mehr zu retten sei. Der Umzug nach Bern sollte ja eine Wende bringen. Alles schien so günstig – plötzlich war das Haus da, die ideale Gelegenheit. Meine Frau wollte sowieso in die Schweiz zurück.«

»Und Sie?«

»Die Schweiz natürlich gefällt mir.«

»Interessante Satzstellung.«

»Man kann es so machen! Das Umstandswort als Einschub, zwischen Kommata gewissermaßen.«

»Ein vorangestelltes Adverbium ...«

Hesses Blick wandert, er will sich an etwas festhalten und bleibt nur wieder an einem der Objekte hängen, mit denen sein Analytiker die Praxis ausgestattet hat. Diesmal ist es ein Präparat oben auf dem Bücherregal. Hesse weiß nicht, worum es sich handelt, ein Tier oder ein Organ vielleicht – in Spiritus eingelegt. Wieder verspürt er den Drang, das Glas genauer zu betrachten. Er scheut sich, Lang danach zu fragen. Wenn er fragte, käme sofort eine Gegenfrage:

– Was stellen Sie sich denn vor?

– Ein Herz?

– Weshalb glauben Sie, dass es ein Herz ist?

Nein, lieber schenkt er sich das. Hat er das mit der Schweiz jetzt nur gesagt, weil der Lang Schweizer ist? Um nett zu sein? Vielleicht empfindet er auf einer tieferen Ebene ganz anders.

»Ich hätte gern weiter im Reich gelebt, da hätte ich mich mehr daheim gefühlt. Aber Gaienhofen hatte sich nach sieben Jahren für mich erschöpft und als mein Freund Welti überraschend starb, mussten wir uns schnell entscheiden. Das war neunzehnhundertzwölf, als noch kaum jemand an

231

Krieg glaubte. Die Lage schien uns unvergleichlich, auch wenn das Haus damals wenig Komfort bot. Es liegt nur zwanzig Gehminuten von der Stadt, aber ländlich. Wir haben eine wundervolle Aussicht auf die Berge. Zugegeben, das hat sich wieder abgenutzt. Ein bisschen mulmig fühlten wir uns, weil der gestorbene Welti für uns weiter da rumgeisterte. Ein Jahr später starb Mias Vater, und jetzt ist auch mein Vater nicht mehr. Sogar mein Jüngster stand bereits auf der Schwelle zum Tod.«

»Wie geht das Gedicht eigentlich weiter?«

»Das spielt doch keine Rolle, es ist unwahr! Ich hab darin meine Ehe schöngeredet. Dabei war mir Jahre davor schon zum Weglaufen. Als ich mit meinem Freund Sturzenegger nach Hinterindien abdampfte, stellte ich mir heimlich vor, nie zurückzukommen. Obwohl ich diese Weltgegend aus den Berichten der Eltern einigermaßen kannte, glaubte ich, dort etwas anderes zu finden, ein geistiges Land, das meine Vorderen übersehen hatten. Am Ende hatte ich nur bettelnde Kinder an den Hosenbeinen und außerdem diese nicht enden wollende Scheißerei. Die Indienfahrt war eine Flucht vor mir selbst!«

Er freut sich, einmal eine eigene Erkenntnis zu haben. Aber Lang kontert mit einer dieser tückischen Fragen, die ihm das bisschen Boden unter den Füßen ruck, zuck wegziehen.

»Sie sind vor sich selbst weggelaufen, sagen Sie. Was halten Sie denn davon, dass Sie bei dieser Flucht ausgerechnet dort gelandet sind, wo Ihre Eltern sich kennenlernten?«

»Ihren ersten Mann hat meine Mutter dort kennengelernt.«

»Aha.«

Hesse wirft Lang einen trotzigen Blick zu. Der scheint

trotz veränderter Sachlage eine durchschlagende Anwort zu erwarten. Soll er warten.

»In Gaienhofen fiel ich gleich wieder in die alte Lähmung. Ich konnte das Leben mit Mia kaum noch ertragen. Alles war so schwer geworden, wissen Sie, so zäh. Das kam von ihr. Nie konnten wir einfach mal was unternehmen. Einmal war sie nicht aufgelegt in Gesellschaft zu gehen, ein andermal hatte die Magd frei und niemand war da, der auf die Kinder aufpassen würde. Oder die Kinder brauchten meine Frau und nur sie. Der Witz ist ja, dass ich dasaß mit einer Gattin und drei Söhnen und mich allein fühlte wie nie zuvor in meinem Leben. Das Haus, den See, die Fami-li-ee – ich war es satt!«

Er spürt den nächsten Weinanfall nahen. Verfluchte Heulerei!

»Traf das Alleinsein auch in sexueller Hinsicht zu?«

»Das war nicht das Entscheidende!«

»Wenn ich noch mal auf die zehn Jahre zurückkommen darf. Bezieht sich das ausschließlich auf die zehn Jahre, die Sie mit Ihrer Frau verheiratet waren? Oder schwingt da der Altersunterschied mit?«

»So habe ich es noch nie betrachtet. Wenn man es so lesen würde, bekäme das Gedicht eine völlig andere Aussage. Ich muss es Ihnen gelegentlich einmal zusenden. Ja, das Abblühen meiner Frau beschäftigt mich. Früher habe ich gelacht, wenn jemand mich darauf ansprach. Selbst der Vater, für den doch alles gottgegeben war, wollte seinerzeit wissen, ob ich mir über die Bedeutung dieses Altersunterschieds im Klaren wäre. Aber ich will das jetzt nicht schlechtreden. Sie ist oft frischer und jedenfalls gesünder als ich. Ich mag sie immer noch von Herzen gern. Wissen Sie, wann mir der Gedanke, dass ich Gaienhofen verlassen müsste, zum ersten Mal kam?«

»Bei welcher Gelegenheit war das?«

»Schon neunzehnhundertacht, um ehrlich zu sein. Da lebten wir gerade mal ein halbes Jahr in unserem neuen Haus. Damals ... ich muss noch etwas vorwegschicken. Im Jahr sieben war ich am Monte Verità. Und auf dem Rückweg, naja, ich war meiner Frau physisch untreu. Nichts von Bedeutung, eine Tändelei. Ein Jahr verging, ich hatte jene hübsche Strohwitwe fast vergessen, da schrieb sie plötzlich einen Brief. Ich hatte Glück, weil ich an diesem Tag selbst nach der Post sah. Auch wenn der Umschlag nichts verriet, hätte ich mich Mia gegenüber noch schuldiger gefühlt. Daphnes Nachricht war auf verletzende Weise stolz.«

»Was schrieb sie Ihnen?«

»Das weiß ich nicht mehr. Aber es tat mir weh. Ich hätte sie verführt und mich dann nie wieder bei ihr gemeldet – etwas in der Art. Sie brachte mich rücksichtslos in Gefahr. Immerhin hätte meine Frau die Post öffnen können, das ist doch nichts Ungewöhnliches! Nichts gab ihr zudem das Recht, eine Nachricht von mir zu verlangen.«

»Hatten Sie Angst, Sie könnten ein Kind gezeugt haben?«

»Das konnte ich ausschließen. Ich habe ihren Brief gleich zum See hinuntergetragen und dort in kleine Schnitzel gerissen. Die blies der Wind mir von der Hand ins Schilf hinein. Seit dem Tag wollte ich fort, verstehen Sie? Irgendwohin, wo keiner mich kennen würde.«

Wie immer wünscht er sich, die Tränen flössen reichlicher.

Der fremde Arbeiter

Um fünf Uhr früh schweigen auf dem Melchenbühl die Sensen. Das Welti-Haus scheint noch im Schlaf zu liegen. Die Vögel sind schon wach und lassen sich in ihrem Zwitschern nicht stören, als auf dem Kiesweg beim Haus die Tritte harter Sohlen hörbar werden. Der eine Tritt ist fest, ein Stampfen oder Platschen fast, der andere schlurrt und schleift die Steinchen durcheinander. Ein mittelgroßer, sehniger Mann erscheint hinter der Gartenhecke und steuert auf die Grundstücksgrenze zu. Er trägt eine grobe, mehrfach geflickte Hose und ein ungebleichtes Hemd unter der offenen Weste. Es ist der gehbehinderte Taglöhner, den Mia eingestellt hat, um Brennholz zu sägen und im Garten zu helfen. Er heißt Vaucher.

Selbst in der Frühe kündigt sich die Hitze dieses Julitags schon an, die Luft drückt, Vaucher stöhnt beim Gehen leise. An einem Holunderbusch bleibt er stehen und pinkelt. Umständlich knöpft er sich die Hose zu und wendet sich um. Er ist frisch rasiert. Dem Gesicht nach könnte er Mitte bis Ende vierzig sein. Allerdings altern Arbeiter schnell, wahrscheinlich ist er erst vierzig. Sein Haar ist jedenfalls noch voll und zeigt nicht einen grauen Faden. Er schaut prüfend zum Haus, dann senkt er den Blick. Die lehmige Kruste auf seinen Schuhen ist dunkel gesprenkelt. Das stört ihn nicht. Vielmehr denkt er an das rissige Leder, die geplatzte Naht links an der einen Kappe. Die Schuhe werden nicht mehr lange halten. Das ist misslich, weil er mit seinem krummen Fuß nicht darauf hoffen kann, ein passendes Paar geschenkt zu bekommen, und an neue Schuhe ist bei der herrschenden Knappheit nicht zu denken. Der Hausherr selbst soll Löcher in den Sohlen haben.

Eben bricht die Sonne über die Gartenmauer und sticht ihm ins Gesicht. Vom benachbarten Hof lässt sich ein Hahn hören. Vaucher weicht den brennenden Strahlen einfach aus. Er genießt den frühen Tag. Für ihn könnte die Erde immer so still sein, er braucht keine Geschäftigkeit. Sein Tagwerk liegt noch in weiter Ferne, er denkt kaum daran. Er hat geschlafen wie ein Kantonsrat – in einem richtigen Bett, was nicht die Regel ist. Außerdem darf er sich auf ein Frühstück freuen. Gut gelaunt schreitet er aufs Haus zu. Der Klumpfuß verleiht seinem Gang etwas bedenklich Schwankendes. Er selbst bemerkt das längst nicht mehr. Ein prächtiger Blauregen leuchtet ihm entgegen. Nicht mal auf den Terrassenstufen lässt er sich von dem schlimmen Fuß stören. Und wenn er daran denkt, fällt ihm gleich ein, dass auch der deutsche Kaiser eine verkrüppelte Gliedmaße haben soll – und zwar von Geburt an. Vaucher ist dagegen bei einer Sprengung ein Felsbrocken aufs Bein geflogen. So erzählt er es immer. Er hat vor fünfzehn Jahren am Bau des Simplon-Tunnels mitgearbeitet und noch Glück gehabt, denn viele haben dabei ihr Leben gelassen.

Sein Blick wandert den Giebel hinauf. Er glaubt, die Gardine wackeln zu sehen. Das muss ihr Fenster sein. Er malt sich aus, wie die Hausherrin ihm von dort oben zuschaut. Sie war bis jetzt sehr freundlich zu ihm. Er aber auch: die Höflichkeit in Person. Manchmal spricht sie ein paar Worte

Französisch. Er lässt sich nicht anmerken, dass er das eine oder andere versteht. Madame, nennt er sie bei sich. Wenn die Magd ins Haus kommt, wird sie ihr befehlen, dem Vaucher eine Tasse Milch und den Rest vom Hühnchen zu geben, das gestern auf den Tisch gekommen ist. Ein Arbeiter muss bei Kräften sein, sagt sie.

Er reckt die Arme. Deutlich verspürt er ein Ziehen. Das Sägen und Holzspalten ist ihm ungewohnt, zuletzt hat er in der Farbstoffindustrie gearbeitet. Doch er hat von den vielen Pulvern Ausschlag gekriegt und die ständige Schlepperei war nichts für seinen krummen Rücken. Weil ihm die Schiefheit keiner ansieht, glaubt ihm auch keiner, wie's in seinen Wirbeln reißt. Die Madame Hesse dagegen hat ihm schon gestern Vormittag gesagt, er möge sich ausruhen, wenn er Schmerzen habe. Niemand wolle, dass er hier Schaden nähme, und mit dem Kreuz sei nicht zu spaßen. Er wies ihre Annahme zurück – aus Angst, sich gleich wieder entlassen zu sehen. Doch sie beharrte, sie habe einen Blick für Rückenleiden und laboriere selbst seit vielen Jahren an Ischias. Davon hat er allerdings nichts bemerkt, sie wirkt auf ihn recht beweglich. In ihren dunklen Augen leuchtet, der Basler Mundart zum Trotz, bisweilen ein Feuer wie bei einer Tessinerin. Vaucher ist schon in der gesamten Schweiz herumgekommen und kann das beurteilen.

Im Kies unter seinen Füßen sieht er etwas blitzen. Er bückt sich ungelenk und klaubt ein Zwei-Franken-Stück auf. Davon könnte er vier Laibe Brot kaufen. Allerdings gibt es Brot und Mehl seit dem vergangenen Herbst nur auf Lebensmittelkarte. Auch Butter, Fett und Öl, Käse und neuerdings Milch sind rationiert, seit über einem Jahr Zucker, Reis, Mais, Teigwaren, Hafer und Gerste. Man könnte meinen, auch in der Schweiz sei Krieg.

Vaucher steckt die Münze in die Westentasche. Er wird sie später der Hausfrau übergeben, er stiehlt nicht. Und sie wird ihn nicht verdächtigen. Beim Hesse wäre er da nicht so sicher. Die Augen des Dichters wirken kalt und angriffsbereit hinter den Brillengläsern. Sein Mund ist streng geschlossen, die Lippen sind blass, der Schnauz ist sorgfältig gestutzt. Vaucher kennt diese Sorte Herren. Sie können freundlich tun, sind im Grunde aber grausame Menschen, fähig, einer Fliege mitleidlos die Flügel auszureißen. Überdies scheint der Hesse sich selbst kaum das Fleisch in der Suppe zu gönnen, ein hagerer Kerl und einsamer Wolf.

Vaucher setzt sich auf eine Bank unter der Altane, das ist ihm ausdrücklich erlaubt. Er spürt die Sonnenwärme im Haar. Vor seinen Augen leuchten die Glyzinienblüten. Die Katze kommt und streicht ihm um die Beine. Er beugt sich mühevoll hinab und fährt ihr mit der Hand über den Buckel.

»Ich würde dir schon Milch geben«, sagt er zu ihr. »Aber ich habe nichts, weißt du.«

Er tastet nach dem Stumpen in der Westentasche. Der Hausherr hat ihm ein paar geschenkt. Vaucher rauchte bereits gestern in der Abenddämmerung und saß dabei genau an derselben Stelle. Die Mücken wagten sich nicht mehr heran. Dafür stach ihm das Gezanke der Herrschaften in die Ohren. Ihre Stimmen wurden in einem Wortwechsel immer härter und lauter, zuerst die des Mannes, der wie ein zorniges Kind klang, dann die der Frau wie von einem Vogel, über den man das Netz geworfen hat. Einzelne Worte konnte er nicht unterscheiden und versuchte es auch gar nicht. Zankereien machen ihm ein Gefühl, als sollte er mitten durchreißen. Deshalb stand er bald auf, löschte den Stumpen und lief aufs Feld hinaus, bis er nichts mehr hörte und

sah als die taumelnden Striche der Fledermäuse und den
die Dunkelheit verlachenden Schlag der Nachtigall. In den
Bergen hinten gloste das letzte Licht. Er kam an eine mit Ei-
chen bestandene Böschung. Dort, am Rand des Ackers, lag
ein ausgetrockneter Pfuhl, die Erde voller Risse und selbst
in der Abendstunde noch bleich. Auf diesen ausgedörrten
Boden zog es ihn hinaus; er konnte nicht sagen, warum. Absichtlich trat er immer auf die Risse zwischen den Schollen
und ließ die trockene Krume unter seinen Stiefeln bröseln.
Da gab der Boden plötzlich nach, und er sackte bis über den
Knöchel in den Matsch. Den zweiten Fuß musste er nach-
ziehen, sonst wäre er gestürzt. So stand er denn mit beiden
Beinen im Dreck, der ihm bis in die Schäfte quoll. Er fühlte einen jähen Schreck, als müsste er in einem endlos tiefen
Loch versinken und könnte für seine Füße nimmermehr
festen Grund finden.

Beim Aufstehen tritt er beinah auf die Katze. Hinter dem
schlafenden Haus vorbei geht er zur Tenne, nascht unterwegs ein paar Himbeeren von den Ranken, auch das darf er.
Als er den Stapel mit dem gestern gesägten Holz erreicht,
bläht er die Nasenflügel und saugt den Duft ein. Er schließt
die Augen, um sich ganz von dieser Köstlichkeit umfangen
zu lassen. Sie führt ihn weit zurück in schöne Kindheitstage.
Und wie ein Kind will er den glücklichen Morgen festhalten,
will den Wald und nicht den Abgrund, lässt die Augen geschlossen, tastet sich vor zum Scheunentor und schiebt den
Riegel zurück. Er kennt den Ablauf, zuerst verklemmt sich
der Riegel, man muss stärker ziehen, dann kommt er frei
und die Tür sackt ein wenig nach unten. Das alles geschieht
lautlos, auch die Angeln quietschen nicht, nur ein unmissver-
ständliches Klacken ertönt, sobald der Riegel aus der Schlau-
fe gleitet.

Da seine Augen an die Helligkeit des Sommermorgens gewöhnt sind, kann er fast nichts erkennen. Auf der Suche nach dem Werkzeug – Axt, Säge, Keile – durchquert er den dämmrigen Raum. Wieder blitzt es auf dem Boden. Vielleicht wird es wahr und er findet zwei Geldstücke an einem Tag, da könnte er nicht mehr anders als an das Glück glauben. Als er sich bückt, verschwindet der Glanz. Nun hockt er sich hin, was ihm noch schwerer als das Bücken fällt. Seine Hand tastet durch alte Halme und jahrzehntetrockenen Staub. Selbst wenn es bloß ein Nagel wäre – irgendetwas hat er schimmern sehen, ein Stück Metall muss da liegen. Plötzlich fühlt er am Hinterkopf einen Stoß, stark genug, ihn umzuwerfen. Es handelt sich um ein schweres Gewicht, einen menschlichen Körper, wie er schnell erkennt. Vaucher stößt einen Überraschungslaut aus, fast ein Hilferuf. Er reißt die Augen auf, erkennt aber immer noch nichts. Auch dem anderen entfährt ein verwunderter Ruf, auch er fällt. Sie beginnen zu rangeln. Jeder der beiden versucht, nicht unter den anderen zu kommen, sondern sich nach Möglichkeit frei zu machen. Endlich erkennt der Arbeiter das Sperbergesicht mit der blitzenden Brille auf der strengen Nase.

Das Haus am Melchenbühl ist mehrfach an- und umgebaut worden. In drei Teilen aneinandergereiht stehen unter einem Dach vereint die ehemalige Scheune, das vermutlich ältere Wohnhaus und ein wiederum in drei Segmente unterteilter Anbau – eine fünfgliedrige, kleinfamiliäre Raupe, die sich langsamer bewegt, als wir wahrnehmen können. Das *Haus der Träume* nennt Hesse es nach einem Gemälde des Vormieters Welti, und wie in Träume eingesponnen lebt

er mit seiner Frau und den beiden älteren Söhnen darin. Um
fünf Uhr früh lag er schon wach und besann sich auf die
Bilder seines privaten Nachtkinos, die er mitsamt seinen Assoziationen notiert hat.

Da er nach wie vor schlecht schläft, hat er einen schweren Kopf und fühlt sich insgesamt zerschlagen, nervös, unwillig, einer Menschenseele zu begegnen. Er hat ein schlechtes Gewissen wie von einer Untat, die einem, am Vortag
begangen, beim Erwachen wieder ins Bewusstsein schießt
und einen niederdrückt. So fühlt er sich auch, wenn er am
Abend davor zu viel getrunken hat. Doch das ist heute nicht
der Fall. Und so bleibt ihm sein Befinden ein Rätsel. Seine
schweren Gefühle kommen und gehen, wie es ihnen gefällt. Einen Anlass benötigen sie nicht. Es ist eine Entmach-
tung der Person, ja, des Individuums, das zum Spielball auf
den Wellen solcher von ihm unabhängigen Regungen wird.
Es ist in etwa so (um die Sache aufs Trockene zu bringen),
als stände er vor dem Kleiderschrank, wollte einen Anzug
wählen und müsste plötzlich feststellen, dass er schon einen trägt.

Hesse durchquert den Garten. Den frühen Morgen findet er bloß stickig. Hinter dem Haus sieht er ein Spielzeug
und will es wegräumen. Dass der Riegel des Scheunentors
nicht vorgeschoben ist, ärgert ihn. Drinnen herrscht Dunkelheit, aber er kennt sich aus und überquert mit sicheren
Schritten die Tenne. Als er den Schatten vor sich wahrnimmt,
ist es zu spät, um einzuhalten. Er merkt, wie sein Knie gegen etwas Hartes stößt. Er weiß sofort, was das ist: ein Schädel. Der Schädel ist mit einem Körper verbunden. Blitzartig
taucht in Hesses Kopf die Schilderung eines Internierten auf,
die er im Büro einmal belauscht hat und die ihn bis heute
gruselt: Dieser Mann ist beim Durchkämmen eines feindli-

chen Schützengrabens in der Dunkelheit auf etwas Weiches getreten, das seinen Stiefel festzuhalten schien. Als er den Fuß mit Gewalt aus dem Matsch zog, stank es – ein Geruch, wie er ihn nicht kannte. Vollkommen entsetzt gelang es ihm doch, ein Streichholz anzureißen. Damit leuchtete er in ein halb verwestes Gesicht. Er konnte nicht erkennen, ob es sich um Feind oder Freund handelte.

Aber dieser Körper, über den Hesse gerade in tiefem Schrecken fällt, ist lebendig. Eine jämmerliche Stimme lässt sich hören, er fühlt ein paar Hände, die ihn abzuwehren versuchen. Die eine fährt ihm blind in den Schritt und quetscht seine Hoden. Ihm bleibt erst mal die Luft weg. Unter den eigenen Händen fühlt er einen Haarschopf und ein Stück Leinenstoff. Er will diese Berührung nicht, muss sich aber abstützen, um nicht heftig hinzuschlagen. Er weiß, wer da vor ihm auf dem Boden kauert, als hätte er ihn absichtlich zu Fall bringen wollen.

Mit einem missbilligenden Knurren kommt Hesse auf die Beine. Schon fragt er sich, was der fremde Arbeiter vorgehabt hat. Er bildet sich ein, auf dem Boden ein absichtlich zusammengetragenes Häufchen aus trockenem Laub und altem Heu erblickt zu haben. Wenn Vaucher hier Feuer machen wollte, wäre das ein zwingender Grund, ihn sofort wegzuschicken. Allerdings ist das nicht klar. Hesse hat beim Eintreten ja nicht mal den Mann gesehen, von dem Häufchen zu schweigen.

Vaucher versucht derweil mühsam auf die Beine zu kommen. Die Hilflosigkeit des gehbehinderten Mannes rührt Hesses Herz. Es wäre sicher besser, aus der Tür zu treten und den Fremden später zur Rede zu stellen, aber das bringt er nicht fertig. Er streckt die Hand aus. Als Vaucher sein Handgelenk umklammert, spürt er nicht den Griff eines

Feindes, eher den eines Ertrinkenden. Den Dank des Arbeiters kann Hesse nur mehr ahnen. Er ist schon durch die Tür geschlüpft und trabt endlich der Stadt entgegen. Sein Rucksack hüpft bei jedem Schritt.

Der Hund kommt über das Feld gelaufen. Mia weiß, dass es sich um ein Schlachtfeld handelt, auch wenn es aussieht wie der Acker hinterm Haus. Die Gasmaske gibt dem Tier etwas Gespenstisches, es trägt sie ohne Bewusstsein oder wie etwas zwanghaft Übergestülptes, das es nicht abstreifen kann und zu dulden gelernt hat. Es ist ein großer Hund. Er trottet vor sich hin, zeigt kein Zeichen von Aufmerksamkeit für die Umgebung. Er trägt ein Ledergeschirr mit Taschen um den Leib. Mia sitzt am Feldrand zwischen Bäumen auf einem Klappstuhl. Sie trägt keine Schuhe. Ihr Hals ist bis zum Brustansatz frei, sie spürt das Gas auf der Haut. Es tut ihr nichts, es ist mehr wie ein frischer Hauch.

Sie sieht Hermann am Rand der Bäume stehen. Er winkt mit einem Tuch, das soll sie umlegen und schnell zum Haus laufen. Er hält sich das Tuch nun selbst vor Mund und Nase. Er deutet auf den Hund. Sie soll in dessen Taschen nach einer Maske für sich suchen. Dabei weiß sie schon, dass die Taschen leer sind. Hermann ruft: Du musst doch einmal atmen! Seine Stimme dringt dumpf durch das Tuch. Sie hat die ganze Zeit wahrhaftig keine Luft geholt! Es ging auch so ganz gut.

Der Tausch

Noch bevor Mia die Augen aufschlägt, hört sie den Eichel-
häher. Bestimmt sitzt er im Kirschbaum und stibitzt alles
weg. Heiner schießt mit Pfeil und Bogen nach den Vögeln,
Hermann will sie nicht einmal verschrecken. Das Bild der
schwarzen Früchte zwischen grünem Laub überlagert das
vom trostlosen Traumacker. Sie blinzelt. In den Scheiben des
weit geöffneten Fensters sieht sie die Morgensonne blitzen.
Die Bilder der Nacht verschwinden endgültig. Sie versucht
nicht, etwas davon festzuhalten. Auf einmal spürt sie, wie
ihre Wade juckt. Sie kratzt heftig an dem Stich. Sie lauscht.
Manchmal hört sie die Schreibmaschine – er tippt seine Träume und schickt sie seinem Arzt. An diesem Morgen ist es still.
Wahrscheinlich ist er schon ins Büro gegangen. Sie hat nur
eine Ahnung, wie spät es sein könnte. Mia streckt sich. Innerlich fühlt sie sich jung, voll Tatendrang. Nur ihre Muskeln sind müde und ein bisschen steif, als sie sich erhebt. Das
eigene Spiegelbild findet sie ein wenig verquollen. Besonders
die Tränensäcke sind dick, und ein dunkler Strich flüchtet
sich in die Augenwinkel. Die Falten entlang des Mundes sind
ihr etwas zu tief. Schnell wäscht sie sich mit dem lauen Wasser aus der Kanne, streift den Unterrock über und wählt das
weiße Kleid mit dem blauen Besatz, das seitlich am Schrank
hängt. Es ist das leichteste, das sie besitzt.

Eine Minute später schleicht sie über den Flur. Nicht mal hier, im halb dunklen Herzen des Hauses, ist es noch kühl. An den Wänden hängen Porträts der Ougspurger, Vorfahren der jetzigen Hausbesitzer. Die älteren haben sich noch mit weißen Perücken malen lassen. Andere tragen Jagdhüte. Diese Art von Gemälden ist Mia vertraut. Sie stammt selbst aus einer alten Familie. Doch sie hat gegenüber dieser ganzen Altehrwürdigkeit immer ein Unbehagen gespürt. Als Kind fand sie die Männer mit den entschlossenen Blicken und den weiß gelockten Mähnen streng, ja feindselig. Wer konnte wissen, ob sie nicht doch den Arm aus dem goldenen Rahmen strecken und nach dem Ärmel ihres Kleides haschen würden, um sie in ihre Welt zu ziehen. Einer von ihnen hatte einen höhnischen Zug um den Mund. Er zischte sie gelegentlich an, *psst*, und tat dann, als wäre er es nicht gewesen. Einmal hörte sie ihn sprechen. Sie wagte nicht davonzulaufen. Ganz und gar unlebendig sind auch die Ougspurger nicht. Es kommt vor, dass sie sich nach einem Gang über den Flur erschöpft fühlt wie nach einer Gipfeltour. Aber heute mag sie die alten Kerle. Den einen mit dem grünen Rock und dem roten Hütlein auf dem braunen Haar könnte sie glatt umarmen. Er hat so einen dünnen Hals, dass man Angst um seinen Kopf bekommen kann, und dabei einen wilden Bart. Es ist der lustigste von allen. Er schaut, als kennte er sie nicht. Dabei sind sie sich schon tausendmal begegnet. Er dürfte ruhig einmal zurücklächeln.

Sie hat so viel mehr Spannkraft als im Frühjahr. Verwundert denkt sie an die Wochen, die Hermann wieder im Tessin verbrachte. Sie war so unbegreiflich müde! Als wäre sie plötzlich alt geworden, bedrückten sie die hausfraulichen wie die mütterlichen Pflichten. Die Buben machten jeden Unsinn und forderten sie permanent heraus. Heiner war besonders frech. »Halt 'schnurre«, war seine Entgegnung auf alles, was sie sagte. Sie schlug ihn mit dem Stecken, aber er wehrte sich und war dabei so stark, dass es direkt auf eine Rauferei hinauslief. Sie hätte ihn am liebsten eine Zeitlang fortgetan. Ist er wie jetzt nicht da, vermisst sie ihn. Die drei Söhne sind wie ein Teil von ihr. Der Brüdi lebt schon seit mehr als zwei Jahren bei seiner Pflegefamilie keine dreißig Kilometer entfernt. Das schmerzt sie am meisten. Immer wieder versucht sie, ihn in die Familie zu nehmen. Jedes Mal wird er nervös und schreit; er zankt besonders mit dem Heiner. Wenn er auf Dauer auch nicht bleiben kann, so soll er wenigstens seinen Geburtstag mit den Eltern verbringen dürfen. Sie fühlt, dass es so richtig ist. Und wenn Hermann nicht erlaubt, dass er kommt, wird sie eben ihren Sohn besuchen. Sie kann zu Fuß hingehen.

Mia beschließt, den Buzi nicht aufzuwecken. Es sind Ferien, mag er schlafen oder treiben, was ein zwölfjähriger Bub anscheinend treiben muss. Er ist bald schon so groß wie sie.

Auf der herrschaftlichen Treppe enttäuschen sie die steinernen Stufen, die ihre nackten Sohlen nicht kühlen. Unten in der Küche stöhnt die Magd Pauline. Das tut sie immer, wenn sie gewaltsam ihr dickes Haar durchkämmt und an den Knötchen hängen bleibt. Da fällt Mia ein, dass sie selbst sich noch gar nicht frisiert hat. Mit einem Kopfschütteln über ihre Schusseligkeit wendet sie sich nach oben und geht zurück ins Schlafzimmer. Das hätte noch gefehlt, wo der fremde Mann im Haus ist. Routiniert bürstet sie ihr immer noch dunkles und reiches Haar, dreht es zu einem Knoten und steckt ihn am Hinterkopf fest. Sie findet sich schon nicht mehr so verquollen wie noch am Morgen. In ein paar Tagen wird sie fünfzig, eine alte Frau nach dem Urteil der Welt. Aber Mia fühlt sich nicht alt, egal, wie sie es dreht und wendet. Im Gegenteil, gerade fühlt sie gleichsam schwere Ketten abfallen. Das kommt nicht von der Analyse, die ihr Mann mit ihr versucht, auch wenn sie nicht leugnen will, dass manches daran gut ist. Nein, dieses neue Gefühl wohnt ganz innen. Es war schon immer da und kommt jetzt bloß zum Vorschein. Es ist das älteste Gefühl der Menschheit: Liebe. Es ist jene grundlegende Liebe, von der die Liebe unter Paaren höchstens ein Teil ist. Es ist die Liebe, die entzünden kann, die alles erstrahlen lässt, die allem Leben einhaucht. Es ist eine göttliche Liebe, die nichts verlangt. Vielmehr gibt sie. Sie gibt jedem Geschöpf, was es braucht. Sie macht alles schön. Sie ist recht eigentlich das Leben. Sie kennt keine Müdigkeit, ihr ist nichts zuwider. Nur in ihr lässt sich sein. Sie allein soll fortan herrschen. Gott ist nah. Sie spürt seinen Hauch.

Durchs Fenster hört Mia den hellen Schlag von Holz auf Holz. *Plang*, ein Scheit springt auseinander, sie hört die Teile auf den Boden fallen. *Plog*, das nächste. Es reißt nicht gleich durch. Der Taglöhner muss noch einmal zuhauen, um es zu spalten. Mia mag das Geräusch der fallenden Stücke, die ganze Holzhackerei, viel lieber als das brutale Fressen der Säge. Sie sieht den Mann vor sich, wie er in seinen schlechten Schuhen den entsprungenen Spalten hinterherhumpelt und sich kreuzsteif bückt, um sie mit einer lässigen Bewegung zurück auf den wachsenden Haufen zu schmeißen. Nun wird sie schnell hinuntereilen und Pauline anweisen, Kaffee und Butterbrote zu machen. Er muss ja hungrig sein.

Beim Beck kurz hinter der Brücke zieht er ein kleines Aquarell aus dem Rucksack. Da die Hesses keine Brotkarten mehr haben – der Arbeiter isst auf ihre mit –, versucht er einen Tauschhandel. Das hat im Lebensmittelgeschäft geklappt. Aber der Bäckermeister, der durchaus weiß, dass er dem bekannten Schriftsteller gegenübersteht, lässt sich nicht auf den Handel ein.

»Sie glauben gar nicht«, sagt er, »was die Leute mir alles anbieten. Ich müsste eine Scheune mieten, um das unterzubringen.«

Außerdem ist es verboten, auch für Geld darf er nichts hergeben.

In der Backstube gibt es Streit. Der Beck in seinen karierten Hosen verschwindet nach hinten. Hesse steht vor dem Regal voll duftender Brote und könnte ohne weiteres zugreifen. Er müsste nicht mal um die Ladentheke gehen. Wenn er sich ein bisschen über den Tisch streckte, könnte er einen der Laibe angeln und in den Rucksack stecken. So unordentlich, wie das Backwerk daliegt, würde der kleine Diebstahl niemals auffallen. Und dem reichen Bäckermeister mit seinem großen Automobil würde es gewiss nicht weh tun. Hesse jucken die Finger. Doch er lässt es und geht leise grüßend aus dem Laden, die Glocke als unwillkommenen Gast im Ohr.

Draußen knirscht die Tram übers Gleis. Sie ist voll blühender Frauen auf dem Weg zur Frühschicht. Er kann sie durch die heruntergelassenen Fenster schwatzen und lachen hören. Er glaubt fast, ihren unvergleichlichen Duft einsaugen zu können. Einmal muss er einem Automobil ausweichen, sonst bleibt die Straße fast sonntäglich ruhig. Im Schaufenster des Antiquitätenhändlers liegt immer noch der Revolver. Verglichen mit den schnell feuernden Gewehren, den Granatwerfern und Tanks, von denen die Welt erzittert, bekommt die kleine Waffe beinah etwas Niedliches. Doch nach wie vor reicht sie aus, um in ein Herz ein kleines Loch zu schießen.

Eine Viertelstunde später sitzt er in Badehose auf dem Schönausteg über der Aare. Die Luft fühlt sich heiß an, der gelegentliche Windhauch erfrischt ihn nicht mehr. Er fühlt sich innerlich flau, ein bisschen, als wäre er zu viel Karussell gefahren. Der Drang, ein Brot zu klauen, peinigt ihn nun fast genauso, wie der ausgeführte Diebstahl es täte. Auch der Zusammenstoß mit dem fremden Arbeiter wirkt noch in ihm nach. Derartigen Konfrontationen geht er lieber aus dem Weg. Er unterstellt Vaucher eine gewisse Rohheit, die Bereitschaft, notfalls zuzuschlagen und sich auf primitive Weise durchzusetzen. Dabei hat der lahme Mann sich an diesem Morgen äußerst defensiv verhalten. Es gibt schlicht keinen Grund für Hesses Annahme. Er weiß selbst, dass er Vaucher aufgrund seines Standes vorverurteilt. Das ärgert ihn, das macht ihm ein schlechtes Gewissen, die ganze Welt macht ihm ein schlechtes Gewissen. Er taucht tief in die pietistische Erbsündensuppe, die zäh jedes Würstchen festhält, das einmal untergetunkt wurde. Wenn er Glück hat, wird das kalte Wasser ihn von diesem Schleim befreien.

In dieser frühen Morgenstunde ist er der erste Schwimmer. Später am Tag wird der Steg rege besucht sein, die Buben werden wieder und wieder vom Geländer ins kühle Wasser springen und sich eine gute Strecke flussab treiben lassen. Es ist nicht ungefährlich. Unter der Brücke passierende Badende sind für die Springer nicht sichtbar, es hat schon Unfälle gegeben.

Hesse hat die Arme seitlich aufgestützt, er spürt die Nietenköpfe unter seinen Händen. Das aufgeheizte Eisen wirkt verwundbar, als würde es sich gleich biegen. Der Weltkrieg zerstört mit seinen bunkerbrechenden Granaten auch das Vertrauen in den harten Stoff.

Als er sich abstößt, fantasiert er, wie Vaucher im selben

Moment unter der Brücke hindurchtreibt. Hesse prallt auf seinen Rücken, der Kampf der beiden entspinnt sich jetzt ganz anders. In seiner Fantasie behält der Dichter spielend die Oberhand, bis der Arbeiter seine Hoden packt und Hesse ihn überrascht loslassen muss. Da ist das flaue Gefühl wieder, mit einem Schuss Panik vermischt.

Im Traum ist er ein Kämpfer gegen Riesen, vielleicht sogar, wie der biblische Jakob, gegen Engel. Im Traum sah das einmal so aus: Ein riesiger bärtiger Kerl in alter Tracht trug ein seltsames Werkzeug bei sich, halb Harfe, halb Mordmaschine, die einen mit sausenden Stahlflügeln niedermähen sollte. Hesse warf sich auf den siegesgewiss lächelnden Mann und zog und zerrte an der Todesharfe, die teilweise aus Gummi bestand. Der Riese kämpfte gar nicht, sondern sang. Der Gesang sollte seine Opfer anziehen, bis sie von der metallenen Saite vorn an der fantastischen Waffe den Hals durchgeschnitten bekämen. Die mit dem Riesen verbündete Hexe legte Hesse die Hände um den Hals. Er versuchte vergeblich, ihr in die Finger zu beißen. Da kam eine Jägerin, vor der ein kleines Wildschwein lief. Das stieß den Mann an, der daraufhin gekränkt davonging. Jetzt musste er die richtigen Schlüsse ziehen, wusste er träumend. Nur dann könnte er sich retten.

Das kalte Wasser belebt ihn augenblicklich. Die Strömung der Aare ist stark und treibt ihn schnell flussabwärts. Immer wieder tut er einige vergebliche Züge, ohne zu hoffen, dass er damit etwas ausrichten könnte. Allein mit aller Kraft gegen die Strömung anzuarbeiten macht ihm Freude. Kühles Wasser umspült sein Glied in der weiten Badehose. Er denkt darüber nach, warum er niemals Lösungen träumt, sondern immer bloß Rätsel. Selbst die Fragen zu formulieren, die sich aus Träumen ableiten, fällt ihm schwer. War-

um etwa die Harfe des Riesen zu einem Teil aus Gummi
bestand, erhellt sich ihm bis heute nicht. Am ehesten erinnert ihn die Sache daran, dass Brunos Fahrradreifen einen
derart großen Riss aufweist, dass man in der Werkstatt einen neuen Mantel aufziehen lassen muss – eine schon kläg-
liche Verknüpfung.

Er späht nach dem Ufer. Gleich kommt die Stelle, an der
er aus dem Fluss steigen will. Er muss sich durch die Strömung kämpfen. Sein Körper ist durchgekühlt, dieses Gefühl
vergeht in der sommerlichen Sonne schnell wieder. Bevor
er zurück zu seinen Kleidern pilgert, wirft er einen Blick in
Richtung Berge. Der Schnee auf den Gipfeln erscheint ihm
trügerisch wie eine Luftspiegelung. Er denkt mit Sehnsucht
zurück an die Zeit seiner Analyse, die wertvollen, erregen-
den Gespräche mit Dr. Lang. Als er im letzten Frühjahr in
Ascona war, hat er sich auch von Johannes Nohl analysieren lassen und fand ihn angenehm konkret und zupackend.
Nohl war es, der Hesse wieder Hoffnung für ein Zusam-
menleben mit Mia gab, indem er die Ehe zu einem Myste-
rium erklärte. Jeder Mensch strebe nach der Wiederverei-
nigung von Geist und Natur, von Weisheit und Liebe, von
Güte und Schönheit. Diese Einheit werde den Gatten in
der Ehe kund. Er hat auch in Mia den Boden für diese Gedanken bereitet.

Und nun? Es kommt ihm vor, als wären sie beide in denselben Fluss geworfen worden und würden dennoch in ver-
schiedene Richtungen davongetragen. Sie hat ihn wieder abgetan als irgendetwas, das sie im Haus zwar dulden muss,
doch weidlich ignorieren kann. Dem Lang hat Hesse offen
mitgeteilt, dass er wenig zupackend und konkret sei. Der
redet gern vom großen Ganzen und deutet alte Mythen. Womöglich hat er aber recht mit seinem Zweifel an der Ehe, an

Gott, an allem, was Nohl hochgehalten hat. Der Geist der Freiheit wehte in den Gesprächen mit Lang, durchaus ein kühler Hauch.

Er will dem Analytiker gleich heute schreiben. Bevor er ins Büro geht, stiehlt er sich noch eine Viertelstunde Sonnenbad. Tagträumen, die Fühler ausstrecken in das Davor wie das Danach; das braucht er eben.

Der Vogel ist frei

Es ist seltsam. Wenn Lang ihn bittet, einen Traum mitzubringen, kann er sich keinen merken. Wenn er sich einen
merkt, hat er Skrupel, darüber zu sprechen. Seit gut zwei
Monaten, seit dem neunten Juli neunzehnhundertsiebzehn
(wir springen noch einmal in der Zeit), notiert er seine Träume samt den eigenen Ideen dazu. Und ehrlich gesagt sprudelt es nur so. Er hat in dieser Zeit Dutzende Träume und
noch mehr Assoziationen aufgeschrieben, warum macht er
sich das wieder mies? Immer sieht er nur sein Ungenügen,
seine Defizite, seine Not. Er hat sich vorgenommen, so viel
wie möglich der Analyse zu leben. Er ist nun vierzig Jahre
alt – und weiß sich nicht zu helfen: die Bilanz ist rot. Die
Produktion versiegt, *Roßhalde* liegt bald fünf Jahre zurück,
seitdem nichts mehr. Sogar Gedichte schreibt er wenig. Auch
wenn er einräumt, dass der seit drei Jahren wütende Krieg
dabei eine Rolle spielt, muss er sich die Verantwortung in
erster Linie selbst zuschreiben. Auch wenn er langsam zu-
gestehen muss, dass sein neuer Prosaversuch ihn zu tragen
scheint. Das ist ein Text, wie er noch keinen geschrieben hat
und in dem man ihn nicht wiedererkennen wird, ein Text,
der ganz aus einem Traum entsteht.

Seit anderthalb Jahren geht er zu Lang, es ist die inten-
sivste Zeit seiner Analyse. Immer fährt er mit dem Zug von

Bern nach Luzern, wo Lang praktiziert. Diese Fahrten genießt er. Auf dem Hinweg ist er aufgekratzt, voll Vorfreude selbst auf die Schmerzen, die manche Sitzung mit sich bringt. Die Rückfahrt über ist er wie in einer eigenen Welt, in sich gekehrt, gereinigt, unberührbar – wie in einem selbstgebohrten Tunnel, den er nur äußerlich mit anderen teilt. Dazwischen sitzt er stundenlang mit Lang zusammen und redet, was ihm in den Sinn kommt. Das Unbewusste bleibt für ihn geheimnisvoll, ohne den Analytiker gäbe es kein Durchkommen. Wenn er an der Maschine sitzt, um seine Träume aufzuschreiben, fühlt er sich wie ein notorischer Analphabet. Nur mit Langs Hilfe hat er diese Momente verblüffender Klarheit, da schließt sich ihm die ganze eigene Welt auf.

In einer der vergangenen Nächte hat er von seinem Analytiker geträumt. Lang kam zu ihm ans Krankenbett und verabreichte ihm ein Schlafmittel, das jedoch nicht wirkte. Für die Dosierung schien denn auch ein Unbekannter verantwortlich zu sein. Später kehrte Lang zurück und massierte ihn mit großer Kraft. Sie waren beide nackt, das genierte Hesse und er schaute weg. Wenn er seinem Analytiker von diesem Traum erzählte, käme dieser sicher wieder auf die Beziehung zwischen ihnen beiden und wollte über das homosexuelle Momentum darin reden – ein Thema, das Hesse sofort hilflos macht. Er wird dann innerlich ein bisschen steif und weiß nichts zu erwidern. So behält er sich vor, den Traum zu übergehen.

Die Vorfreude, mit der er losgefahren ist, verwandelt sich in leichtes Elendsein, als er sich Langs Haus nähert. Sein Fluchtinstinkt reagiert in jeder Lebenslage. Er wird aber nicht weglaufen. Es muss etwas passieren in seinem Leben. Er opfert derzeit jede freie Minute dafür, schreibt dieses Tagebuch, reist zweimal die Woche zur Therapie. Sogar beim Schreiben dreht sich alles um die Inhalte der Analyse. Das Manuskript, er hat es vorerst *Demian* genannt, handelt von all dem Neuen, das ihn bewegt, vor allem der Untrennbarkeit von Gutem und Bösen, Licht und Dunkel, vom geheimnisvollen Gott Abraxas, in dem die Gegensätze noch vereint sind. Eine völlig neue Welt tut sich ihm da auf. Sie ist ziemlich antichristlich, aber das spielt nicht die große Rolle. Es geht ihm weniger um Rebellion als um Erkenntnis, und weniger um Erkenntnis als um Heilung. Wenn der Riss in seinem Innern sich auch nicht schließen lässt, will er doch Brücken über den Abgrund bauen. Nein, sie wachsen lassen. Nein, sie entdecken, denn sie sind schon da.

Bevor Hesse Langs Ordinationszimmer betritt, hört er schon Geräusche, die er nach kurzem Lauschen als eine Art Musik erkennt. Da quäkt eine Trompete, als hätte man den Schalltrichter zugestopft. Hesse hört auch eine Klarinette, einen Kontrabass und eine Trommel heraus. Alle Instrumente spielen wild durcheinander und eine keineswegs schöne Stimme singt in einer Sprache, die er für Englisch hält. Drinnen tanzt Lang auf seinem schönen Perserteppich einen wilden Tanz. Er schwingt die Hüften und macht Schritte, die Hesse nie zuvor gesehen hat. Es muss was Amerikanisches sein. Das Ordinationszimmer wird vor seinen Augen zu einem Dampfer auf dem Mississippi, aus dem die neuen Töne dringen. Lang wird zu einem gigantischen Schwarzen, der sich ohne jede Regel zur Musik bewegt. Und Hesse treibt in einem Rettungsgürtel auf dem Fluss, schreit letzte Worte. Da hievt der schwarze Noah ihn aus dem Wasser, ohne mit dem Singen und Tanzen aufzuhören; er klatscht ihm auf den nassen Leib: »Kommen Sie, Hesse, tanzen Sie mit!«

Der schüttelt erschreckt den Kopf.

»Ich kann überhaupt nicht tanzen, schon gar nicht zu so
etwas. Aber machen Sie nur, ich sehe Ihnen gern zu.«

So nimmt er Platz, während sein Retter weitermacht, bis
das Grammofon sich ausgeleiert hat.

»Ist das nicht fantastisch?«, ruft Lang. Seine Wangen sind
rot, die Augen blitzen durch die Brille. »Diese Schallplatte
hat mir ein Freund aus den Vereinigten Staaten mitgebracht.
Ich bin ganz und gar süchtig nach dieser Musik. Wie können
Sie da ruhig sitzen bleiben?«

»Das ist ein Manko in meinem Leben«, jammert Hesse
sofort. »Wann immer getanzt wurde, musste ich zurückste-
hen. Ich fühlte mich deshalb häufig ausgeschlossen.«

Schon sind sie mitten in der Arbeit. Lang kommt wieder
zu Atem. Er fragt nach, Hesse fallen Situationen ein. Haben
die Eltern getanzt? Der Vater nie. Die Mutter haben die Kinder einmal tanzen sehen, aber nie wurde über dieses Wunder gesprochen. So wurde eine Peinlichkeit daraus. Auch
seine Frau tanzt nicht, soweit er weiß. Soweit er weiß? Ja,
denn er weiß schließlich nicht alles von ihr. Sie war schon
Mitte dreißig, als sie sich zum ersten Mal begegnet sind.

»Haben Sie niemals über Mias Jugendzeit gesprochen?«

»Nur wenig. Von München hat sie ab und zu erzählt.«

Hesse hat auch nicht viel gefragt. Vielleicht hat er befürchtet, etwas zu hören, das ihn irritiert. Da fällt ihm plötzlich
ein, dass er vor Jahren einem Bekannten gegenüber äußer-
te, seine Frau sei reichlich viel älter als er.

»Wissen Sie, was er mir damals entgegnet hat? Er sagte:
›Haben Sie auch diese Dummheit gemacht? Das ist doch
schlimm, wenn man an der Seite einer Frau lebt, die schon
altert, während man selbst noch frisch und erotisch tüchtig ist.‹ Das war vor Jahren. Er hat mich damals sehr beeindruckt, dann vergaß ich seinen Ausspruch, bis er mir vor

kurzem wieder ins Gedächtnis kam – mit einer Frische, als
wäre es gestern gewesen. Jung hat mich übrigens stark an
jenen derb ehrlichen Mann erinnert.«

Die Erwähnung C. G. Jungs quittiert Lang mit einem
undeutbaren Lächeln.

»Haben Sie einen Traum dazu gehabt? Oder haben Sie
vielleicht etwas gemalt?«

»Ja«, sagt Hesse, der mit dem Traum noch nicht heraus-
will, »ich habe gemalt, aber keine Zeichnungen für die Analyse gemacht. Im Frühjahr habe ich Selbstporträts versucht.
Mia hat mir ganz offen geschrieben, dass ihr das Original
bedeutend besser gefalle, dann aber giftig hinterhergefragt:
›Es sind doch Selbstporträts?‹ Sie waren wirklich schlecht
gemalt. Trotzdem war es ein bisschen gemein, finden Sie
nicht?«

»Ich weiß nicht, was Ihre Frau auf Sie überträgt. Aber
wenn wir mal bei Ihnen bleiben – wie haben Sie es denn auf-
genommen, dass Ihrer Frau nicht gefällt, wie Sie sich selbst
sehen?«

»Ich weiß nicht. Ich war verärgert. Nicht sehr verärgert,
weil ich ja fühlte, wie recht sie hatte. Gleichwohl wünschte
ich mir Bewunderung von ihr. Oder nein, ich wünschte, sie
möge etwas sagen wie: ›Mein armer Mann, so siehst du dich
selbst? Es muss dir schrecklich schlechtgehen.‹ So bin ich
nun mal.«

»Sie bekommen nicht das, was Sie sich wünschen. Woher kennen Sie das denn?«

»Ich weiß nicht …«

Er windet sich, denn er weiß es wohl. Er will es nur nicht
zulassen.

»Sie wollen auf meine Knabenzeit zu sprechen kommen.«
Lang schweigt.

»*Ich* will auf meine Knabenzeit zu sprechen kommen. Ich fürchte mich jedoch davor. Ich müsste wahrscheinlich noch viel weiter zurückgehen. Was mir jetzt einfällt, ist die Zeit, als ich so fünfzehn, sechzehn war. Da habe ich meinen Eltern sehr viel Kummer bereitet. Ich konnte einfach nicht so, wie sie wollten. Ich konnte mich nicht ins Seminar fügen. Überhaupt nicht in die Schule.«

»Konnten Ihre Eltern denn, wie Sie wollten?«

»Wenn Sie so fragen, denke ich: nein. Ich wäre allerdings nie darauf gekommen, es so herum zu sehen.«

»Kommen Sie heute darauf!«

»Sie haben recht«, ruft Hesse. »Gerade in diesen Jahren hätte ich mir so sehr gewünscht, von ihnen verstanden und unterstützt zu werden. Aber es kamen nur Vorwürfe, Nörgeleien, moralische Engstirnigkeit! Als sie mich nach Stetten brachten, in die Heilanstalt für Schwachsinnige, war das für mich wie eine Zuchthausstrafe! Sie wollten mich partout aus dem Haus haben.«

»Stellen Sie sich einmal vor, Sie hätten daheim bleiben dürfen. Wie hätte das ausgesehen?«

»Die Mutter hätte mich zurechtgewiesen. Mein Vater wäre im Bett gelegen. Er hat sich immer versteckt, wissen Sie. Er hatte auch diese fürchterlichen Kopfschmerzen. Heute verstehe ich das. Aber damals war ich wütend. Ich hätte mit ihm streiten wollen, ihm beweisen, dass ich recht habe. Der Schlappschwanz hat sich hinter ihr versteckt! Immer hat er nur Briefe geschrieben und sich nie gestellt.«

»Hatte er Angst vor Ihnen?«

»So weit würde ich denn doch nicht gehen.«

»Sie sagten, er habe sich versteckt …«

»Als ich mir den Revolver gekauft hatte, kam meine Mutter, um ihn mir wegzunehmen. Für seine Nerven war die Aufregung zu groß. Eigentlich bin ich wie er. – Wissen Sie, der Brüdi war mir auch zu viel. Er oder ich musste aus dem Haus.«

»Bleiben wir einen Moment bei Ihrem Vater.«

»Er hat mich weggeschafft. In Stetten gab es so einen blaugesichtigen Wärter. Bestimmt hatte der es mit dem Herzen. Sein Gesichtsausdruck grenzte an Stumpfsinn, mit seinen dicken Fingern war er kaum in der Lage, einen Groschen vom Boden aufzuklauben. Sein Haar war bürstenkurz, die Augen klein, die Gestalt untersetzt. Er war die Pflichterfüllung selbst. Für mich war er die Krankheit, die zum Tode führt. Er hörte auf den Namen Alexander. Oft trieb ich meinen Spaß mit ihm, er merkte nie etwas. Heimlich ließ ich Sachen fallen und hatte meinen Spaß an seiner Ungeschicklichkeit beim Aufheben. Wenn er vergaß, den Wäscheschrank abzusperren, zog ich ein paar Tücher heraus – nur ein Stück weit. Dann zeigte ich ihm an, dass der Schrank offen stehe, und schlich ihm hinterher. Ich hätte mich totlachen können, wenn er mit seinen dicken Fingern versuchte, die Laken und Bezüge Kante auf Kante wieder in den Schrank zu legen.« Sogar jetzt noch muss Hesse grinsen. »Ja, Stetten sollte mein Zuchthaus sein. Aber ich bin nicht zu Kreuze gekrochen, auch wenn ich vor der eigenen Courage zitterte. Ich habe schlimme Briefe an den alten Herrn geschrieben. Das meiste davon habe ich vergessen. An einen Satz erinnere ich mich allerdings genau. Ich schrieb ihm: Ich beginne mir Gedanken zu machen, *wer* in dieser Affäre schwachsinnig ist. – Ist das nicht toll?«

»Was hat er erwidert?«

»Die üblichen moralischen Phrasen. Immer behauptete er, mich zu verstehen und meine Zustände zu kennen. Mit Gottes Hilfe könne ich das überwinden. Ich glaubte ihm kein Wort. Damals habe ich ihn gehasst.«

»Und heute?«

»Denke ich, dass er hilflos war. Er konnte gut mit Worten umgehen, nicht so gut mit Kindern. Am liebsten erzählte er uns Geschichten vom fernen Indien oder vom Baltikum, wo er aufgewachsen war. Wir hätten uns nichts Schöneres vorstellen können, als dort hinzukommen. So ein Vater war er gern. Gerade sehe ich ihn wieder vor mir, wie er auf dem Totenbett liegt mit seinem spitzen Bart, hinter den Ohren weiße Locken und den eingefallenen Mund so willig geschlossen und zudem halb vom Oberlippenbart verdeckt. Sein Gesicht war zuletzt scharf geschnitten. Wie in Stein gemeißelt. Es existiert davon ein Lichtbild.«

Die Vorstellung des toten Vaters regt ihn nicht mehr auf. Was er fühlt, ist ein Nachklang der alten Wut und unbändigen Stärke, der Entschlossenheit zu allem, und sei es, sich eine Kugel in den Kopf zu jagen. Gleichzeitig denkt er, dass es damals anfing mit dem Gefühl, ganz neben sich zu stehen, dem eigenen Leben zuzusehen, als fände es auf der anderen Seite des Orchestergrabens statt. Diese Scheiße ist geblieben, die Entschlossenheit dagegen ist weg. Ganz weg? Noch fühlt er etwas glimmen.

»Gerade denke ich, dass ich ja nicht derselbe Mann bin wie mein Vater. Ich könnte … ich kann übrigens auch besser mit den Kindern. Jedenfalls ein bisschen. Ich könnte ruhig mal entschieden sein. Ins Licht vortreten statt zurück ins Dunkel. Auf meinem eigenen Weg bestehen, das hat mich doch mal ausgemacht. Dahin möchte ich zurück. Ich muss. Sonst werde ich untergehen. Das Dumme ist nur, dass sich dieses Gefühl auf dem Weg nach Hause wieder verlieren wird. Jede Kleinigkeit wirft mich gleich um.«

»Nun«, sagt Lang, »dann haben Sie es immerhin bis zu diesem Punkt gespürt.«

Er ist zu bewundern. An Tagen wie diesem kann Hesse nicht begreifen, dass auch sein Analytiker Widersprüche hat, dass er, der ebenfalls verheiratet ist, über die Ehe herziehen kann und sich gegen Gott und die Welt, besonders aber gegen Gott auflehnt. Dieser überintelligente Bauernsohn, der manchmal selbst in Ketten zu gehen scheint. Für Hesse ist es ein Glück, ihm begegnet zu sein. Das fühlt er heute wieder mehr als deutlich.

»Der Strick ist zerrissen, der Vogel ist frei.«

»Wie bitte?«

»Das ist der Grabspruch meines alten Herrn.«

»Ein Bild für die Seele, die zu Gott heimkehren darf.«

»Ja, klar. Aber wissen Sie, was ich gerade denke? Der freie Vogel, das bin ich.«

Sie freuen sich wie Bolle. Es macht auch nichts, dass diese Redewendung eher preußisch klingt. Hesse hat Mut gefasst.

»Haben wir noch Zeit? Dann möchte ich Ihnen gern erzählen, was ich neulich nachts geträumt habe.«

Der Durchschlag

Schweiß rinnt ihm über den Nacken, er keucht. Jedes Mal, wenn er die Axt hebt, droht sie seitlich wegzusacken. Er streckt die Arme nicht mehr durch, die Schläge klingen matt. Immer seltener ist der scharfe Laut zu hören, mit dem das Holz in Scheite birst. Mia hat der Magd befohlen, dem Taglöhner einen starken Kaffee zu machen, und bringt ihn selber hin. Als er sich umdreht, muss sie den Kopf in den Nacken legen, um ihm in die graugrünen Augen zu sehen, so dicht steht sie bei ihm.

Vaucher stößt einen ängstlichen Laut aus, er macht eine ungeschickte Bewegung zur Seite. Auch wie er sich umdreht, wirkt komisch abgehackt, als wäre er eine Lichtspielfigur. In ihrem Kopf tönt dazu eine jahrmarktmäßige Musik. Nun ist der Mann verlegen, er senkt den Kopf. Mias Augen folgen seinen. Ein Schauer überrieselt sie beim Anblick seines verwachsenen Fußes, des Schuhs mit der überdicken Sohle, die eine Verkürzung des Beins ausgleichen soll. Selbst der Schmutz auf dem brüchigen Leder ekelt sie nicht, sondern erregt ihr Mitleid. Vauchers Hand zittert, wie er die Kaffeetasse hält.

»Wenn's heiß ist, löscht Heißes den Durst immer am besten.«

Sein einfacher Basler Jargon ordnet ihn eindeutig den armen Schichten zu. Schon weil sie den hören will, bleibt sie bei ihm stehen. Vaucher ist kein stumpfer Mensch. Er bemerkt, wie sie seine Schuhe mustert, und entschuldigt sich für den Schmutz. Er spricht von einer riesigen Schlammpfütze, die er für ausgetrocknet hielt, und wie er verlockt war, darauf zu treten. Das Kindische seines Verhaltens scheint er nicht wahrzunehmen. Er schildert das Emporquellen des Schlamms aus den Rissen zwischen den ausgetrockneten, bleichen Schollen. Der wäre ihm beinah in die Schuhe gedrungen. Wieder erschauert Mia. Sie denkt an Vauchers Unbeholfenheit. Er hätte ja leicht stürzen und sich über und über mit Schlamm besudeln können. Sie schauert auch, weil sie innerlich spürt, wie die ausgetrocknete Oberfläche nachgibt und bricht, wie der Fuß einsinkt und hätte ins Bodenlose sinken können. Schnell kommt sie aufs Brennholz zu sprechen.

Vaucher jammert über die große Menge, damit habe er nicht gerechnet. Das wenig Zupackende des Mannes reizt sie. Sie antwortet mit einem spitzen »ce n'est pas la mer a boire«. Er schaut sie halb misstrauisch, halb ängstlich an und fragt nicht, was es bedeutet. Mia bereut ihren Ausspruch sogleich. Sie fordert Vaucher auf, während der größten Tageshitze zu pausieren. Er scheint dieses Maximum bereits für gekommen zu halten, denn er haut die Axt, die bis jetzt an seinem Schenkel lehnte, sogleich in den Scheitstock.

»Gehen wir für einen Moment in den Schatten«, lädt sie ihn ein.

Als sie unter der Ulme sitzen – Mia hat sich eine Schüssel Erbsen zum Enthülsen mitgenommen –, fragt sie Vaucher nach seiner Verkrüppelung. Er gibt bereitwillig Auskunft. Während er redet, wischt er mehrfach den Tassenboden aus und schleckt sich die Rahmreste vom Finger, den er schließlich mit seinem Sacktuch reinigt. Nachher angelt er sich hin und wieder eine Schote, kiefert mit dem Daumen die Erbsen aus, die lautlos zu den anderen in die Schüssel fallen.

»Von neunzehnhundertdrei an habe ich im Simplon-Tunnel gearbeitet. Kennen Sie den? Er führt von der Südschweiz nach Italien. Die Grenze befindet sich genau auf der halben Strecke.« Er rückt sich auf der Bank ein bisschen zurecht, alles scheint ihm Mühe zu machen. »Das ist der längste Tunnel der Schweiz, neunzehntausend«, er pausiert, »achthundert und drei Meter lang. Und damit ist er nicht nur fünf Kilometer länger als der Gotthard-Tunnel, sondern auch der längste Tunnel auf der ganzen Welt! Sieben Jahre Bauzeit. Man hat von beiden Seiten gegraben«, jetzt bohrt Vaucher mit beiden Zeigefingern Tunnel in die Luft. »Zwei Jahre lang bin ich jeden Tag eingefahren und habe Gestein herausgeschafft. Alles zusammengerechnet waren wir über dreitausend Mann. Wir mussten sehr hart arbeiten. Im Berg war es immer heiß, sommers wie winters. Nach der Schicht haben wir uns jedes Mal wie zerschlagen gefühlt. Da brauchte man kein Vergnügen mehr. Die meisten sind ja Italiener gewesen.«

Mia mag seine umständliche Art zu erzählen. Bei der Vorstellung von dem gewaltigen Tunnel, der Arbeit tief im Innern des Bergs graust ihr. Sie stellt sich vor, dass die Männer dort mit kleinen Lampen, Hacke und Schaufel in der Reihe stehen wie die Zwerge im Märchen.

»Es war eine schlimme Arbeit. Jede Woche passierte etwas. Fünfundsechzig Männer haben im Simplon-Tunnel ihr Leben gelassen.«

Wieder hat er eine Schote geöffnet, doch diesmal steckt er die Erbsen gedankenverloren in den Mund.

»Von Norden haben sie den Tunnel schneller vorgetrieben. Um uns weiter entgegenzukommen, mussten sie den Richttunnel fortan in einem Gefälle vorantreiben. Das ging nicht lange, weil sich an der Spitze des Vortriebs so viel Wasser sammelte, dass man es nicht abpumpen konnte. Es staute sich ein unterirdischer See auf. Mitte Februar im Jahre fünf haben wir den Durchschlag erwartet. Am vierundzwanzigsten war es so weit. Ich hatte Angst, weil gemunkelt wurde, es könnte so viel Wasser auf uns einstürzen, dass wir auf der südlichen Seite alle ersaufen würden. Ich weiß noch, dass ich an dem Morgen kaum das Frühstück hinunterbrachte. Und da, bei der ersten Sprengung an diesem Tag, bin ich nicht rechtzeitig in Deckung gegangen. Ich war damals in ein italienisches Mädchen verliebt, wissen Sie. Die Kollegen haben geschrien, und ich bin auch noch zur Seite gesprungen. Sonst wäre wohl nichts von mir übrig. So habe ich nur ein paar Felsbrocken abbekommen. Hier«, er zeigt auf sein Bein, »hat es mir den Oberschenkel durchschlagen. Der ist dann schief zusammengewachsen. Auch der Knöchel hat was abgekriegt, sodass ich den Fuß kaum noch drehen kann.«

Er winkt unwillig ab.

Mia ist bleich geworden. Weniger die Schilderung des Unfalls hat sie erschreckt als ihre Vorstellung von dem Durchschlag. Zwei Arbeiter-Kolonnen, die sich seit Tagen schon hören können, aber durch eine massive Gesteinswand voneinander getrennt sind. Das Sprengsignal ertönt, die Detonation erschüttert den Berg. Als die Männer die Köpfe heben, ist das Loch da. Wasser sprudelt daraus hervor. Das könnte ein großer Moment sein, auch für die armen Arbeiter. Doch Mia spürt etwas Trauriges darin. Jahrelange Mühen sind abgetan und werden sofort vergessen, werden ihrem Empfinden nach sofort unverständlich. Und die Öffnung beunruhigt sie, als hätte man einen Abgrund erschlossen, anstatt einen Durchgang zu öffnen.

»Die Abweichung hat nur zwanzig Zentimeter betragen«, hört sie Vaucher sagen. »In der Höhe waren es sogar nur acht.« Als machte ihn das stolz.

Ihre Gedanken kehren zu dem Arbeiter zurück.

»Bekommen Sie denn keine Rente?«

»Nachher hat man natürlich gesagt, dass ich selbst schuld gewesen wäre. Weil ich nicht auf das Signal gehört hätte. Ich habe es ja aber gehört. Ich war nur etwas zu langsam.«

»Und da haben Sie nicht geklagt?«

Er schaut sie an, als wüsste er nicht, wovon Mia spricht. Vaucher scheint jetzt etwas in den Taschen seiner Weste zu suchen. Seine Kleider sind in einem erbarmungswürdigen Zustand. Nach einer Weile kehren seine Hände ergebnislos zurück.

»So hat die Liebe mich zum Krüppel gemacht.«

Das ist sein Fazit der Geschichte. In seiner Miene drückt sich großes Leid aus. Am liebsten würde sie ihn in die Arme schließen. Er soll es gut haben. Er soll von Hermann bessere Kleider bekommen. Der arme Mann. Sie möchte ihm alles erdenkliche Gute tun. Ihm gutes Essen geben, ihm die Füße waschen. Von dieser biblischen Vorstellung kommt sie nicht mehr los: Sie wäscht und salbt seine Füße. Brennend gern möchte sie ein Wunder an dem verkrüppelten Fuß vollbringen. Sie weiß, dass es nicht möglich ist. Einmal könnte es doch eine Ausnahme geben.

»Ich bin später dann einmal hindurchgefahren«, sagt er noch. »Der Lokomotivenrauch hat mir arg zugesetzt.«

Sie will ihm die Füße waschen und sie mit ihren Haaren trocknen. Ein guter Mann ist er, der etwas fühlt und dieses Pech im Leben nicht verdient hat.

»Sehen Sie, wie tief die Schwalben heute fliegen? Es wird bald einen Wetterumschlag geben. Sieben Schwalbennester habe ich an Ihrem Haus gezählt. Das bedeutet Glück.«

»Fürchten Sie sich vor Feuerwerk?«

»Nein, warum?«

»Ich will Ihnen nachher zwei Franken extra geben, Vaucher. Damit können Sie sich bei der Bundesfeier ein wenig amüsieren.«

Er bedankt sich artig und will wieder an die Arbeit gehen. Mia hält ihn nicht zurück, ermahnt ihn aber, sich bei der Hitze nicht zu viel zuzumuten.

Bald hat das Klacken der Scheite wieder eingesetzt. Mia bleibt noch eine Weile auf der Bank bei der Ulme sitzen. Sie sieht vor sich hin. Also ist Vaucher bei einer Explosion tief im Berg beinah ums Leben gekommen. Aber Angst vor Raketen hat er nicht. Das ist so etwas Merkwürdiges an Männern. Sie gehen immer wieder drauf, auch wenn sie einmal ordentlich was abgekriegt haben. Eine Geschichte fällt ihr ein, die Hermann mal erzählte. Er hatte als Kind schon eine Leidenschaft fürs Feuerwerken und wär einmal durch einen selbstgebauten Knallfrosch, der vor seiner Nase explodierte, fast erblindet. Eine Woche lang musste er mit einem Verband um den Kopf daliegen. Die Faszination für alles, was knallt und brennt, hat das Ereignis ihm aber nicht ausgetrieben. Ein andermal hat er beinah einen Wald in Brand gesteckt. Er wurde vom Förster erwischt, und sein Vater musste Strafe zahlen, um eine Anzeige zu verhindern. Ein Dutzend Geschichten weiß er zu erzählen, wie er die Eltern mit seinem Trotz und Ungehorsam quälte. Er findet, dass es so ganz recht war. Als Mia ihm kürzlich vorhielt, er sei als Kind ein rechter Teufel gewesen, der besonders seine Mutter arg gepeinigt habe, ist er böse geworden.

Alles, was er getan, sei notwendig gewesen, sei vielleicht seiner Neurose zuzuschreiben. Einem Ertrinkenden würde schließlich auch niemand vorwerfen, dass er sich an den nächstbesten Halt klammere, und sei es der Hals des Schwimmers neben sich. Sie aber müsse immer alles moralisch bewerten. »Stehst du so sehr aufseiten meiner Mutter, dass du sie gegen mich in Schutz nimmst?« An diesen Satz erinnert sie sich noch und an Hermanns erbittertes Gesicht dazu. »Es hat mich niemand gegen sie in Schutz genommen.« Dass ihr das mit der Teufelei nur so eingefallen ist, weil sie eben dieses Bild vor Augen hatte, wollte er nicht hören. Ein bisschen lustig fand sie es sogar. Er findet dagegen gar nichts mehr lustig. Der alte Hermann, der so verschmitzt und strahlend sein konnte, ist in seiner eigenen Hölle verschwunden. Und weil er nicht allein sein möchte, versucht er sie hinter sich herzuziehen.

Bei ihrer Analyse spielt er den Lehrer und gebraucht lauter lateinische Ausdrücke. Seine Einfälle zu dem, was sie sagt, sind immer die richtigen, die wichtigeren als ihre. Sie ist ja unfrei, sie kann ja gar nicht in die eigene Dunkelheit leuchten. Dazu braucht es ein Licht wie ihn. Und der Lang, zu dem sie im Frühjahr auch einmal hingegangen ist, macht es nicht viel anders. Sie leuchten Szenen aus, die sicher nicht grundlos im Dunkel liegen, und können einen damit ganz konfus machen.

Wenn er darauf besteht, wird sie mit ihrem Mann weiter Analyse treiben. Aber sie glaubt nicht, dass es zu einem guten Ziel führt. Statt immerzu die Vergangenheit aufzurühren und den Eltern, die gewiss das Beste wollten, Vorwürfe zu machen, sollte man lieber vergeben und vergessen. Nach vorn schauen, vor allem: die Welt, die Mitmenschen mit Liebe anschauen. Die gute Absicht sehen und nicht das missratene Werk. Liebe spenden. Im Grunde ihres Herzens liebt sie ihren Mann noch immer. Sie glaubt weiter an ein Leben mit ihm. Sie will über die Qual hinwegsehen, die er ihr bereitet. Aber er ist nicht da. Und so lenkt sie ihren Blick erneut auf den ermatteten Vaucher. Sie sieht ihm an, dass er nur noch ein letztes Stück in Scheite spalten will. Danach wird er Pause machen. Sie will ihm einen kühlen Trunk reichen, wenn er in den Schatten der Ulme zurückkehrt. Oder besser einen Kaffee. Heiße Getränke löschen bei Hitze am besten den Durst. Und essen soll er. Sie will ihn ein wenig mästen. Sie hat für ihn schon ein Tellerchen mit kaltem Huhn vorbereitet.

Die Kriegsgefangenen-Fürsorge

Das Bad in der Aare hat Hesse erfrischt und seine Nerven beruhigt. Nun steht er vor der Tür der Bücherzentrale in der Thunstrasse und kramt im Rucksack nach dem Schlüssel. Es ist immer noch früh, er hofft, der Erste im Büro zu sein. Wie schon in den vergangenen Tagen drückt er zu fest gegen die Tür, die normalerweise über den Boden schleift, sich in der Sommerhitze aber zusammengezogen hat. Drinnen saugt er den Geruch nach Bohnerwachs ein. Die Luft ist abgestanden. Er hört eine Schreibmaschine klappern, außerdem Schritte. Der Kriegsgefangenen-Fürsorge-Betrieb läuft bereits. Sein Mut sinkt immer tiefer.

Vor drei Jahren haben Woltereck und er mit dem Roten Kreuz die *Bücherzentrale der deutschen Kriegsgefangenen-Fürsorge* gegründet. Professor Woltereck, der eigentlich Biologe ist, kam von der deutschen Botschaft in Rom nach Bern. Seitdem sammelt Hesse Geld und Bücher für die von den Franzosen gefangengehaltenen Soldaten, deren Zahl mittlerweile auf eine Viertelmillion gestiegen ist. Lehrmittel, Anleitungen zu Handarbeit, Sport und Spiele gehören ebenso dazu wie Noten, Instrumente oder Handwerkszeug. Es ermüdet ihn. Doch nachdem Geld und Sachspenden aus Deutschland immer spärlicher fließen, hat er sogar einen Verlag gegründet und geht nun die Kollegen um Abdruckrechte an.

Eine Druckerei ist der Kriegsgefangenen-Fürsorge angegliedert und übernimmt teilweise den Druck. In der ebenfalls zugehörigen Schreinerei fertigt man leichte Holzkisten für kleine Handbibliotheken mit fünfzehn bis zwanzig Titeln, die je Einheit nicht mehr als fünf Kilo wiegen dürfen. Acht- bis vierzehntausend Bücher werden monatlich nach Frankreich versendet, dazu dreihundert Kistenbibliotheken. Hesse redigiert daneben noch den *Sonntagsboten für die deutschen Kriegsgefangenen*. Diese Arbeit droht ständig, ihn – und Woltereck nicht minder – zu verschlingen.

Unterstützt werden sie von deutschen Internierten. Das sind Kriegsgefangene, die entweder schwer erkrankt, erblindet, amputiert sind oder die feindlichen Lager sonst vor Probleme stellten. Zehntausende Soldaten aller Nationen dürfen so in der neutralen Schweiz Gefangene sein. Viele von ihnen haben die Schnauze voll von Krieg und Heldentum.

So einer kommt Hesse auf der Treppe entgegen. Stichs, der für die Interniertenzeitung arbeitet, grüßt ihn fröhlich und drückt sich an die Wand, damit Hesse besser vorbeikommt. Die Köpfe der beiden wischen nah aneinander vorbei. Hesse wirft unwillkürlich einen genauen Blick auf die Stirn des Mannes. Jedes Mal wieder muss er das tun. Stichs' Kopf zeigt auf der ihm zugewandten Seite ein tiefes Loch. Die von einer Gewehrkugel stammende Verletzung ist längst vernarbt und Hesse hat sie schon oft gesehen, doch jedes Mal schaudert ihn wieder. Wenige Millimeter nur haben den Mann vom Tod getrennt. Nachher die geschickte Hand eines Operateurs, dem es gelungen ist, das Blei aus dem Schädel zu holen, ein steril gebliebenes Besteck – lauter ebenso glückliche wie unwahrscheinliche Umstände. Manchmal sieht Hesse sich selbst in Uniform in einem Graben liegen (nie hat er einen Helm auf dem Kopf), mit einem Karabiner

auf den Feind schießen und so wenig treffen wie einst, als
Ludwig Thoma ihn zur Jagd geladen hatte. Schon fühlt er
das Blut aus seinem Kopf weichen, seine Hände feucht und
seine Füße kalt werden.

»Professor Woltereck hat nach Ihnen gefragt, Herr Hesse.
Es gibt Probleme mit einem Teil der Kisten. Ich gehe deswegen gleich hinüber in die Schreinerei.«

Hesse nickt bloß. Die letzten Stufen kosten ihn große
Kraft. Gerade will er Luft holen, als er Stichs am anderen
Ende der Treppe stöhnen hört. Er dreht sich um und sieht
den kräftigen Mann förmlich aufs Geländer sinken.

»Was ist Ihnen?«

»Es geht schon. Ich habe manchmal … ich sehe dann vor
mir … ich kann es nicht erzählen.«

»Ein Fronterlebnis?«

Stichs winkt ruckend ab. Er fängt auf einmal zu grinsen
an.

»Das werden Sie nicht glauben, Herr Hesse. Aber heute
Nacht habe ich geträumt, dass ich mit meinem Kopf schießen kann. *Pam. Pam. Pam.*« Er nickt dazu. »Eine Kugel nach
der anderen kam da raus.«

In der Hoffnung, dass sein Kommen unbemerkt geblieben wäre, tippelt Hesse über den Flur. Doch Woltereck ruft
ihn durch die spaltweit offene Tür.

»Morgen, Hermann! Könntest du einen Augenblick her-
einkommen?«

»Guten Morgen, Richard.«

Sie sind erst seit kurzem beim Du, und es kommt Hesse noch vor wie schlechte Manieren, die freundschaftliche
Anrede zu gebrauchen. Sie tauschen ein paar Floskeln, er
fragt nach den Kisten, aber Woltereck winkt ab. Das erledigt Stichs.

»Hat er dir auch von seinem Traum erzählt?«

Woltereck nickt zerstreut. Für einen Moment hat er den Blick sinken lassen, als hätte er sich wieder seiner Arbeit zuwenden wollen, und dabei ist ihm ein gepresstes Stöhnen entfahren. Auf dem Schreibtisch liegt aufgeschlagen die *Denkschrift über die geistige Beschäftigung der deutschen Gefangenen in Frankreich.* Hesse sieht die dicken Anstreichungen darin. Er weiß jetzt, weshalb Woltereck ihn hereingebeten hat. Instinktiv spürt er Widerwillen. Er denkt kurz darüber nach, Woltereck von seinem morgendlichen Abenteuer mit dem Arbeitslosen zu berichten, den Mia gegen seinen Willen eingestellt hat, findet die ganze Sache jedoch zu verwickelt. Da fällt ihm ein, dass er Woltereck noch nicht von seiner neuesten Idee für die Bücherzentrale erzählt hat.

»Ich habe mir etwas ausgedacht, um weitere Gelder für uns einzuwerben.«

»Sag.«

»Ich will eine Sammlerausgabe meiner Gedichte machen, die ich mit Handzeichnungen illustriere. Vielleicht ein Dutzend in einem schmalen Band. Wir bieten das Stück für zweihundertfünfzig Mark an und weisen darauf hin, dass auch ein höherer Preis geboten werden kann.«

»Handzeichnungen«, sagt Woltereck mitfühlend. »Du setzt zu viel von dir ein, Hermann. Zwei Bände mit deinen eigenen Texten hast du schon verlegt, die dir keinen Groschen bringen. Und nun die Gedichte –«

Hesse zuckt die Achseln.

»Findest du es egoistisch? Ich meine, dränge ich mich als Autor zu sehr in den Vordergrund?«

»Im Gegenteil. Ich sehe vor allem, welches Opfer du bringst. Für unsere Sache ist es sehr gut, überaus gut, ja. Ich wünschte manchmal, ich könnte Vergleichbares bieten.«

Dabei hat der Naturwissenschaftler und treue Bürger Woltereck nicht gerade einen Komplex, weil er so wenig kreativ ist.

»Du opferst dich genauso auf wie ich, wenn nicht noch mehr. Die vielen Reisen, deine Vorträge – alles neben der Büroarbeit, die an sich schon eine große Belastung ist.«

Sie sind recht zartfühlend miteinander.

Plötzlich sieht Hesse an der Nase seines Kollegen einen Tropfen. Er glaubt es nicht, möchte genauer hinsehen, will andererseits nicht gaffen. Jetzt bemerkt er auch die geröteten Lider, das um die Augen lagernde Unwohlsein des Mannes hinter dem Schreibtisch. Woltereck ist krank. Deswegen hat Hesse auch gedacht, dass etwas nicht stimmt. Die erste Welle der Spanischen Grippe ist gerade über Bern hinweggegangen. Noch ahnt niemand, dass die Krankheit mehr Opfer fordern wird als der Weltkrieg. Es ist also nicht das, was Hesse ängstigt. Er will sich bloß nicht anstecken. Ungeduldig geworden, fragt er Woltereck, womit er ihm nun dienen könne. Wieder suchen seine Augen die Nase, die kurz und knubbelig und im Moment wie magnetisch ist.

Woltereck fühlt sich unbehaglich. Sowieso ist sein Kopf dicht, die Nase zu, der Hals kratzt, und in den Bronchien spürt er den kommenden Husten. Die Sommergrippe hat ihn erwischt, das ist bei seiner ohnehin geschwächten Konstitution kein Wunder. Sein Pflichtgefühl erlaubt ihm indes nicht, zu Hause zu bleiben. Im Moment jedoch ist es eher Hesses stechender Blick, der ihm zusetzt. Die grauen Augen des Dichters wirken immer kalt. Aber sie können ein besonderes Moment von Tadel enthalten, vor dem selbst ein gestandener Mann zusammenzuckt. Das haben ihm schon mehrere Menschen bestätigt. Unauffällig überprüft er sich. Die Haare sind gekämmt, ein paar widerspenstige Strähnen hat er mit Pomade gebändigt, seine Nägel sind wie immer tadellos gepflegt. Anzug, Kragen und Manschetten hat er auf Flecken untersucht, bevor er das Haus verlassen hat. Irgendetwas muss Hesse aber gefunden haben. Die Dezenz, die er nun zeigt, indem er weg und sogar zu Boden blickt, bestätigt das umso deutlicher. Woltereck versucht es zu erspüren. Vielleicht gibt es eine Hautstelle, die spannt, einen Krümel auf den Lippen. Er ist drauf und dran, sie zu lecken, um das herauszufinden.

Er beschließt, mit seinem Anliegen gerade draufloszugehen. Nur hat er vergessen, was er Hesse eigentlich fragen wollte. Der behilft sich mit einer Phrase über das Sommerwetter. Woltereck bemerkt den Rucksack, das offene Hemd und die umgeschlagenen Manschetten des Dichters erst jetzt. Das ist ungewöhnlich leger und beruhigt ihn für einen Moment über sein eigenes Äußeres. Hesse scheint nun seinerseits Woltereck prüfende Blicke bemerkt zu haben und reagiert sofort. Er habe wegen der Hitze ein Bad in der Aare genommen, erzählt er verschmitzt und setzt den Rucksack ab, an dem wie eine unbekannte Fahne die silber-blau gemusterte Krawatte hängt. Hesse hat sie umstandslos an einer Schnalle festgebunden. Diese Fähigkeit, den Tag zu pflücken, bewundert Woltereck an Hesse. Unter Berücksichtigung der schwachen Nerven des Dichters, seines insgesamt als überreizt, vielleicht sogar krank zu bezeichnenden Zustandes möchte er dennoch nicht mit ihm tauschen.

»Ich möchte dich um einen Freundschaftsdienst bitten, Hermann. Unsere Denkschrift geht ja in die zweite Auflage. Und ich habe bereits viele Tage auf den neuen Teil, der die

Offiziere betrifft, verwendet. Ich weiß, vor dir steht die leidige Aufgabe, die weihnachtlichen Büchersendungen an die Gefangenen vorzubereiten.«

»Da wäre auch noch das Preisausschreiben für Exlibris und Verschlussmarken«, sagt Hesse trocken. »Kennst du Ernst Kreidolf?«

»Der die schönen Kinderbücher gemacht hat?«

»Wir sind befreundet. Ich habe ihn gebeten, uns bei der Begutachtung zu helfen.«

»Das ist ausgezeichnet. Nun, also, ich dachte«, Woltereck gestattet sich eine Sekunde lang, sich zu winden, »ich habe solche Mühe damit, ein Vorwort zu schreiben, und –«

Hesse schaut in etwa so, als sollte er gleich gebeten werden, sich für ihn von einem Felsen zu stürzen. Entgegen seinem sonst eher geraden Wesen, entschließt sich der Biologe, seine noch unausgesprochene Bitte zurückzuziehen.

»Jedenfalls würde ich mich freuen, wenn du das gelegentlich redigieren könntest. Es wird ohnehin noch ein oder zwei Wochen dauern, bis ich es geschrieben habe.«

»Selbstverständlich«, sagt Hesse.

Im Nebenzimmer läutet das Telefon. Fast gleichzeitig geht die Haustür. Dieser anwachsende Betrieb ist für Woltereck eine Erleichterung, er bringt Struktur in den Tag. Mit den stummen kleinen Wesen des Meeres, mit denen er sich sonst beschäftigt, haben die Internierten nicht im Entferntesten etwas zu tun. Der eben eingetretene Mitarbeiter eilt die Treppe hoch, so gut das mit einer Beinprothese möglich ist. Das Telefon verstummt, sie hören den Mann durch die Wand fluchen. Offenbar war er nicht schnell genug.

»Wir haben schon arme Menschen hier«, sagt Hesse.

»Und das sind noch die Glücklichen unter den Unglücklichen. Bei meiner letzten Leipzig-Reise habe ich meinen

Freund Niermann besucht. Er ist Nervenarzt. Er hat mir einen Kriegszitterer gezeigt, der sich seit Monaten in seiner Klinik aufhält. Dieser Mensch wirkte auf mich vollkommen wahnsinnig. Er rannte mit derart schlotternden Knien rum, dass ich jeden Moment befürchtete, er fiele hin. Auch die Arme haben gezittert, der ganze Körper. Als würden elektrische Wellen hindurchlaufen oder so was. Niermann hat ihm einen Schuh hingehalten. Als der arme Kerl den sah, ist er in die hinterste Ecke des Zimmers gewackelt und hat sich auf den Boden gekauert. Stell dir das vor: panische Angst vor einem Schuh. Den Mann soll Niermann jetzt gesundschreiben. Kriegsdienstverwendungstauglich.«

Woltereck glaubt, eine gesteigerte Aufmerksamkeit bei Hesse zu sehen, und fährt fort:

»Manche Ärzte glauben, dass der Druck der Explosionen diesen Männern das Hirn durcheinanderbringt. Niermann glaubt nicht daran. Er sagt, die Front mache sie seelisch kaputt. Es muss gar nicht sein, dass sie irgendetwas unerträglich Schreckliches erlebt haben. Vielmehr ist es die Kette von Schrecken, an der sie zerbrechen. Tausend kleine Schocks überziehen ihre Seele mit haarfeinen Rissen. Dann reicht ein Ereignis, das für sich nicht mal bedeutend sein muss, und sie sind hin.«

Solche Dinge besprechen sie immer wieder, die drängen sich einfach zwischen das Amtliche und das Private und sind irgendwie doch beides zugleich. Während Woltereck sich das von der Seele geredet hat, ist mit Hesses Gesicht eine Veränderung vor sich gegangen. Die anfängliche Strenge ist einer zunehmend ängstlich wirkenden Neugier gewichen. Wolterecks Worte sind wie in einem trockenen Schwamm verschwunden. Übrig blieb nur eine große, stumpfe Traurigkeit.

»Was ist dir?«

»Ich muss dir ein ehrliches Wort sagen, Richard: Ich habe
das alles vollkommen satt. Ich verrecke daran.«

»Das ist der Krieg, Hermann. Wir alle verlieren gute Jahre, vielleicht die besten.«

»Ich habe die Nase voll vom Krieg. Darf man von nichts
anderem mehr reden? Haben wir nicht irgendein Formular
im Haus, mit dessen Hilfe ich beantragen kann, einmal von
etwas anderem zu sprechen?«

»Entschuldige. Ich wollte dich nicht belästigen. Hab schon
bemerkt, dass meine Schilderungen dich erregen.«

»Weil es mir genauso geht! Tausend kleine Stiche peini-
gen mich zu Tode. Niemand sieht sie«, er streckt seine Hand
hin, als könnte darauf bei näherer Betrachtung wirklich etwas zu sehen sein, »niemand will es glauben. Weil wir ja in
der friedlichen Schweiz sitzen und nicht von Granaten und
Gewehrfeuer bedroht sind. Aber ich verrecke, ich verrecke
und es kümmert keinen. – Entschuldige. Ich bin in einer Stunde wieder da.«

Niemand sonst würde sich herausnehmen, einfach eine
Stunde zu verschwinden. Niemand sonst würde Woltereck
es gestatten. Wenn er nicht wüsste, wie beharrlich und über
die Maßen Hesse sich für das geistige Wohl der Gefangenen
einsetzt, würde er diesen Ausbruch als eine Art von Selbst-
bezogenheit tadeln, die hier gewiss nicht am Platz ist. Er
macht sich wirklich Sorgen um diesen Mann, dem er schon
lange freundschaftliche Gefühle entgegenbringt. So ganz
versteht er ihn nicht. Von außen betrachtet könnte er glücklich sein. Er hat eine Frau und drei Söhne, er ist ein bekann-
ter Unterhaltungsschriftsteller, der im Unterschied zu vielen anderen mit dem Dichten sein Auskommen findet, er
genießt im Büro der Kriegsgefangenen-Fürsorge mehr Frei-

heiten als irgendein anderer. Immer wieder lässt Woltereck ihn für einen Monat oder länger in den Tessin verschwinden. Hermanns Nerven müssen vollkommen überreizt sein. Was für einen gesunden Menschen eine Unannehmlichkeit ist, bedeutet für ihn eine tödliche Qual. Er steht unbegreifliche Ängste aus.

Woltereck hört den unregelmäßigen Schritt des Beinamputierten. Der war früher rheinischer Landesmeister über achthundert Meter Laufen. Er trägt sein Schicksal mit Fassung.

Seufzend wendet sich der Professor der Denkschrift zu. Die fetten blauen Striche auf den bedruckten Seiten stören sein ästhetisches Empfinden. Aber da ist noch etwas auf dem Papier, ein kleiner nasser Fleck, gerade im Begriff sich auszubreiten. Schlagartig wird ihm klar, was los ist. Die ganze Zeit über hing an seiner Nase ein Tropfen, der eben gefallen sein muss und die Seite benetzt hat. Schnell zieht Woltereck sein Taschentuch hervor und tupft sich ab. Es ist ihm peinlich. Er will auch die Buchseite abtupfen, aber da ist der Prothesen-Mann schon durch die offene Tür. Der scheint auch nicht ganz bei sich zu sein, er grüßt militärisch, nimmt sogar Haltung an und hat doch Tränen in den Augen.

Plötzliches Leid

Müde und dem Tag nachsinnend sitzt Hesse in der Tram. Er ist auf der Bank nach vorn gerutscht und hat den Kopf in den Nacken gelegt, das Gesicht mit dem Strohhut bedeckt. Der Wagen rumpelt um eine Kurve, jetzt kommt die Sonne von der Seite und durch die kleinen Löcher im Strohgeflecht blitzt Licht. Eine Schar winziger, stechend heller Sterne scheint auf. Der Fahrtwind weht durch den offenen Sommerwagen und bringt etwas Frische in den glühenden Nachmittag. Hesse genießt die kleine Freiheit der Angestellten, die in einem festen Rhythmus leben, am Nachmittag oder frühen Abend die Last der Arbeit abstreifen und für ein paar Stunden in ein leichteres Leben schlüpfen. Am liebsten würde er noch einmal in die Aare springen. Er denkt zurück an den Morgen, das köstliche Alleinsein am Fluss, und lässt sich in einen Tagtraum gleiten, in dem er nackt – wie in Wirklichkeit schon seit Jahren nicht mehr – über die Uferweiden läuft, mitten in eine kleine Herde Schafe. Er streichelt sie und sie drängen sich an ihn. Der Pelz der frisch geschorenen Tiere fühlt sich an wie ein dickes Frottiertuch, ist allerdings recht fettig. Hesse genießt es, zwischen den Tieren zu stehen, dieses fremde Leben zu spüren. Auf dem Steg nähert sich tastend ein Kriegsblinder. Schnell nimmt der Dichter den Hut vom Gesicht und setzt sich ordentlich hin.

Doch es ist schon zu spät, die Tür für die unangenehmen Bilder hat sich geöffnet. Eine Begebenheit vom Nachmittag fällt ihm wieder ein. Da saß er zusammen mit zwei neuen Mitarbeitern in seinem Büro. Ein dritter kam dazu, der einen Arm verloren hat. Der Mann war bleich, ihm war eben mitgeteilt worden, dass sein Bruder durch einen Kopfschuss gefallen war. »Wenigstens war er gleich tot«, versuchte Schäfer zu trösten. Hesse drückte ihm anteilnehmend den Oberarm und schrak jäh zusammen, weil das Hemd erst zu weit nachgab, dann jedoch ein harter Widerstand spürbar wurde. Er hatte nicht an die Prothese des Mannes gedacht, der sich sofort verschloss, als er Hesses Erschrecken bemerkte.

So ein künstlicher Arm fühlt sich anders an als das Blut auf Sinclairs Lippen, das er im *Demian* beschrieben hat, der Tod eines realen Menschen – und sei es nur in der Reaktion eines ihm Nahestehenden – anders als das plötzliche Verschwinden Demians von der Krankenstation. Hesse fühlt sich deshalb nicht im Unrecht. Wohl glaubt er, dass der Krieg ein furchtbarer Ausdruck der Verwandlung ist. Es geht darin nur vordergründig um Hass und Zerstörung. Im Grunde will eine neue Welt geboren sein, und indem sie schlüpft, zerreißt sie die alte. Aber das ist eben eine geistige Betrachtungsweise jenseits von Leichen und Verwundeten, Prothesen und Kriegszitterei. Das ganze Blutvergießen ist nicht notwendig. Wenn Hesse sich vorstellt zu sterben, verhält es sich genauso: Er möchte eigentlich neu geboren werden, und dazu muss der Alte sterben in einem geistigen Sinn. Das ist der Punkt. Er nimmt sich vor, beim nächsten Mal unbedingt daran zu denken. Schließlich hat er genug Analyse getrieben, um zu wissen, dass seine Todesfantasien neurotischer Natur sind. Jede echte Bedrohung seines Lebens, sei sie noch so klein, spürt er dagegen wie ein Beutetier schon auf weite Entfernung, und sie versetzt ihn in Panik.

Gerade knistert es wieder über seinem Kopf. Die Elektrische fährt über eine Stelle, an der die Schienen offenbar nicht gut verlegt sind. Der Wagen schlingert, er scheint sogar einen kleinen Hüpfer zu machen. Gleich darauf bremst er und kommt an der Haltestelle mit erstaunlicher Genauigkeit zum Stehen. Die Tram wird augenblicklich von einer Schar junger Frauen überflutet, die zum Teil noch Kopftuch und Kittel von der Arbeit, zum Teil schon helle Sommerkleider tragen. Es sind vielleicht dieselben wie am Morgen. Nach ihrer Schicht sind sie gut gelaunt und gesprächig, nicht schweigsam und miesepetrig wie in der Früh. Manchmal singen sie. Direkt neben ihm steht eine mit hübschem braunen Haar und schaut freundlich. Als die Tram mit einem Ruck anfährt, streckt sie Halt suchend eine Hand aus. Hesse sieht für einen Moment den Schweißfleck unter ihrem Arm und darin den dunklen Schatten ihres Achselhaars. Sie hat seinen Blick bemerkt.

»Nid luege!«

Es liegt mehr Schelmerei als Tadel in ihrer Stimme. Trotzdem wird er rot. Er will die Peinlichkeit überspielen und zwingt sich zu einem Lächeln. Sagen kann er nichts. Gleich darauf wendet er den Kopf und tut, als hätte draußen etwas seine Aufmerksamkeit erregt. Er schaut aber nach innen. Schon begehrt er die Frau, will ihre warme Stimme wieder hören, die Farbe ihrer Augen wissen und erfahren, wie ihre Lippen schmecken. Gern würde er sich an ihrem Anblick weiden. Sie schaut ab und zu herüber, das spürt er genau. Vielleicht gefällt er ihr. Die geballte, fröhliche Weiblichkeit in dem Wagen wird ihm auf einmal zu viel. Er spürt seine Genitalien, sie kommen ihm müde und unschön vor.

Sollte diese Frau sich tatsächlich wünschen, er möge genau hinschauen, sie überall und aus der Nähe betrachten und anfassen?

Schon hält die Tram an der nächsten Station. Ein Teil der Frauen springt vom Wagen. Auch sie ist dabei. Zum Abschied kriegt Hesse von ihr einen dieser Blicke geschenkt, die er nicht entschlüsseln kann. Lockung und Zurückweisung scheinen gleichermaßen darin zu liegen. Wie gern will er ihr folgen. Er wagt es nicht.

Spät am Abend sitzt Hesse in seinem Studierzimmer und liest Lao Tse. Der Tag geht gerade zu Ende, es wäre Zeit, die Lampe anzuzünden. Doch er fühlt sich zerstreut, außerdem schmerzen seine Augen. In wenigen Minuten wird er nichts mehr entziffern können. Er will dann noch eine Weile spazieren in der Hoffnung, einen Hauch von Frische abzukriegen. In den Garten will er nicht gehen, denn dort könnte er dem seine Stumpen rauchenden Arbeiter begegnen. Eigentlich hat er nichts gegen den Mann, er findet ihn sympathisch, wenn auch unschön. Ein schlichtes Gemüt. Die Art und Weise, in der Mia sich um Vaucher kümmert, findet im Grunde seine Zustimmung. Leider nimmt ihre Aufmerksamkeit für den eigenen Gatten in dem Maße ab, in dem sie sich dem Taglöhner zuwendet.

Als er vom Büro heimkam, saß sie mit Vaucher im Schatten auf der Altane, plauderte und lachte, dass er sie schon von der Straße hörte. Ihn grüßte sie mal wieder kaum. Dieses Verhalten ist ihm rätselhaft. Er will es als Reaktion auf sein eigenes Verhalten deuten, findet aber nichts daran, was ihre abweisende Art rechtfertigen würde. Offenbar ist er von ihrer neuen umfassenden Liebe zu allem Beseelten auf dieser Welt ausgeschlossen.

Von unten hört er das Klavier. Mia spielt die ersten Takte eines Schubert-Liedes. Da schlägt er sein Buch zu und geht hinunter. Sie spielt nur noch selten, und er liebt es, neben ihr zu sitzen und ihr zuzuhören. Gern würde er später noch ein wenig mit ihr reden. In den vergangenen Wochen haben sie sich gegenseitig analysiert, und es hat sich dadurch, besonders bei seiner Frau, einiges gelöst. Eine Weile wirkte sie wieder zugewandter. Vor ein paar Tagen allerdings erklärte sie, dass sie nicht weitermachen wolle. Es sei etwas Neues zwischen sie und ihn getreten. Was das sei, könne sie noch nicht sagen. Damit musste er sich begnügen. Hesse rückt noch den Stapel Papier zurecht, den er aus dem Büro mitgehen ließ, und tritt mit gemessenen Schritten die Reise nach unten an. Wie eine Reise kommt es ihm vor, weil er so viele Ungewissheiten als Gepäck mitnehmen muss.

Im Erdgeschoss stehen Türen und Fenster offen. Mücken und Falter umschwirren den Zylinder der Öllampe im Flur. Der Titel des Liedes, das Mia spielt, will Hesse nicht einfallen. Da niemand singt, wirkt es auf ihn wie ein leeres Schwimmbecken. Das Wasser bricht ein, als er ins Zimmer geht. Auf seinem Platz neben dem Klavier sitzt Vaucher und summt leise zur Musik. Sein Blick hängt an Mia, die ganz in ihr Spiel vertieft ist. Dabei schaut er derart selig, dass es schon an Idiotie grenzt.

Hesse bremst mühevoll den Schwung, mit dem er unterwegs war. Es fehlt nicht viel, und er wäre auf Vauchers Schoß gelandet. Der grinst ihn nun unschuldigst an, während Mia ihren Oberkörper mit der Musik wiegt und nicht mal den Kopf wendet. Dennoch ist Hesse sicher, dass sie sein Kommen bemerkt hat. Sie leitet zum nächsten Stück über, *Die Liebe hat gelogen*, und nun fängt sie auch zu singen an. Ihre Stimme ist sicher, um eine Spur volltönender könnte sie sein. Vaucher entblödet sich nicht, wieder dazwischenzusummen. Hesse bringt ihn mit einem strengen Blick zum Verstummen. Das soll also der feinste und gescheiteste Mensch sein, der Mia jemals begegnet ist? Ein Tölpel, etwas anderes ist er nicht. Hesse begreift noch einmal weniger, warum seine Frau tags zuvor den Arbeiter in derart hohen Tönen gelobt hat. Da sie »jemals« gesagt hat, muss Hesse sich selbst wohl mit unter die Gröberen und weniger Gescheiten gezählt fühlen. Würde sie ihn ernsthaft gegen so einen austauschen?

Plötzlich überschwemmt ihn das Leid. Die Trennung ist unaufhebbar. Er sollte den Kerl hinauswerfen. Er könnte ihn von der Polizei hinauswerfen lassen. Er verzichtet darauf. Er verzichtet darauf, einen Blick oder ein Wort mit seiner Frau zu wechseln, die nun einen anderen hat, dem sie so fein und gefühlvoll vorspielt, einen dankbareren Zuhörer vielleicht, einen rückhaltlosen Bewunderer aus der Beschränktheit seines Vermögens. Hesse fühlt sich ausgesondert. Er kann keine Sekunde länger bleiben, er kann auch nicht mehr draußen spazieren gehen. Die Vorstellung, auf der Straße einem späten Fußgänger zu begegnen, ist ihm unerträglich. Der Abgrund klafft immer tiefer, sein Hals wird hart und sein Schritt mutlos. Auf dem Weg zurück ins Studierzimmer hat er das Gefühl, eine lebenslange Strafe anzutreten, weggerissen zu sein von Heim und Familie und allem, was ihm auf Erden etwas bedeutet. Er fragt sich, was er Mia getan hat, dass sie ihn behandelt wie einen Haufen Kehricht. Es tut besonders weh, weil die letzte Zeit mit ihr so hoffnungsvoll war, ein Neubeginn für die zerfahrene Ehe möglich schien. Nun ist also endgültig alles kaputt. Sie verachtet ihn. Er steht ihr im Weg.

Er fragt sich nicht, woher er dieses Gefühl kennt. Er nimmt es als rein gegenwärtig und voll gültig. Es wollen Tränen kommen. Auf eine verdrehte Art genießt er seine Traurigkeit wie etwas besonders Echtes. Sie gibt ihm das Gefühl, bei sich zu sein. Sie ist ihm vertraut, deshalb fühlt er sich in ihr zu Hause. Da er hier keinen Platz mehr hat, wird er eben gehen. Er sucht seinen Koffer hervor, tritt vor den Schrank und beginnt zu packen. Schon nach dem zweiten Paar Socken hört er wieder auf. Das Weglaufen ist eine Falle. Es würde ihm nur Nachteile bringen. Allein die Bücherzentrale reicht aus, um ihn zu binden. Ohne seine Arbeit dort würde er binnen weniger Wochen den Stellungsbefehl erhalten. Da hieße es einrücken und in einer der nicht enden wollenden schrecklichen Schlachten zerstampft werden. Ein Fahnenflüchtiger möchte er sicher nicht sein.

Die einzige Möglichkeit, die ihm noch bleibt, ist zu sterben. Da braucht er kein Gepäck. Am billigsten könnte er den Tod allerdings haben, wenn er sich zur Front meldete. Wenn er dann bloß verwundet würde –. Hesse mit einem falschen Arm, dessen Greifmechanismus nicht funktioniert. Hesse an Krücken, ein Hosenbein hochgesteckt. Hesse mit schwarzer Brille, am Straßenrand Geige spielend. Hesse als Kriegszitterer, wie ein Tier das nächste Versteck suchend. Hesse mit einem Loch im Kopf, das täglich juckt und brennt. Anders als sein Sinclair hat er Angst vor Schmerzen. Spital, Blut, Karbolgeruch, Geburt, Frauenleiden sind ihm zuwider, er mag nicht einmal daran denken. Er könnte vielleicht auf einen hohen Berg im Tessin steigen und, wenn ihm schwindlig wird, immer weitergehen, bis er das Gleichgewicht verliert und stürzt. Er könnte einfach Veronal nehmen, davon hat er reichlich. Vom pathologischen Charakter seiner Fantasien hat er in dieser Stunde kein Bewusstsein, jede einzelne nimmt er für bar und durchleidet sie. Tabletten nehmen, in seinem Arbeitszimmer hinter dem Schreibtisch oder auf dem Sofa sterben, könnte er doch nicht. Zwar sind die Kinder fort, aber die Vorstellung, sie müssten in dem Haus leben, in dem ihr Vater sich umgebracht hat, schüttelt ihn. Endlich laufen seine Tränen. Er sehnt sich nach seinen Söhnen, er spürt, dass seine Liebe bei ihnen ist. Er weiß, dass er sich vorerst nicht umbringen kann. Er kann nicht mal auf und davon gehen, er würde sie ja niemals wiedersehen.

Und wieder schüttelt ihn ein Weinkrampf. Er überlässt sich willig seinen Gefühlen. Neben der Rührung, die der Gedanke an seine Söhne in ihm wachruft, hockt wie ein junger Kuckuck die Wut. Sie wird noch mal alles andere aus dem Nest werfen. Seine Bindung an Familie und Leben macht ihn auch rasend. Er denkt daran, wie er früher immer fortgegangen ist, wenn es ihm zu viel wurde, und wie ihn das erleichtert hat. Jetzt binden tausend Schnüre ihn an ein bald ganz verleidetes Leben.

Das Weinen hat ihn erleichtert. Aber seine Ohnmacht, die Unmöglichkeit, in irgendeiner Richtung auszubrechen, auch nur irgendetwas zu tun, um seinem häuslichen Elend zu entkommen, empfindet er immer noch als Demütigung. Er schleppt den Reisekoffer an sein Bett. Vielleicht wirft er doch noch alles von sich und haut ab. Es wäre das einzig Richtige. Unten hat die ganze Zeit über das Klavier weitergespielt. Mia scheint nicht müde zu werden, den Taglöhner mit Schubert-Liedern zu amüsieren. Sie singt dazu zunehmend laut und frei, das ganze Haus erklingt: *Die Männer sind méchant.*

Früher hätte er sich in so einer Lage an den Schreibtisch gesetzt, um ein Gedicht zu schreiben. Schon oft konnte er seine Energien, die zarten wie die dunklen Gefühle auf diese Weise ableiten. Oder er hätte, wie zu Zeiten der Analyse, ein Bild gemalt. Jetzt geht das nicht. Es fließt nicht mehr.

Der Unfug des Sterbens

Es gibt so viel zu tun im Garten. Gurken und Bohnen sind
zu ernten, Kohlrabi, Zucchini, die ersten Möhren. Die Früh-
kartoffeln müssen gehackt werden. Wenn die Beete in Ordnung gebracht sind, kann sie gleich das Wintergemüse aus-
säen. Dazu kommt das Obst. Täglich fallen schon Äpfel
herab, von denen Mia Kompott kocht, werden Erdbeeren
und Kirschen reif, die sie zu Konfitüre verarbeitet. Ihr Mann,
der sonst immer gern im Garten arbeitet, hilft in diesem
Jahr kaum. Er macht lieber Bemerkungen: Die Malven sollten hochgebunden werden – dabei stehen sie recht schön.
Das Kartoffelkraut will er in einer Ecke des Gartens gesam-
melt haben, um später mit den Buben ein Feuer zu machen.
Er glaubt nicht, dass es viele Kartoffeln gibt, weil das Kraut
so früh abstarb. Dabei, warnt er, brauchten sie Vorräte. In-
folge des Kriegs könnte es im Winter nichts mehr zu essen
geben. Aber es wird schon etwas geben, es hat immer etwas
gegeben, denkt Mia. Ausgerechnet der dünne Hermann, der
oft nach ein paar Gabeln den Teller von sich schiebt, hat nun
Angst um seine Mahlzeiten. Heute früh hat er sie zur Be-
grüßung scheel angesehen. Sie fragt nicht mehr, was los ist.
Er hat es auch so gesagt: Er habe zum Frühstück kein Brot
gehabt.

»Das bekommen hier ja andere«, hat er gemeckert.

Dabei lässt er es sonst meistens stehen. Morgens reicht ihm ein Glas Milch. Er möchte gern sein wie die Vöglein auf dem Feld, die sich nicht um den nächsten Tag sorgen. Doch einen leeren Brotbeutel erträgt er nicht. Voll Wut hat er die Kleider, die über seinem Arm hingen, auf die Bank geworfen. Es waren nur die allerschlechtesten. Er kann nicht von Herzen geben, dazu ist er zu geizig. Sie muss froh sein, dass er überhaupt etwas rausgerückt hat für den armen Taglöhner.

Mia schafft trotz der Hitze. Die Magd geht ihr zur Hand. Vaucher sägt Holz zurecht, das er später spalten wird. Sie verzieht sich in einen Teil des Gartens, in dem sie das verhasste Geräusch kaum hört.

Wie fast jeden Tag kommen ein paar Nachbarskinder in den Garten gelaufen. Mia füttert sie mit Erdbeeren, und als sie nicht gehen wollen, hat sie eine Idee. »Wollt ihr baden?«, fragt sie und befiehlt Pauline, den großen Bottich unter die Ulme zu stellen und mit kaltem Wasser zu füllen.

Die Kinder johlen vor Freude. »Ich komm gleich euch abschrubben«, sagt sie zu ihnen, und sie rufen »nein, nein« zurück, und der Witzbold kräht »ja, ja«.

Mit Liebe lässt sich jede Grenze überwinden.

Nach dem Mittagessen wird die Hitze so groß, dass es nicht zum Aushalten ist. Mia beschließt, auf die Altane zu gehen und dort unter einem Sonnenschirm Schatten zu suchen. Ein zarter Lufthauch überweht sie hier. Auch die Katze kommt, das ist ein gutes Zeichen. Im Garten sieht sie Vaucher hantieren. In seinen neuen Kleidern hat sie ihn auf die Entfernung eine Sekunde lang für ihren Mann gehalten. Sie lädt ihn ein hinaufzukommen. Das Holz kann er noch sägen, wenn es kühler wird.

Ein paar Minuten später kommt er durch die Tür. Er entschuldigt sich, er habe sich im Haus verlaufen. Sie bietet ihm einen Stuhl und ein Glas selbstgemachte Limonade an. Er legt beim Trinken den Kopf in den Nacken, da leuchten kurz seine Augen auf. Sie fragt ihn, ob er nicht den schlimmen Fuß hochlegen will. Er möchte. Sie geht ins Haus und sucht einen Kinderschemel. So sitzen sie bald unter dem Schirm und unterhalten sich prächtig. Vaucher hat panische Angst vor Wespen, sie muss die Limonade wegstellen. Er weiß viel zu erzählen. Aber nicht das macht ihn für sie so interessant, sondern was er über das Leben sagt. Er ist ein echter Weiser, der sich sein Wissen nicht angelesen hat. Vielmehr kommt es bei ihm von tief drinnen. Herzensweisheit ist die eigentliche Weisheit.

Sie lässt ihn noch einmal vom Simplon-Tunnel berichten. Vaucher, der immer zutraulicher wird, erzählt ihr, wie er sich trotz allem beschützt fühlte in dem Hagel von Steinen. Es war ihm, als hielte eine unsichtbare Gestalt die Hände über seinen Kopf und deckte seinen Leib ab, sodass er nur am Bein getroffen werden konnte. Mia vertieft sich in sein prächtig volles Haar, während er spricht. Es ist leider fettig. Wenn er sich etwas mehr pflegen würde, könnte er ungeachtet seiner Verkrüppelung ein stattliches Mannsbild abgeben. Als er ihren Blick spürt, wird er verlegen.

»Ach«, sagt er, »gerade fällt mir ein, dass ich im Garten ja eine Münze gefunden habe.«

Und er kramt in seiner Weste, die noch die alte ist, fingert die Zwei-Franken-Münze hervor und legt sie auf den Tisch. Sobald er eine größere Bewegung machen will, wirkt er ungelenk.

»Die behalten Sie«, sagt Mia und bleibt dabei, bis sein Widerstand erlahmt.

Zum ersten Mal stockt ihr Gespräch. Es ist aber kein peinliches Schweigen. Als in der Luft ein Aeroplan zu hören ist, recken sie beide die Hälse. Da, gar nicht weit weg, über dem Ostermundiger Wald oder kurz dahinter, schneidet das Flugzeug durch den Himmel. Es kann nicht weiter weg sein, denn man sieht den Piloten mit Lederhelm und Brille in der offenen Kanzel.

Mia winkt. Vaucher fragt naiv, ob sie den Flieger kenne.

Als das Knattern verebbt und sie beide träge in den leeren Luftraum schauen, sagt er plötzlich:

»Ich habe einmal einen Vortrag gehört. In Luzern war das. Nein, in Zürich. Lang vor dem Krieg. Da hat's geheißen, dass wir gar nicht oben auf der Erde leben, sondern innen drin. Die Welt wär eine hohle Kugel, und die Sonne, der Mond und die Planeten befänden sich in der Mitte. In Amerika ist einer darauf gekommen. Er hat mit einem Riesenlineal die Meeresoberfläche vermessen. Dabei hat er festgestellt, dass der Meeresspiegel sich gen Horizont nach oben wölbt.«

Er zeigt es mit der Hand. Mia fühlt ihre Wangen rot werden. Von der Trägheit, die mit der Hitze über sie gekommen ist, fehlt jede Spur.

»Man hat auch zwei Lote in mehr als tausend Meter tiefe Schächte herabgelassen. Diese Schächte hatten unten eine Verbindung. Da hat man festgestellt, dass die Lote nicht senkrecht nach unten hingen. Sie standen unten viel weiter auseinander. So«, das zeigt er wiederum, »wie ein umgekehrtes V. Und dafür gibt es keine schlüssige Erklärung, außer dass die Welt eben hohl ist.«

»Wenn ich nun einen Schwärmer in den Himmel schieße«, sagt Mia, »fliegt er dann auf die andere Seite der Welt?«

Vaucher sieht sie zweifelnd an.

»Ah, eine Rakete meinen Sie«, sagt er dann. »Ja, ich weiß nicht. Es sind ja mehr wie zwölftausend Kilometer bis dahin.«

»Aber warum fällt sie wieder auf den Boden?«

»Das weiß ich auch nicht. Ich habe nicht alles verstanden. Das war ein Deutscher, der den Vortrag hielt.«

Es tut ihr leid, dass sie ihn verunsichert hat. Das war nicht ihre Absicht.

»Als Kind habe ich mir die Welt auch hohl vorgestellt. Aber so, dass wir hier oben draußen herumlaufen und die Menschen der unteren Halbkugel innen. Sonst wären sie ja hinunter ins Leere gefallen.«

Sie schaut ihn an. Er lacht nicht. Er würde auch nicht lachen, wenn sie sagte, dass es ihr heute noch genauso vorkäme. Er nickt bedächtig und sagt: »Ins Leere fallen, ja. Für mich gibt es nichts Schrecklicheres, das ich mir vorstellen könnte.«

Nicht lange darauf kehrt der Flieger zurück. Mia spürt ein Ziehen im Unterleib.

»Ich möchte Sie einmal fotografieren«, sagt sie. »Ich schenke Ihnen auch einen Abzug. Nein, Sie bekommen fünf Stück. Ich habe eine Kamera und weiß, wie man das macht.«

Vaucher steht neben dem Scheitstock. Die Weste hat er bis auf den unteren Knopf geschlossen, die Hemdsärmel aufgekrempelt. Sein verkrüppelter Fuß wird durch den Scheitstock verborgen, der andere ist nach vorn gesetzt, als wäre der Mann eben noch in Bewegung gewesen oder würde sich gleich bewegen. Das gefällt Mia besonders gut. Leider weiß er nicht, wohin mit seinen Händen, er fummelt mit den Fingern an den Hosennähten rum, hält sie kurzzeitig vor den Körper und versteckt sie dann hinter dem Rücken. Entsprechend unglücklich schaut er drein. Mia bittet ihn, die Daumen in die Westentaschen zu haken, aber es sieht falsch aus. Schließlich kommt sie auf die Idee, ihm die Axt in die Hand zu drücken. Auch damit hat er Probleme. Einmal scheint er bloß ein Stück Holz zu halten, dann wieder wirkt es, als wollte er einen Mord begehen.

»So ist es noch nichts«, sagt sie, und Vaucher haut die Axt in den Stock. Er ist müde, das Posieren strengt ihn mehr an als seine gewöhnliche Arbeit. Wie um sich auszuruhen, stützt er sich mit einer Hand auf den Kopf des Werkzeugs. Da sieht sie ihn endlich: Vaucher, den Arbeiter. Sie befiehlt ihm, in seiner Stellung zu verharren, und schaut noch einmal in den Sucher. Die Sonne steht hoch, das erschwert das Fotografieren zusätzlich. Vaucher hält sich nicht gerade, weil er schon wieder seinen schlimmen Fuß verbergen will. Dadurch wird sein Stand unsicher. Er kippt im Becken seitlich ab und stützt sich zum Ausgleich stärker auf die Axt. Sein Gesicht zeigt Konzentration anstelle von Angst, jedenfalls in dem Moment, in dem sie den Auslöser drückt. Kurz darauf beginnt der Axtstiel, sich unter Vauchers Gewicht zu neigen, und er muss sich schnell ausbalancieren. Das fällt ihm wie immer schwer. Die Fotografie könnte gut geworden sein.

Mia sieht in Vaucher noch eine andere Gestalt: den Erlöser. Seine Züge mit dem feinen Schwung in der Oberlippe und der schmalen, geraden Nase, den großen und sanften Augen, dem umrahmenden Haar passen gut in die Ikonografie. Allerdings ist sein Gesicht ein bisschen schief und es rinnt ihm der Schweiß von den Schläfen, auf seiner Stirn stehen Perlen. Er trägt nur einen Schnauz und ist im Übrigen frisch rasiert.

Vaucher lässt sich auf einen neben dem Holzhaufen stehenden Stuhl sinken. Er hat einen kleinen Bauch, sein von Hesse stammendes Hemd spannt über der Wölbung, die Knopfleiste klafft auf. Er grinst selig und weist unglaublich lange Ohrläppchen auf. In seinem seidenen Mantel und mit dem glänzenden Kahlkopf ist er ein Buddha. Vor der Gartenmauer fährt ein Erntewagen vorbei, man riecht den Duft des Heus und hört das Quietschen des Wagens, aber keine menschlichen Laute. Das Bild von Vaucher ist handkoloriert mit einem fahlen Gelb und einem kräftigen Rot (für den Mantel). Als Mia sich nähert, um den Bildausschnitt zu verbessern, schrumpft der Arbeiter ein, er wird zu einem Kind, das auf die Brust wartet, und der Stuhl zur Krippe. In dem Holzhaufen, den er sägen und spalten soll, poltert es. Ein paar armlange Stücke wirbeln wie von Geisterhand bewegt umeinander und bleiben ganz außer der Reihe liegen. Vaucher ist aufgesprungen, mit ängstlichen Augen schauen sie beide auf den Haufen. Es ist niemand und nichts zu sehen. Nicht mal ein Lüftchen weht. Aber sie haben beide die Bewegung bemerkt und das Poltern gehört. Eine Täuschung ist ausgeschlossen.

Die Kamera fällt vom Gartentisch und springt auf, das helle Tageslicht dringt ein.

Mia fotografiert sich selbst. Sie ist allein im Haus. Sie benutzt ein Stativ, sie setzt gezielt das vorhandene Licht ein. Sie wählt den Bildausschnitt so, dass sich direkt hinter ihr eine Wand befindet, rechts eine Bank vor einem gerahmten Spiegel. Auf der Bank steht eine Glasvase. Darin stecken Zweige. Auf dem Foto wird die Vase nur zum Teil zu sehen sein. Sie be-

grenzt das Bild auf der rechten Seite. Die steinerne Bank
reicht von der linken unteren Ecke ins Zentrum des Bildes,
das zum größten Teil von klaren, senkrechten und fliehenden Linien bestimmt wird. Mia sitzt in der linken Bildhälf-
te. Ihre kräftige runde Schulter beschließt die Aufnahme
nach links, weiter oben, zur Ecke hin, gibt es keine visuelle
Begrenzung, die Wandscheibe könnte knapp über den Bild-
rand hinausreichen oder bis in die Unendlichkeit.

Mia trägt ein Kleid aus einem dichten, schweren Stoff.
Das Kleid schließt sehr hoch, die Manschetten sind eng. Die
Ärmel bauschen sich darüber. Ihr dunkles Haar ist frisiert,
oben auf dem Kopf bildet es einen Höcker. Von der Stirn
hängt eine Locke herab, neben den Ohren stehen einige
Haare wirr in die Luft. Mia hat die Arme verschränkt, den
linken Ellenbogen auf die Spiegelbank gestützt, die fast so
hoch wie ihre Schulter ist. Die rechte Hand liegt ebenfalls
auf der Bank, die Finger sind geschlossen, ihre Spitzen verschwinden unter dem linken Ärmel. Der Weg von dieser
Hand zur Vase ist mit kleinen Glasperlen gestreut. Unter
der Vase ist ein heller Kranz zu erkennen. Der linke Zeigefinger greift über den Stoff des rechten Ärmels, der Mittelfinger verschwindet zur Hälfte darunter.

Mia hält den Kopf so, dass sie im Halbprofil auf dem Foto erscheint. Ihr Blick geht leicht nach unten in die Ferne
oder ins Leere. Das Licht betont ihren rechten Wangenknochen und die rechte Hälfte der Stirn. Ein Stück vom Ohrläppchen ist zu sehen. Die Augenbrauen sind dunkel, aber
nicht stark, über der Nase stehen ein paar senkrechte Fält-
chen. Auch unter dem rechten Auge befindet sich eine Haut-
falte. Von der Nase weg, nicht sehr steil, zieht sich eine Furche in Richtung Mund. Der Mund ist geschlossen, die Lippen
sind ungeschminkt und eher schmal. Die Nase ist gerade,

weder auffällig klein noch auffällig dick. Die Augen sind dunkel, das rechte ist gut zu sehen, das linke verschwindet beinah im Schatten des Jochbogens. Diese Stelle sieht auf dem Abzug irgendwie matschig aus. Auch der linke Mundwinkel versinkt im Schatten. Sehr zurückhaltend zeigt sich ein kleiner Schalk in diesen Augen sowie am Mund, der auch kurz davor sein könnte, zu lächeln. Stärker ist jedoch der Eindruck von Müdigkeit in ihrem Gesicht. Da sitzt eine Frau, die drei Söhne aufzieht. Sie wird fünfzig, sie möchte sich ausruhen. Eine Melancholia mit unbekannter Vergangenheit, für den Moment zur Ruhe gekommen und unentschieden, ob sie noch weiter voranschreiten soll. Hesse schreibt in sein Traumtagebuch:

»Sie hat viel durchgemacht, weiß aber nicht, was eigentliches seelisches Kranksein ist, dazu war sie stets zu gesund und ist es jetzt doppelt.«

Zu viel zerreißt den Sack

Nach dem Aufwachen fühlt Hesse sich leicht wie selten. Sein Schlaf war erholsam, er glaubt für den Moment, beinah jedes Rätsel der Welt lösen zu können. Doch die gehobene Stimmung hält nicht lange an. Sobald er unten ist und Mia begegnet, bekommt er seine kalte Dusche. Sie ist selbst bester Laune, aber wieder so königlich entrückt, dass sie ihn nur ganz obenhin grüßt. Ganz ohne Worte gibt sie ihm zu verstehen, wie sehr seine Anwesenheit ihre Hochstimmung stört. Indessen fährt sie in ihrer Arbeit fort, summt dabei, bewegt sich tänzelnd durch den Raum, strahlt die Möbel an, fragt die Magd, ob sie ihr heute wieder die Haare strählen soll. Wie ein Kind in Sonntagsstimmung kommt sie Hesse vor. Sie scheint zu glauben, die ganze Welt könnte ein Paradies werden, wenn sie, Mia Hesse-Bernoulli, nur fromm und gut bliebe und alle liebhätte – mit Ausnahme des eigenen Gatten. So ist also deine Ehe, sagt er sich, schau sie dir an.

Wenig später sitzt sie wieder mit dem Arbeiter auf der Altane. Sie frühstücken gemeinsam. Hesse bekommt einen richtiggehenden Futterneid auf Vaucher, obwohl er selbst um diese Tageszeit selten etwas isst. Zwei Stunden später arbeitet der Mensch noch immer nicht. Vielmehr sitzt er wieder bei Mia am Klavier und lässt sich vorspielen. Das Holz wird Hesse wahrscheinlich selbst sägen müssen. Mia überhäuft

Vaucher mit allem, wonach ihr Gatte dürstet. Eigentlich fehlt nur noch, dass sie mit ihm schläft. Dieser einzige Punkt ängstigt Hesse jedoch nicht. So eine ist sie nicht, das spürt er.

Das Sonntagsschulmäßige in Mias Verhalten findet er noch in der Kränkung rührend. Wenn er ein Kind sein könnte, wie sie es jetzt ist, dürfte auch er zu Gott, zu ihr kommen. Auf dem Weg der Selbstbegegnung, der Arbeit mit dem selischen Material, ist sie ihm nur ein paar Wochen lang gefolgt, dann hat sie einfach kehrtgemacht. Für sie ist er nun der Verstockte, der Intellektuelle, der armseligerweise mit dem Verstand das Leben zu begreifen und seine Probleme zu besiegen versucht. Dabei liegt die Lösung für alles in der simplen Gotteskindschaft! So scheint sie zu glauben.

Der Arbeiter mit seinem mystischen Denken und seinen abenteuerlichen Vorstellungen vom Leben verkörpert für seine Frau die ideale Einfalt. Mit Hesse redet er wenig und oft nur zögernd, beinah stotternd und als schämte er sich. Manchmal schießt er jedoch einen Gedanken von eigentümlicher Schärfe raus. Er kann nicht gut lesen. Hesse hat ihn einmal über der Zeitung vorgefunden, wie er sich selbst vorlas. Mühsam buchstabierte er die Wörter zusammen, den Kopf so tief gebeugt, dass die Nase fast das Papier berührte. Hesse fragte ihn, ob er nicht eine Brille nötig hätte. Da richtete Vaucher sich auf und sagte scharf: »Brille macht blind.« Anschließend lachte er linkisch.

Hesse findet derartige Sätze lächerlich, doch sie verfehlen nicht ihre Wirkung. Als er nachher vor den Spiegel trat und ihm bewusst wurde, wie seine Brillengläser die Welt spiegeln, sodass die Augen kaum zu sehen sind, dachte er: Vielleicht ist etwas dran. Vielleicht bist du in Wirklichkeit bloß ein Idiot, der um Erkenntnis ringt, der seinem Leiden zu entkommen sucht und nur immer tiefer hineingerät. Er musste sich ermahnen. Die Welt ist doch ein wenig komplizierter, und wenn man das einmal erkannt hat, gibt es kein Zurück. Es stimmt nicht, dass seine Brillengläser die Welt aussperren, er sieht sie ebenso gut wie auch die Reflexion. Und er ist immer mehr überzeugt, dass jeder Einzelne an sich arbeiten muss, wenn die Welt besser werden soll. Das gilt in seinen Augen auch für den deutschen Kaiser. »Diesmal falle ich aber nicht um«, soll er vor der Kriegserklärung gesagt haben. Ob es den Lauf der Welt verändert hätte, wenn Wilhelm II. seine Angst, für schwach und weich gehalten zu werden, hätte analysieren lassen, weiß niemand. Aber hätte Wilhelm nur das kleinste bisschen Menschlichkeit gehabt, so hätte er den Krieg vermeiden können. Wenn sich etwas ändern soll, geht es nur so, nur wenn der Einzelne die Qual der Selbsterkenntnis auf sich nimmt und aufhört Schuld zu suchen. Wer seinen Zwängen nachgibt und wer ein Leben führt, das ihm nicht gemäß ist, wird es der Welt, die ihn scheinbar gezwungen hat, früher oder später heimzahlen wollen. Vielleicht bekommt er es auch heimgezahlt. In jedem Fall vermehrt derjenige, der an sich selbst vorbeilebt, die Schuld der Welt. Jeder soll werden, der er ist.

Welches aber das richtige Leben für einen ist und welches das Falsche, wer einer wirklich ist und wer er bloß sein soll, ist nicht so einfach zu entwirren. Was ihn betrifft, so ahnt Hesse, dass er dem Dichter, der er ist, in seinem Leben auch den Thron einräumen sollte.

In einer Angelegenheit hat Hesse sich jedenfalls ganz und gar verrannt, das ist seine Ehe. Schon vor der Hochzeit graute ihm vor diesen Banden! Eine Mischung aus Torheit, Trotz und Konvention brachte ihn dazu. Der Widerstand des alten Bernoulli stachelte seinen Eigensinn an. Wie ein Soldat beim Sturmangriff rannte er vorwärts, ohne links und rechts zu schauen. *Bumm!* ein Kind musste her, und *bumm!* noch eines, ein eigenes Haus hinterher – *pfiaaüt*. Nur weiter drauf! Im Moment der größten Krise, als sie so weit waren, sich zu trennen, pfiff der dritte Sohn heran. *Bumm!* Den Gaienhofer Frontabschnitt haben sie aufgegeben. Aber in Bern fühlt es sich nicht viel anders an. Trotz allem hält er fest an diesem Leben. Er liebt seine Kinder. Wenn sie nur einen Tag fort sind, vermisst er sie schon. Und Mia ist ihm keinesfalls gleichgültig. Wenn sie sich abwendet, wie jetzt, leidet er, will sie nah haben, will glauben, dass alles immer noch gut werden kann. Hesse wünscht sich, er könnte das leichte Gefühl beim Erwachen durch den Tag retten, bis er wieder in den Schlaf sinkt.

Mit alldem setzt er sich in seinen Traumnotizen auseinander. Es ist kurz vor Mittag, als er das Studierzimmer verlässt, das letzte Blatt bleibt in der Schreibmaschine. Er fragt nach dem Essen, es ist noch nicht fertig. Da sieht er Vaucher an einem Extratisch sitzen. Sie hat ihm ein weißes Tischtuch aufgelegt und einen Strauß Blumen hingestellt. Auch eine Flasche von Hesses Wein steht vor ihm. Unwillkürlich denkt Hesse an den Hund im *Struwwelpeter*, der vom bösen Friedrich so lang geschlagen wurde, bis er den Peiniger ins Bein biss. Wie Vaucher hier sitzt der Hund auf der Zeichnung am Tisch, die Serviette im Halsband, und isst die guten Sachen, die eigentlich für Friedrich bestimmt gewesen wären. Für den Wüterich bleibt nur die bittere Arznei. Hesse denkt: Für mich bleibt gar nichts. Ich könnte verrecken, es würde niemand kümmern.

Auch beim Essen mit Mia ist kein Gespräch möglich, jeder Satz ist eine Spitze gegen den anderen. Als Hesse später wieder am Schreibtisch sitzt, notiert er das. Dabei ist er immer um Gerechtigkeit bemüht, will auch seinen Teil an der Sache sehen. Die Traumassoziationen finden vor lauter drängender Schmach des Ausgeschlossenseins keinen Platz mehr. Er spinnt den schneidend scharfen Faden weiter, sieht Vaucher seine neuen Zigarren rauchen und seine Zahnbürste benutzen, den Badeschwamm, das Bett. Vertauscht sind Herr und Knecht. – Was nun?

»Qui veut embrasser tout, n'embrasse rien.«

Das ist eine französische Redensart, die Vaucher versteht. Er hat einmal in Delsberg bei einem Maschinenbauer gearbeitet. Sie sollten dort mit drei Mann das Lager in Ordnung bringen. Ein Welsch-Schweizer war dabei, der die Leitung für diese Aufgabe erhielt. Der wollte es besonders gut machen. Am ersten Tag räumten sie auf Anweisung des Chefs das Lager komplett aus und brachten, was nicht in die Halle passte, nach draußen. Am nächsten Tag, der ein Sonntag war, drohte Regen. Da ließ der Maschinenbauer sie zusammenrufen und alles wieder einräumen. Es entstand ein heilloses Durcheinander. Der Unternehmer war erbost über die Vorgehensweise seiner drei Hilfsarbeiter, der Anstifter war bald gefunden. Ihm sagte er diesen Satz: »Qui veut embrasser tout, n'embrasse rien.« Den beiden anderen sagte er auf Deutsch: »Zu viel zerreißt den Sack.« Sie wurden alle drei gefeuert.

Madame Hesse streut immer häufiger französische und italienische Phrasen in ihre Reden ein. Er kann ihr ohnehin schlecht folgen in dem Gespräch, das schon Stunden dauert, und diese Art, fremdsprachige Wendungen zu gebrauchen, schüchtert ihn ein. Manchmal fällt sie mitten im Satz aus dem Deutschen ins Italienische und redet munter weiter, als müsste alle Welt sich mit den Sprachen auskennen.

Dabei verwirrt ihn schon ihre Erscheinung. Sie trägt ein Kleid, das ihre Arme bis zu den Schultern herauf und manchmal ihr Achselhaar sehen lässt. Über der Brust ist es ausgeschnitten. Die ganze Zeit muss er sich zwingen, den Blick nicht an ihre unbekleideten Partien zu heften. Zudem ist sie äußerst lebhaft. Ihre Augen glänzen, ihre Haltung ist stramm, die letzte Spur von Müdigkeit, die er manchmal an ihr bemerkt hat, ist verschwunden. Sie wirkt verjüngt. Sie blüht wie die Malven im Garten.

Sie fragt ihn aus, jede Station seines Lebens scheint sie zu interessieren. Er erzählt ihr von der Katze mit den drei Pfoten, die sie zu Hause hatten. Da steigen ihr die Tränen in die Augen, obwohl die Katze, wie er sogleich betont, recht gut zurechtgekommen ist. Sie konnte halt nicht mehr die Leiter hinauf. Madame Hesse fragt ihn, ob er nie vorgehabt habe zu heiraten. Das ist ein Thema, bei dem ihm manchmal die Tränen kommen. Nur zögernd gibt er etwas preis. Erstens ist klar, dass er nicht heiraten kann, weil er nicht in der Lage ist, eine Familie zu ernähren. Damit gibt sie sich aber nicht zufrieden. Da berichtet er, auf ihr Mitleid hoffend, von seiner Marlies. Sie war die Tochter eines auf den Hund gekommenen Wirtes, aber ein liebes und hübsches Kind. Dass sie ein beeindruckendes Hinterteil hatte, so groß, dass es trotz der weiten Röcke auffiel, verschweigt er. Die Marlies musste in der Gaststube helfen, wenn ihr Vater einen Katzenjammer hatte. Das war meist montags und samstags der Fall. Montags ist er immer hingegangen. Da hatten die meisten Arbeiter ihren Wochenlohn schon vertrunken, und weil der Wirt selbst so viel Schulden hatte, dass er keinen Kredit gab, war nie viel Betrieb. Vaucher hatte sich indes etwas für den Montag gespart. Einmal trank er drei Schnäpse hintereinander. Er hatte fest vor, der Marlies seine Liebe zu gestehen.

»Sie hat mich auch so angesehen, dass ich dachte: Ganz gleichgültig kannst du ihr nicht sein.«

Mia unterbricht ihn und geht fort, um der Magd Anweisungen zu geben. Als sie zurückkommt, setzt sie sich nicht wieder, sondern bleibt hinter ihrem Stuhl stehen. Das macht ihm das Weiterreden schwer, aber sie drängt ihn. Sie stellt sich neben seinen Stuhl, so nah, dass ihm unbehaglich wird.

»Wir sind schön ins Reden gekommen, wir zwei. Und immer hat die Marlies dabei geschafft. Die war nicht wie ihr Vater. Da habe ich Durst bekommen und ein Bier getrunken und noch eines und vielleicht noch eins.«

Auf einmal spürt er, wie sie sich an ihn presst. Sie drückt ihr Geschlecht an seinen Oberarm. Vaucher schluckt. Er fühlt sich hilflos und beschließt, das zu ignorieren. Es sieht ja keiner.

»Ich habe jedes Bier sofort gezahlt, das musste man ja. Wenn sie dann neben mir gestanden ist … Sie hat so gut gerochen!«

Schüchtern rückt er mit dem Oberkörper etwas zur Seite, um ihrem Druck zu entkommen, aber sie rückt hinterher. Ob sie erwartet, dass er sich die Berührung verbittet? Das bringt er nicht fertig. Die ganze Situation erregt ihn auch. Nie ist er einem Schoß so nah gewesen. Er will so tun, als merkte er nichts, und einfach weiterreden.

»Da ist auf einmal der Gustav hereingekommen. Er hat sich aber an einen anderen Tisch gesetzt. Und wie er bestellt hat, habe ich Angst bekommen, dass er nun anfängt, mit der Marlies zu reden, und sie mich nimmer anschaut. Da hab ich noch ein Bier bestellt, damit sie wieder zu mir kommt.«

»Du hast dich betrunken.«

Auch dass sie ihn einfach duzt, nimmt er hin. Es ist gewissermaßen der kleinere Übergriff.

»Der Marlies hat das nicht gefallen, das habe ich ihr schon angemerkt. Aber ich wollte doch nur, dass sie weiter mit mir redet. Und dann habe ich warten müssen, dass der Gustav wieder geht, weil er mich doch gekannt hat. Er ist aber sitzen geblieben.«

»Da hast du dich nicht mehr getraut, etwas zu sagen.«

»Es ist nicht nur das gewesen.«

Sie reibt sich an ihm. So eine ganz kleine Bewegung ist das. Vaucher wünscht sich inständig, sie möchte sich wieder setzen. Und auf einmal tut sie es. Sie setzt sich einfach wieder hin. Das kommt ihm auch komisch vor. Er kann sich keinen Reim auf diese Frau machen.

»Ich habe nicht mehr gewagt aufzustehen. Irgendwann musste ich mal, naja, aber ich bin weiter sitzen geblieben und habe für meine letzten Rappen sogar noch einen Schnaps und ein Bier bestellt. Ich dachte: Wenn du jetzt gehst, nimmt sie der Gustav.«

Er redet wie um sein Leben. Den spöttischen Zug um ihren Mund bemerkt er nicht.

»Kurz gesagt, ich habe unter mich gemacht. Und da konnte ich ja erst recht nicht mehr aufstehen.«

»Und da wolltest du der Marlies auch nicht länger ihre Liebe gestehen?«

Nun sieht er, dass sie die Hand zwischen den Beinen hat. Sie hat wahrhaftig jeden Anstand verloren.

»Ich hätte mich ja lächerlich gemacht. Ich war froh, als ich irgendwann weggekommen bin, ohne dass jemand was gesehen hat.«

Für Vaucher völlig überraschend bricht Madame Hesse in schallendes Gelächter aus. Sie kriegt sich gar nicht mehr ein und winkt mit der Hand ab, als sollte Vaucher aufhören sie zu kitzeln. Er schämt sich fürchterlich. Auch jetzt kann er nicht aufstehen und gehen noch kann er ihr sagen, dass sie aufhören soll.

»Pinkel mir nicht in Hermanns Hose«, ruft sie und schüttet sich aus. »Geh lieber an, hihi, lieber an, huh, die Gartenhecke. Hahaha.«

Ob sie auch das gesehen hat? Er ist rot wie ein Schulbub. Nur irgendwie, das glaubt er zu spüren, lacht sie an ihm vorbei, als wäre er gar nicht da oder als läge das, was sie derart erheitert, über seinem Kopf in den Bäumen oder in den Wolken oder im Weltall. Im nächsten Moment springt sie auf und rennt hinter einer Wespe her, bis sie das Tier erwischt und mit bloßer Hand erschlagen hat.

»Damit du dich nicht so ängstigen musst«, sagt sie und formt einen Kussmund.

Nun ist sie ihm vollends unheimlich. Er fühlt, dass er hier nicht länger bleiben kann. Mit Bedauern nimmt er innerlich Abschied von dem schönen Bett, in dem er schlafen, und dem guten Wein, von dem er trinken durfte. Er verabschiedet sich von der Musik, die sie ihm vorgespielt hat wie einem feinen Herrn. Die Hesse ist nach diesem Auftritt so wie immer zu ihm. Er findet auch keinen Spott mehr in ihren Augen. Er hackt noch ein bisschen Holz. Weiteren Unterhaltungen weicht er aus. Wenn sie in seine Nähe kommt, duckt er sich zusammen. Bis er sein Bündel packt, vergeht noch etwas Zeit.

An seinem letzten Tag erschreckt sie ihn noch mehr. Er steht in der Küche und trinkt Kaffee aus einem Becher, den die Magd ihm gereicht hat, bevor sie ging. Auf einmal steht Frau Hesse neben ihm und redet im nettesten Tonfall. Er fürchtet schon, dass sie sich wieder annähern will. Aber sie hält ein Messer in der Hand. Vor Schreck lässt Vaucher das Gefäß fallen. Es schlägt dumpf auf und zerbricht in drei große Stücke. Zum Glück kein Porzellan, denkt er. Da spürt er einen heftigen Schmerz auf der Wange. Klagend springt er zurück. Er denkt, sie hätte ihm mit dem Messer einen Schmiss beigebracht. Aber da ist kein Blut, als er hinfasst, es brennt nur. Er begreift, dass sie ihn geohrfeigt hat. Jetzt steht sie da mit dem seligsten Lächeln und sagt, sie wolle zum Brunnen gehen, um die Töpfe zu waschen. Das Messer nimmt sie mit. Vaucher geht sofort sein Bündel holen. Er will sogar auf seinen letzten Taglohn verzichten, nur weg von hier. Er hört sie draußen singen.

Leise schleicht er aus dem Haus. Die alten Hosen und das zerrissene Hemd hat er in seiner Kammer liegen lassen. Sie hat die Kleider ohnehin von ihm gefordert, um sie zu verbrennen. Da ihre Stimme nicht so nah tönt, hofft er ungesehen davonzukommen. Doch sie muss ihn irgendwie gewittert haben. Schon kommt sie angelaufen. Natürlich ist sie schneller als er mit seinem schiefen Hacken. Sie wundert sich nicht, ihn reisefertig zu sehen.

»Adieu«, sagt sie, »mon cher«, und gibt ihm einen Schmatz auf den Mund, so gewaltsam, dass er fast glaubt, sie wollte ihn ersticken. Sie drückt ihm eine Münze in die Hand, die er später zu seinem Schrecken als goldenes Zehn-Franken-Stück erkennt.

Als er endlich auf der Straße ist, stärker hinkend denn je, tritt auch sie hinaus und ruft ihm hinterher:

»A niente c'e rimedio fuor che alla morte.«

Gegen nichts gibt es ein Mittel außer gegen den Tod.

Es ist vielleicht ein Glück, dass Vaucher keine Ahnung hat, was dieser Spruch bedeutet.

Die wunderbare Spirale

EADEM MUTATA RESURGO – als dieselbe und doch verwandelt kehre ich wieder. So steht es auf dem Grabstein von Jakob Bernoulli, dem Vorfahren Mias. Sie sieht den bauchigen Stein im Basler Münster vor sich. Oben der Globus, unten die Spirale mit dem Spruch, die ihr immer besonders gefiel. Diese Spirale sei falsch angelegt, erklärte ihr Vater damals, doch Mia war zu klein, um es zu verstehen, und später vergaß sie es. Es ist eine archimedische Spirale, bei der von Windung zu Windung der Abstand gleich bleibt. Bei der logarithmischen Spirale dagegen, die Jakob Bernoulli ein Leben lang faszinierte und die er »die wunderbare Spirale« nannte, vergrößert sich der Abstand von Windung zu Windung um den gleichen Faktor. Die honorige alte Familie Bernoulli mit ihrem mathematischen Lehrstuhl (über hundert Jahre lang!) und den zwei Sitzen in der Académie française (rund neunzig Jahre lang!) ist für Mia immer etwas Dunkles gewesen, ein altes Gepäckstück, das man mitschleppt, aber niemals öffnet, weil es doch nichts Brauchbares enthält. Man glaubt, die Vorfahren seien einst aus Italien gekommen. Nachweisen lässt sich das nicht.

Mia hat etwas anderes gesucht als die Basler vornehme Gesellschaft. Sie wollte der Natur näher sein, dem Wasser, in dem sie gern schwimmt, den Bergen, die sie gern besteigt.

Sie wollte einen Garten und die Nähe von Gleichgesinnten. Sie hat sich mitziehen lassen, sie hat es angetrieben. Sie hat Gaienhofen gefunden und hat es hassen gelernt, die Einsamkeit im Nebel und im Winter, die dörfliche Enge, das Anderssein. Im Gepäck die Kamera und das Klavier, ihre bürgerliche Abkunft und ihre emanzipierte Grille, den Beruf der Fotografin.

Nach Tagen juckt sie wieder der Mückenstich. Der müsste längst weg sein, oder vielleicht ist es ein neuer. Sie kratzt, bis Blut kommt, sie kann nicht aufhören. EADEM MUTATA – sie hört ihn heimkommen. Er wird sich freuen, wenn er sieht, dass der Taglöhner fort ist.

Hermann konnte das wahre Wesen Vauchers nicht erkennen. Ist er es gewesen, der sie zum Bluten gebracht hat? Nach längerer Pause hat sie ihre Tage wieder bekommen. Die Binden lagen schon ganz hinten in der Kommode. Hier Blut und da Blut. Das Blut des Herrn auf Stirn und Wangen, und wie es aus seiner Seitenwunde fließt. EADEM MUTATA RESURGO. Sie hat sich auch mit dem Messer verletzt, beim Schnippeln hat sie den Finger nicht schnell genug weggezogen und ein Stückchen der Kuppe vom linken Zeigefinger abgesäbelt. Dort trägt sie ein Pflaster. Es hat nicht einmal weh getan, denn Er stand daneben.

Jetzt mit dem schlechten Wetter beginnt das Obst zu fallen. Zwei Körbe stehen auf dem Boden, in die sie es liest. Sie muss es schnell zu Kompott kochen, damit es nicht verdirbt. Es ist ganz unglaublich, wie schnell ein Apfel schwarz werden kann. Einmal sieht man alles durch und pickt das faule Obst heraus. Am nächsten Tag sticht einem schon die nächste Frucht entgegen mit dem rasch wachsenden dunklen Kontinent zwischen dem Rot und Grün, den weißen Punkten obenauf. Die Fäulnis galoppiert. Für Farbfotografie hat sie sich nie interessiert. Der Berufsschriftsteller und dilettierende Maler, dessen Schuhe draußen auf den Dielen scharren, spricht neuerdings geradezu unterwürfig von der Macht der Farben, deren Verhältnis zueinander man malend nicht verändern könne, die es nur treu dienend zu erfassen und nachzuahmen gälte. Verwandelt und doch als dieselben kehren sie wieder. – Er soll nur in die Küche kommen!

Die Treppe im Turm des Basler Münsters sieht sie vor sich, aber wie eine logarithmische Spirale wird sie nach unten immer breiter. Ein riesiges, aufgesägtes Schneckenhaus. Sie geht hinunter, Wendel um Wendel, und verliert sich in den raschen Wechseln des Lichts, das bloß gedämpft durch die Kalkschale dringt, einmal mehr, einmal noch weniger. Sie geht von oben nach unten, mit immer größeren Schritten, immer tiefer, doch scheint da kein Absatz und schon gar keine Ende erreichbar zu sein. Dann ist sie draußen, in einem weiten Kirchenraum ohne Bänke und Altar, von nackten Steinquadern beherrscht. Sie reiht sich unter die Jungfrauen, die kennt sie schon aus ihrem Traum. Vermummte Geißler stehen bei ihnen und peitschen sie. Wieder fließt Blut, dumpf fühlt sie im Rücken, wie es rinnt. Mit diesem Blut, ihr Blut, wird eine Wand gestrichen. Sie tun es selbst. Die Zöpfe tragen, tauchen sie ein, die anderen nehmen mit ihren Fingern den dunklen Saft sich gegenseitig ab und streichen. Die Tür steht offen zu dem tiefsten Tunnel der Welt. Sie eilt, den Eingang zu schließen. Mit aller Macht wirft sie sich gegen das hölzerne Blatt. Der Dilettant will herein, den kennt sie schon, der darf auf keinen Fall. Er ist viel kleiner heute, sein Kopf reicht wenig über den schmiedeeisernen Knauf. Dieser Zwerg ist auch ein König in seinem eigenen kleinen Reich, dem Lande Ich. Das gibt ihm Kraft, obwohl er klein ist, soll man ihn nicht unterschätzen. Sie spürt den steinbesetzten Knauf des kleinen, dünnen goldenen Messers in der Hand. Er hat sich schon hereingedrängt, doch plötzlich kommt die Tür frei, sie kann ihn dahinter einklemmen, sie reißt die Tür dafür ganz auf und wirft mit aller Kraft sich gegen das Blatt. Sie will ihn an der Wand plattquetschen, aber der Zwerg ist stark. Sie kann im dunklen Spalt die Gläser seiner Brille blitzen sehen. Er kennt auch ihren Namen, allerdings nur den falschen. Beißender Kohlenqualm zieht durch den Tunnel. Sie muss verhindern, dass der eindringt, à tout prix. – Mais c'est absurde, ruft da der Zwerg. Im Simplon-Tunnel ist niemals eine Dampflokomotive eingesetzt worden. Die Züge fahren dort elektrisch. Das müsstest du wissen. Dein Held der Arbeit hat dich angelogen. Wahrscheinlich ist er mit dem schiefen Bein schon auf die Welt gekommen. Da sticht sie mit dem goldenen Messer nach dem Zwerg, weil sie es besser weiß. Er wimmert auf, er schlägt mit seiner Quaste nach ihr. Er hat wahrhaftig einen Schwanz. Ein Teufel ist er. Schnell duckt sie sich weg. Die Jungfrauen werden immer noch gepeitscht, es tut nicht weh, sie kann es an ihren Gesichtern sehen. Oder der Schmerz ist ihnen eine Lust. Sie sieht, wie einige der Frauen begonnen haben sich zu reiben. Das ist der schlachtentscheidende Moment der Unaufmerksamkeit. RESURGO, brüllt der Zwerg und fegt sie mit der Tür fast aus dem Raum. Er ist jetzt wieder grad so groß wie sonst. Da klirrt es laut, eine Vase ist zerschmettert und Blumen regnen in den Himmel. Das bricht den Bann, es wird still. Die Jungfrauen schauen auf, die Schinder lupfen die Kapuzen. Es herrscht Friede nun. Nur die Tür muss noch zu, sie muss auf jeden Fall verhindern, dass sie in den Tunnel gestoßen wird, den könnte sie niemals durchwandern, sie stemmt sich einmal mehr an und gewinnt, auch er gibt nach, tritt vor, sie landet, weil sie zu viel Schwung geholt hat, in seinen festen Armen. »Mia«, sagt er, »Mia!« Der Name stimmt. Sie spürt, wie er das Messer ihrer Hand entwindet, ganz sanft, um ihr nicht wehzutun. Noch einmal: »Mia?« – »Blut ich?« – »Lass sehen, nein.« – »Und du?« – »Oh nein. Was ist dir?« – »Non ho capito mai perchè la spirale e falsa. Perchè amore mio?« – »Non lo so. Non capisco che cosa mi vuoi dire. Sprich Deutsch mit mir!« Ihr Deutsch ist Weinen. Hermann tröstet sie.

Ein paar Tage später will Hesse morgens nicht aufwachen. Er fühlt, wie sein Bewusstsein dämmert, er wirft sich schnell im Bett herum und wühlt sich in den schönen Traum zurück, als wäre es noch tiefe Nacht. Leider hat er mitgekriegt, dass es schon hell ist. Noch nie hat er vermocht, die Augen zuzulassen. Es war nur ein Lidschlag, bevor er sie wieder geschlossen hat. Doch der Kerl, der morgens in die Kleider springt, den Binder um den Hals zurrt und ins Büro eilt, hat ihn ohne Mühe überwältigt. Und der Unglückliche, der ihm herbetet, was in seinem Leben alles fehlt, was schief ist und kaputt und was ihn traurig macht, sitzt obendrauf. Im nächsten Moment fällt Hesse ein, dass er diese Trennung ja aufgeben muss. Es gibt nur einen Hermann Hesse, denkt er, in dem das alles Platz finden soll. Und doch – auch seine Träume sind bevölkert von Abspaltungen aller Art. Vielleicht liegt eine Wahrheit im Roman der Seele. So viele Jahre hat er sich gesagt, dass er ein Lyriker sei, weil er sich nicht für das Mit- und Gegeneinander der Figuren interessierte, wie es der Roman erfordert. Er wollte immer den Einzelnen darstellen. Womöglich hat er genau das getan. Dann wäre die Vielheit im Roman letztlich nichts als die Vielheit im

Einzelnen, wären Spiegelungen, Spaltprodukte, ein Sack voll
Kasperlpuppen, die zusammen das Ich ausmachen. Mögli-
cherweise ist gerade das aber der Weg in den Wahn, und
wenn es erst einmal so weit ist, dass die eigene Seele Stimmen produziert und an vermeintliche Personen bindet, ist
es vorbei. Oder beides ist wahr, und es gibt letztlich keinen
Unterschied zwischen Gesundheit und Irrsein. Immer häufiger empfindet er, dass viele Gedanken erst wahr werden,
wenn man auch ihre Umkehrung zulässt. Zum Wahnsinn
scheint letztendlich eine Grenze zu bestehen.

Er hält die Augen weiter zu, betastet seinen Sack und seinen Steifen. Der Sack ist stramm, der Steife steif, der ganze
Apparat in Ordnung. Er erinnert sich an einen Traum, in
dem er zur Musterung bestellt war und die untersuchenden
Ärzte beziehungsweise Offiziere ihm einen Hoden abnehmen wollten, weil einer genug für ihn sei. Halbe Kraft voraus. Ein Teil von ihm hat Angst vor seiner Männlichkeit
und will sie kontrollieren, indem er sie verringert. Vielleicht
ist es auch ein Hinweis aufs nahende Alter. Mit hängenden
Eiern finge es an, hat ihm der Arzt bei seiner letzten Musterung gesagt. Demnach wäre der Traum eine Beruhigung:
Etwas in ihm weiß, dass es ein Leben nach der Virilität gibt.
Noch ist es aber nicht so weit.

Wie er sich so betastet und die Haut ein bisschen hin und
her schiebt, merkt er, wie sehr er mit Mia schlafen will. Seit
sie den gemeinsamen Analyseversuch abgebrochen hat, sind
sie sich nicht mehr nah gewesen. Erst war der Arbeiter da,
den sie umsorgte, als könnte sie sich damit die Seligkeit verdienen. Anschließend kam ihre Erregung, dieser ihm völlig
fremde, beängstigende Anfall. Er hat mit Lang telefoniert
deswegen, doch sie stand dabei, und er konnte nicht frei sprechen. Auch spürte er eine ungewöhnliche Zurückhaltung

vonseiten des Psychologen, als wollte er, was er vermutete, aber nicht belegen konnte, auch nicht aussprechen. Früher haben sie ein recht normales Sexualleben geführt, jedenfalls dachte er das, bis Mia ihm sagte, dass sie erst in den letzten Jahren richtige Lust auf Sex verspürt habe. Seitdem fragt er sich, ob das alles nur für ihn gewesen ist. Eine schmerzliche Vorstellung für eine Ehe, dass das Begehren nur auf einer Seite wohnt. Und dass es, wie sie ihm noch mitteilte, fast nie symmetrisch war: Wenn sie einmal wollte, hatte er keine Lust. Mia zeigt nun keine Auffälligkeit mehr, auch nicht beim Sprechen. Dafür ist der alte Zustand wieder da. Sie leben nebeneinanderher, sprechen kaum miteinander, vermeiden Konfliktthemen. Es ist, wird er nach dem Aufstehen schreiben, die alte Hölle, ohne wilde Flammen, ein langsames Kaputtgehen in Gleichgültigkeit, Alltag und Spinnweben.

Er könnte sie besuchen. Kaum hat er daran gedacht, hört er unten im Haus etwas klappern. Auch wenn die Magd das Geräusch verursacht haben könnte, weiß er gleich, dass seine Frau nicht mehr im Bett liegt. Jetzt erst schlägt er die Augen richtig auf. Durchs Fenster blickt er in den Himmel. Das Wetter ist umgeschlagen, jetzt zeigt es sich widrig, grau, schlapp, kalt und damit wie für seine Stimmung gemacht.

Vor kurzem ist ihm wieder eingefallen, wie sie sich erstmals über ihre Einsamkeit beklagte. Es war etwa zur Zeit der Indienreise. Da schrieb sie, sie fühle sich so allein, sie könne sich nicht mehr vorstellen, dass es außer ihr noch andere Menschen gäbe. Er hat keine Ahnung, dass es schon viel länger geht. Mia ist allein. Doch nach wie vor sieht Hesse sich als den, der stärker leidet, der kränker ist, der Mitleid nötig hätte. Er ist derjenige, der nächtelang nicht schläft, der Kopf- und Augenschmerzen hat. Er ist es, dem die Welt als Feind erscheinen will, der hinter Büchern sich verbirgt, ein Lügenleben führt. Sie nimmt doch alles, wie es kommt. Sie geht so gern mit Menschen um, sie zögert nie, etwas zu tun, packt alles an. Gerade steht sie wieder in der Küche und gibt Anweisungen, der Tag muss ihr gehorchen.

Zu anderen Gelegenheiten findet er, sie nehme alles viel zu schwer. Da will er rasch und leicht über etwas hinweggehen, doch sie beharrt und macht ihr beider Elend zu einem Sumpf, in dem die Stiefel stecken bleiben.

Als er später unten ist und sein Brot in den Kaffee tunkt, kommt es zum Streit. Mia beklagt sich, weil sie den Brüdi nicht heimgeholt haben. (Sie war dafür zum siebten Geburtstag bei ihm.) Hesse gibt zu, dass sie es eigentlich so ausgemacht hatten. Martin sollte in den Sommerferien kommen – in Abwesenheit der älteren Söhne hätten sie vielleicht etwas von ihm gehabt. Nun ist aber allerhand dazwischengekommen. Nicht zuletzt die Spanische Grippe lieferte einen Einwand gegen sein Kommen. Mia erinnert ihren Mann daran, dass sie in wenigen Tagen fünfzig wird. Sie will alle Kinder dahaben, wenigstens an diesem Jubeltag. Hesse kriegt Panik. Schon hört er Martins Schreie durchs Haus hallen, die ihn an jeglicher geistigen Betätigung hindern, und darüber hinaus irgendetwas in ihm anrühren, das er nicht benennen kann. Vielleicht ist es der Schreier in ihm, der nicht geweckt werden darf. Eine Weile geht es hin und her, schließlich bittet Mia ihn um diesen Gefallen, selbst die Waffen streckend. Da wird er ums Haar weich. Aber nein, es kann nichts Gutes dabei herauskommen, die drei Burschen zusammen dazuhaben. Er sagt nein. Als er zurück ins Arbeitszimmer geht, giftet Mia ihm hinterher. Sie nennt ihn einen Egoisten, einen geborenen Alleinherrscher.

»Ich bin der Hase«, sagt er, »du die Igelin.«

»Was bin ich?«, fragt sie zurück.

Er wiederholt es nicht. Er findet, dass sie unrecht hat. Im Gegenteil, er tut fast nie mehr, was er will. Es ist ein Halbleben geworden. Die Pflichten türmen sich, die freie Hälfte fehlt. Wenn er einen Zipfel der ersehnten Freiheit zu fassen kriegt und daran zieht, weicht sie zurück wie das Wasser vor dem durstigen Tantalos, und es zeigt sich schwarzer Sand.

Die Deutsche Stelle

Früh am Morgen läutet das Telefon. Hesse müht sich die Treppe hinunter. Der Tag überrennt ihn, er muss sich ergeben, ein Gefangener der Wirklichkeit. Die Wirklichkeit ist in diesem Fall die Kriegsgefangenen-Fürsorge. Woltereck hustet trocken in den Fernsprecher, als hätte er zu lange mit dem Reden gewartet. Kurzatmig wünscht er einen guten Morgen. Hesses unwirsche Erwiderung ignoriert er und fängt damit an, das Übermaß an Arbeit zu beklagen, das die bereits angelaufenen Vorbereitungen für den Versand von Weihnachtsgaben an die Internierten mit sich bringe. Hesse fasst das als Vorwurf auf. Es stimmt, dass er zu häufig im Büro gefehlt hat. Angesichts seiner privaten Turbulenzen konnte er diese Fron nicht immer ertragen.

»Du kannst dir nicht vorstellen, was bei uns daheim los gewesen ist«, sagt er, ohne sich näher zu erklären. »Das ist alles zum Teufelholen. Ich weiß nicht, ob ich hier noch weiter werde leben können. Oder überhaupt. Meine Frau – ach vergessen Sie's.«

Diesmal lässt Woltereck sich nicht abwimmeln. Das Sie überhört er und kommt unmittelbar auf sein Anliegen zu sprechen.

»Wie du weißt, sitze ich schon seit Tagen an der Neuauflage meiner Denkschrift. Ich möchte dich da etwas fragen.«

»Muss das sein?«

»Es betrifft dich. In dem Abschnitt über deinen Arbeitsbereich steht folgender Satz: Wir hatten das besondere Glück, von vornherein die Versorgung der Gefangenen mit Belletristik in die Hände eines deutschen Schriftstellers zu legen, der ganz besonders mit dem einfachen Mann zu fühlen versteht. – Ich habe mich gefragt, ob man diesen Satz abändern sollte. Die Neuauflage richtet sich ja auch und gerade an die höheren Dienstgrade.«

Hesse bohrt in der Nase. Er ist froh, dass der Fernsprecher keine Bilder übermittelt.

»Welche Änderung würdest du vorschlagen?«

»Das ist es ja. Mir fällt nichts ein. Den Satz zu streichen würde ein Loch in den Text reißen. Ich hatte gehofft, du könntest mir helfen.«

»Warum denkst du, ausgerechnet ich könnte dir helfen? Nur weil ich Schriftsteller bin? Nein. Es fällt mir überaus schwer, in einem fremden Text herumzufuhrwerken.«

»Du musst doch wissen, wie du charakterisiert sein willst.«

»Schreib halt: der den einfachen Mann am liebsten in Stücke risse. Der über ihn hergefallen ist, der ihm die Ohren abschnitte, wenn er sich nicht verdrückt hätte.«

Hesse merkt, wie er entgleist, und zwingt sich innezuhalten. Zum Glück lässt Woltereck sich von dem scharfen Ton nicht mitreißen. Er zeigt auch kein Befremden, obwohl er gar nicht wissen kann, warum Hesse so ausfällig wird.

»Wenn du reden willst – ich bin allein im Büro.«

»Nicht jetzt, Richard.«

»Willst du noch ein paar Tage daheim bleiben?«

Er ist unglaublich. Eben erst hat er zu Recht das Übermaß an Arbeit beklagt, das auf seinen Schultern lastet. Jetzt will er Hesses Teil zusätzlich stemmen.

»Das kommt nicht in Frage. Du hast völlig recht. Wir haben gerade jetzt besonders viel zu tun, und wir werden unsere Aufgabe gemeinsam meistern, selbst wenn der Krieg noch fünf Jahre dauern sollte.«

»Das wird er nicht.« Woltereck wird leiser, als fürchtete er, abgehört zu werden. »Ich weiß aus dem Ministerium zuverlässige Interna darüber, wie die Oberste Heeresleitung neuerdings die Lage einschätzt. Weißt du, was an der Marne geschehen ist?«

»Ich will es nicht wissen, Richard. Bitte, verschone mich mit Frontberichten.«

Hesse hat genug von den Äußerlichkeiten dieses zermürbenden Kriegs. Millionen Menschen sterben auf den Schlachtfeldern, ohne dass das Wesentliche berührt würde. Eine neue Welt will geboren werden, gut, aber – inzwischen ist er sich sicher – das gelänge auch ohne dieses endlose Schlachten. Gleichzeitig spürt er, wie falsch es ist, vom Tagesgeschehen nichts wissen zu wollen. Doch an diesem Morgen, nach diesen Tagen der Schlacht in seinem ganz persönlichen Krieg, ist es ihm zu viel. Sein Krieg, ha, der ist genauso falsch und überflüssig wie der Weltkrieg. Wobei er sich zugutehält, dass er den Gegner niemals vernichten wollte. Eher würde er Hand an sich legen. Das wäre ohnehin das Beste. Schon spielt er wieder mit Suizidgedanken.

»Jedenfalls wird es nicht mehr lange dauern, Hermann. Du wirst sehen. Das Deutsche Reich wird um Frieden bitten. Behandle das bitte als Dienstgeheimnis!«

Es dringt nicht zu ihm durch. Vielleicht kann er es einfach nicht glauben. Hesse bedankt sich für den Sonderurlaub.

Er verspricht, am nächsten Tag wieder ins Büro zu kommen. Sie tauschen noch ein paar Höflichkeiten, können ihre Angelegenheiten aber nicht wirklich bereinigen.

Mit einem *Klack* geht das Gespräch zu Ende. Es bleibt ein Unwohlsein. Hesse sinnt nach. Auf einmal hat er den kurzen, angestrengten Atem Wolterecks wieder im Ohr. Manchmal ist des Professors Kopf bläulich. Er hat Herzprobleme, das hat er neulich eingestanden, die Angelegenheit aber runtergespielt. Hesse empfindet ein Mitleid, zu dem er bei dem Telefonat nicht fähig war. Er hat den Impuls, doch ins Büro zu gehen. Aber die Arbeit an sich selbst, der Versuch, von der Nacht einen Traum zurückzugewinnen, den alten Schmerzen und Verklemmungen im eigenen Innern nachzuspüren, ist mindestens ebenso wichtig. Er betrachtet sich nach wie vor als Patient und muss sich vorsehen, will er nicht wieder mit den Nerven zusammenbrechen. Niemand wäre damit gedient.

Er hebt den Finger an die noch immer trockene Nase. Dabei streift er mit der Außenseite seines zweiten Daumenglieds den kurz gestutzten Schnauz. Er spürt es förmlich in den Fingern, dass der Bart wegmuss. Sie passen nicht mehr zueinander.

Woltereck hat den Verdacht, dass die Pillen, die er dreimal täglich nimmt, nicht helfen. Es wäre kein Wunder. Bei der Hetze, die seit Jahren jeder Tag für ihn bedeutet, kann man nicht wieder gesund werden. Zum Glück ist er nicht nervös, sonst wäre er längst zusammengeklappt. Krankfeiern kommt für ihn nicht in Frage. Da er nicht an der Front kämpfen kann, nimmt er seine Arbeit bei der Deutschen Stelle, wie er die Berner Kriegsgefangenen-Fürsorge gern nennt, nur umso ernster.

So ist er auch an diesem Mittwoch wieder vor allen anderen im Büro in der Thunstrasse. Er braucht eine Stunde Ruhe, um sein Vorwort zu schreiben. An und für sich ist es lächerlich, aber in dem allgemeinen Chaos, das bald hier herrschen wird, dem ununterbrochenen Klingeln des Telefons, Klappern der Schreibmaschinen und Schwirren der Stimmen kann er keinen vernünftigen Satz zu Papier bringen. Er hat sich in dem vollgestopften Raum eine kleine Bahn frei geräumt und geht da auf und ab, so können die Gedanken besser laufen. Die Neuauflage der Denkschrift wird vor allem für die Portepeeträger veranstaltet, die häufig von den gewöhnlichen Soldaten getrennt interniert sind und einige Privilegien genießen, letztlich aber genauso oder dringlicher nach geistiger Beschäftigung lechzen wie die gemeinen Soldaten. Seufzend wendet er sich wieder seinem Vorwort zu. Es fehlen dazu auch noch ein paar Zahlen über die Aktivitäten der Bücherzentrale. Ebben hat versprochen, sie zusammenzutragen. Bis jetzt wartet Woltereck vergeblich darauf. So in seine Arbeit vertieft, überrascht es ihn, als plötzlich die Tür aufgeht. Er hat weder die Haustür noch Schritte auf der Treppe gehört. Es scheint auch niemand geklopft zu haben.

»Potzblitz«, ruft er, »wer ... ach, du bist es, Hermann.«

»Störe ich?«

Woltereck erlaubt sich einen kleinen Seufzer. Hesse müsste selbst am besten wissen, dass er stört. Vielmehr *hat* er gestört, denn Woltereck nimmt den Faden, der ihm einen Ausweg aus dem Labyrinth des ungeliebten Vorwortschreibens weisen könnte, sogleich auf. Er ist auch überrascht, Hesse vor sich zu sehen. Nach dem gestrigen Telefonat hatte er damit nicht gerechnet.

»Komm rein.«

»Es tut mir leid, dass ich gestern am Telefon so garstig war. Das quält mich jetzt.«

»Schon vergessen.«

»Zurzeit bin ich eben wieder höchst nervös.«

»Magst du einen Tee? Ich habe ihn selbst aufgebrüht.«

Dankend lässt Hesse sich aus einer Kanne mit braun verfärbtem Schnabel lauwarmen, leicht bitteren Tee einschenken. Eine eigene Tasse hat er sich vom Bord neben der Zimmertür genommen. Er fragt Woltereck nach dessen Befinden, scheint auch die verharmlosende Antwort zu hören, geht aber nicht darauf ein. Hesse sieht an diesem Tag auch wesentlich schlechter aus als Woltereck. Er wirkt fast magerer als sonst. Seine Augen sind gerötet, neben der Nase sitzt ein gelber Krümel. Schmerzende und entzündete Augen sind bei Hesse ein Zeichen von größtem Unwohlsein, wie Woltereck seit Jahren beobachten kann. Der warme Tee entspannt den Professor. Er vergisst vollends sein Vorwort und fragt den Dichter geradeheraus nach seinen häuslichen Schwierigkeiten.

Hesse spricht von seiner Frau. Sie habe sich äußerst merkwürdig verhalten, launisch, sprunghaft, ja exaltiert sei sie gewesen. Er berichtet von sprunghaften Wechseln von Deutsch zu Französisch oder Italienisch und zurück. Einmal scheint sie gar mit einem kleinen Messer auf ihren Mann losgegangen zu sein. Inzwischen gehe es ihr besser, berichtet Hesse, dafür sei sie ihm gegenüber jetzt gleichgültig, gar abweisend. Er leide unmenschlich unter diesem Zustand.

Woltereck erkennt bei Hesse deutliche Anzeichen von Neurasthenie. Es wäre nutzlos, das auszusprechen. Stattdessen weist er den Kollegen darauf hin, dass ein Mann feste Grundsätze benötigt. In schlechten Zeiten müsse man erst recht zu Frau und Kindern stehen. Er möge sich seiner Freude an den Kindern erinnern.

Hesse erwidert, er wünsche die Knaben des Öfteren zum Teufel, wenn das Haus von ihren Zankereien erbebe. Eine Künstlerexistenz vertrage sich einfach nicht mit der bürgerlichen eines Familienvorstands. Wieder klagt er über seine Frau. Sie nehme ihn nicht wahr, sie spreche von Allliebe und trete ihn zur gleichen Zeit wie ein Würmchen in den Boden. Dann wieder sei sie wochenlang von einer Nichtigkeit beherrscht, die zwischen ihnen vorgefallen.

Woltereck rätselt. Erst als dem Biologen einfällt, dass Mia Hesse neun Jahre älter ist als Hermann, geht ihm ein Licht auf. Er beschließt, äußerste Klarheit walten zu lassen.

»Deine Frau ist jetzt fünfzig, habe ich recht?«

»In einer Woche.«

»Verzeih mir das offene Wort. Aber ihr merkwürdiges Verhalten wird von den Wechseljahren kommen. Ich erinnere mich da an die Frau eines Kollegen aus Leipzig. Sie war immer die gute Stunde selbst. Und plötzlich, als das bei ihr losging, wurde sie zanksüchtig und rechthaberisch.«

»Boshaft? Schadenfroh?«

»Übellaunig, lieblos, roh in Wort und Tat.«

»Wie soll ich das bloß überleben.«

»Es kann ein paar Jahre dauern. Aber das geht vorbei.«

»Sicher hast du recht«, murmelt Hesse. »Dennoch scheint mir, dass etwas anderes im Spiel ist. Ein schwer zu ergründender Komplex.«

Für einen Moment wirkt er auf Woltereck, als hätte er alles um sich herum vergessen.

»Du wirst sehen«, versucht der Professor zu trösten.

Hesse nimmt sich zusammen.

»Wie geht es eigentlich deinem Herzen?«

Sie haben vorhin bereits darüber gesprochen, aber das scheint er vollständig vergessen zu haben.

»Es springt«, sagt Woltereck, »manchmal im Galopp, dann lässt es wieder ein, zwei Schrittchen aus. Nichts Neues. Die Pillen helfen nicht.«

Er zeigt auf die Schachtel neben der Teekanne, froh über diese Wendung der Unterhaltung.

»Vielleicht läufst du vor dir selbst davon? Im Galopp und stolpernd.«

»Ich glaube an die Materie, nicht an die Psychologie. Das Herz ist ein Muskel, eine Pumpe. Irgendwann geht sie kaputt. Mit diesen Stolperern fängt es an.«

»Du bist jetzt resigniert, weil du dich schlecht fühlst. Nimm dir eine Auszeit, befasse dich einmal mit deinem eigenen Leben. Mir hat das unendlich geholfen.«

Das bezweifelt Woltereck allerdings. Diese ganze neue Psychologie ist ihm zu wenig rational. Die meisten Annahmen sind durch nichts zu beweisen.

»Ich kenne mein Leben, Hermann. Es ist seit Jahren nicht mehr das, zu dem ich mich berufen fühle. Aber für wen ist es das in diesen Zeiten?«

Mehr gibt es da für ihn nicht zu zergliedern. Klimakterium, Stufenleiter – so sieht er das. Das Individuum degeneriert ab einem gewissen Punkt im Leben, Männer wie Frauen, jede höhere Lebensform.

»Plagt dich das Vorwort immer noch?«

Hesse zeigt auf das aufgeschlagene Exemplar der Denkschrift mit den Anstreichungen.

»Eine verfluchte Sache. Eigentlich wäre das ein Klacks für mich, fände ich mal eine Viertelstunde Ruhe!«

»Und wenn du sie findest, kommt der Hesse daher mit seinen Sorgen.«

»Nein, nein. Ich freue mich über unseren Austausch.«

»Also«, sagt Hesse. »Bis die ersten Mitarbeiter kommen, kann es noch eine halbe Stunde dauern. Hast du schon ein Konzept?«

Er beugt sich über Wolterecks Papiere. Im Grunde ist er doch ein guter Kerl.

Bruder Tod

Auch zu mir kommst du einmal,
Du vergißt mich nicht,
Und zu Ende ist die Qual,
Und die Kette bricht.

Noch erscheinst du fremd und fern,
Lieber Bruder Tod,
Stehest da als kühler Stern
Über meiner Not.

Aber einmal wirst du nah
Und voll Flammen sein –
Komm, Geliebter, ich bin da,
Nimm mich, ich bin dein.

Hermann und Mia sitzen im Schein der Öllampe zusammen auf dem Sofa. Während er vorlas, hielt er das Blatt an zwei Enden, links unten und rechts oben, je zwischen Zeige- und Mittelfinger geklemmt. Seine Stimme war leise und wurde zunehmend brüchig. Nun legt er das Gedicht beiseite, ohne sie anzusehen. Sie sagt nichts, da ihre Bemerkungen ihn immer nur ärgern. Sie denkt, dass er ihr deshalb kaum noch eigene Gedichte vorliest. Dieses hat er *Bruder Tod* genannt. Sie mag die Musik seiner Worte, aber sie begreift nicht, warum es wieder ein düsteres Thema sein muss. Und sie begreift erst recht nicht, warum er sich den Tod zum Geliebten wählen will. Er sollte besser lieb zu ihr sein. Er sollte sich dem Leben und dem Lebendigen zuwenden, sich dem positiven Fluidum überlassen. Sie hat aus den Essays von Prentice Mulford gelernt, dass ein verärgerter und deprimierter Mensch in Kontakt bleibt mit allen, die deprimiert und verärgert sind, wie die negativen Pole einer Batterie miteinander verbunden bleiben und der Strom von einem Element zum anderen fließt. Genauso verhält es sich ja mit den positiven Polen – auch die Hoffnungsvollen, Starken und Freudigen verstärken ihre Wellen, indem sie untereinander verbunden bleiben. Die Liebe ist die höchste Kraft und die höchste Liebe zu allem Lebendigen ist ein Weg zum Leben selbst, das wie aus tausend Batterien in uns zurückfließt. Nur sie führt aus dem Übel.

Es stimmt, dass Mia ihren eigenen Mann schon gehasst hat, weil er sie seine völlige Ablehnung spüren ließ. Der Hass führte nur dazu, dass alles zwischen ihnen immer finsterer und härter wurde. Sie sieht das Leben nun auf eine völlig neue Weise an. Sie hofft so sehr, Hermann möchte dem schädlichen mentalen Kreislauf entrinnen. Solange er auf den Tod fixiert bleibt, auf Einsamkeit und Depression, solange wird sie sich vor ihm hüten müssen. Sie will nicht mit in den Strom von Krankheit und Leiden gezogen werden, der unfehlbar am Ende all der Negativität steht. Sie fühlt sich benagt von diesen Übeln, ihr lichtes Bewusstsein leidet, in ihre Erinnerung haben sich Löcher gefressen. Übermorgen wird ihr vierzehnter Hochzeitstag sein, das weiß Mia. Und sie erinnert sich lebhaft daran, wie sie an ihrem zehnten Hochzeitstag vom Ausbruch des Kriegs erfuhren, der nun kein Ende nehmen will.

Doch vor Tagen hat sie etwas Seltsames erlebt. Sie wusste von einem Moment zum anderen nicht mehr, wo sie war. Sie wusste ebenso wenig, wo sie herkam und wo sie hinwollte. Ihrem Mann hat sie davon nichts erzählt; es hat diese unheimliche Gefangenschaft auch nicht lang gedauert und ihr ist bald wieder eingefallen, dass sie auf dem Heimweg von Kirchdorf war, wo sie den lieben Brüdi besucht hatte. Einen ordentlichen Schrecken trug sie davon. Und nun muss sie feststellen, dass sie wieder in so ein Loch schaut, wenn sie sich zu erinnern versucht.

Hermann hat mit dem Gedichtblatt auch seine Rührung abgelegt. Er sagt, dass sie über eine Verletzung sprechen müssen, die sie ihm zugefügt habe. Sie habe den Taglöhner viel zu aufmerksam behandelt und ihren Mann gleichzeitig völlig links liegenlassen. Er habe geglaubt, dass sie nun diesen Vaucher liebhätte. Aber sie kennt keinen Vaucher. Wohl weiß sie, dass einmal jemand da gewesen ist, der ihnen das Winterholz gesägt hat. Den muss Hermann meinen. Dass sie für jenen Menschen stundenlang Klavier gespielt und ihm den Tisch mit einem weißen Tuch gedeckt oder Blumen hingestellt hätte, davon ist ihr nichts bekannt. Sie fragt schüchtern nach. Hermann berichtet mehr Einzelheiten. Fast kann sie sich das nicht vorstellen. Sie beschließt zu verschweigen, dass sie davon nichts weiß.

»Wie merkwürdig«, sagt sie nur. »Das tut mir aber leid.« Es sind Worte, die Hermann friedlich stimmen.

Es muss an den negativen Strömen liegen. Sie war doch schon ganz durchdrungen von der Liebe. Das weiß sie. Sie muss achtgeben, muss die positiven Ströme fließen lassen, damit Hermann sich anschließen kann. Sie spürt, dass auch er in Gefahr ist. Vielleicht verstärkt ein ungünstig aspektierter Neptun die Verwirrung noch. Hermann muss immerzu denken. Er muss analysieren. Es gibt für ihn bisher nur diesen Qualenweg. Er behauptet, es gebe keine Heilung ohne Schmerzen. Der ganze innere Mensch müsse dazu zerrissen werden. Es bedürfe der rückhaltlosen Offenheit gegen einen Zweiten. So dringt er immer weiter in die eigene Kindheit ein und nötigt auch Mia zurückzuschauen. Das hat sie niemals tun wollen. Aber er drängt so darauf, es wäre unverzichtbar für die Analyse, die er mit ihr vornähme. Er hat die Liebe nicht, die alles weiß.

Stattdessen entfacht er sich selbst ein Fegefeuer. Eine der größten Flammen darin ist die Sexualität. Er nimmt sie ungeheuer wichtig. Einmal hat er Mia seine frühere Onanie gebeichtet. Sie erinnert sich, dass er erschüttert wirkte. Seine Aufregung konnte sie nicht nachvollziehen. Sie hält die Selbstbefriedigung nicht für krankhaft. Hermann dagegen peinigte es. Er sprach davon, wie schlecht er sich als junger Mann fühlte, mit hohem Herzen Nietzsche zu lesen und dennoch diesem Laster nachzugehen. Der Schwiegervater hat sogar ein Buch darüber geschrieben: *Warum bist Du nicht glücklich? – Eine Frage an alle Gebundenen, insbesondere an die Sklaven der Onanie oder Selbstbefleckung.* Sie selbst hat sich nie angefasst, das war ihr kein Bedürfnis. Es hat ihn geärgert zu sehen, wie leicht sie seine Beichte nahm. Ein negativer Strom will sich mit anderen negativen zusammenschließen. Auf diese Weise wächst das Übel an.

»Ich war dir einmal physisch untreu. Mit einer anderen Frau.«

Mia zuckt bei diesem abrupten Geständnis. Damit hat sie nicht gerechnet. Besser gesagt: Sie hat all die Jahre damit gerechnet. Er war so viel unterwegs. Aber irgendwie hat sie es schließlich vergessen. Schnell geht sie ein paar Vermutungen durch. Sie wird sich nicht schlüssig.

»Es hatte keine Bedeutung für mich. Eine flatterhafte Untreue, eine kurze Begegnung. Mehr war da nicht. Ich hatte sie bald vergessen.«

»Wann ist das geschehen?«

»Vor mehr als zehn Jahren.«

»Wie hieß sie?«

»Du kennst sie nicht.«

Wieder ist es ihm gelungen, sie mit hineinzuziehen.

»Sie scheint dir ja etwas ganz Besonderes zu sein, dass du sie so schützt. Willst du mir wenigstens sagen, wo sie lebt?«

»Das würde dich nur belasten. Nicht in Gaienhofen.«

»War sie blond? War sie jünger?«

»Jetzt hör auf.«

Er ist ganz negativ. Mia betrachtet ihren Hermann. Ein bisschen zusammengesunken sitzt er da, nicht zerknirscht, aber belastet. Ein großer Frauenheld ist er ja nie gewesen.

»Du verdrehst mir alles. Ich weiß bald nicht mehr, wer ich bin. Ich frage mich, mit wem ich all die Jahre zusammengelebt habe.«

»Ich hoffe doch mit mir.«

»Aber wer bist du denn? Ein Don Juan?«

»Nein! Nein, Herzliebste!«

Er sucht ihre Hand. Das überrascht sie wie das Kosewort. So oft hat sie beide bereits der kleine Hass beherrscht. Diesmal kommt er nicht auf. Sie lässt nicht zu, dass er übergreift. Sie fühlt sich ein bisschen benommen. Das hilft ihr offenbar noch, die richtigen Schleusen zu öffnen. Verletztheit und Bestrafungswünsche drängt sie zurück. Sie muss nicht einmal drängen. Es reicht aus, dass dieses große Gefühl strömen darf. Sie öffnet sich für ihren Hermann. Sie will ihn nah, ganz nah. Es ist alles so einfach.

»Hast du mir etwas zu gestehen?«

Nicht einmal diese dumme Frage bringt sie hoch. Sie schüttelt stumm den Kopf.

Sie mag es, wie er ihre Hand streichelt, wie seine Finger den Unterarm hinaufkrabbeln zu der zarten Stelle kurz vor der Ellenbeuge. Sie schiebt den Arm näher hin. Er schaut irritiert, ganz als hätte sie etwas Ungebührliches getan. Doch er weicht nicht zurück, er streichelt weiter, noch etwas höher. Nach einer Weile von süßer Länge wandern seine Finger hinüber zu ihrem Busen. Es gefällt ihr. Die Brustwarzen richten sich auf. Er nimmt jetzt auch die andere Hand und streichelt ihren Nacken. Ein Schauer überläuft sie. Es ist geglückt, sie hat ihn positiv gemacht. Sie sind nun gleich geladen. Die eigene Hand lässt sie auf seinen Oberschenkel sinken und langsam, langsam aufwärts wandern. Noch sind sie beide stumm, die Lust verhalten. Ein paar Minuten treiben sie ihr Spiel so weiter. Es fehlt ihr, dass er sie nicht küsst.

»Gehn wir hinauf?«

»Geh du schon vor. Ich komme gleich.«

Er liegt im Bett und wartet dort auf seine Frau. Die Zeit wird ihm lang, schon hat er Zweifel, ob sie tatsächlich kommen wird. Dass die alte Geschichte mit der hübschen Strohwitwe für Mia so bedeutsam ist, kann er nicht begreifen. Es war ein Abenteuer, dessen er sich kaum entsinnt. Viel bedeutender kommt ihm seine lang andauernde Verliebtheit in Elisabeth vor. Wie viele Jahre hat sie sein Herz schneller schlagen lassen, sobald er an sie dachte. Und er hat oft an sie gedacht. Bis heute hat keine Frau ihn so mitten ins Herz getroffen wie diese Unerreichbare. Was er bei seiner Frau nicht fand, hat er Elisabeth zugeschrieben, die Tiefe des Gemüts, den geistigen Widerpart, sogar die Melancholie. Und bei Elisabeth als Einziger war er vollkommen blind. Nie wusste er, was sie für ihn empfand. Einmal war er sich ihrer vollkommenen Gleichgültigkeit sicher, ein andermal hielt er Freundschaft für möglich, selten sogar Liebe. Sie hat ihn sicher nicht geliebt. Das weiß er heute. Und vielleicht doch. Der Glaube, dass dieser überwältigende Funke, den manche für einmalig im Leben eines Menschen halten, in zwei füreinander bestimmten Herzen gleichzeitig glimmen müsse, ist sehr hartnäckig.

Er hat kein Licht gemacht. Es kämen nur die Mücken rein. Die Dielen knarren. Sie kommt. Nein, die Tür bleibt angelehnt. Er fragt sich, warum er den Schlafanzug trägt. Ein merkwürdiger Hang zur festen Ordnung muss ihn dazu gebracht haben. Oder es war die Ahnung des Schlimmeren, das eintreten könnte: dass sie ausbleibt, dass sie es sich anders überlegt, es (und ihn) vergessen hat, dass sie wieder kalt geworden ist und ihn schneiden wird. Vor einiger Zeit hat er ein Stück von René Schickele gesehen, *Der Hans im Schnakenloch*, mit einer grausigen Sterbeszene. Er hat danach von einem Idioten geträumt, der Woltereck nach der Pfeife tanzte, ihm selbst aber bedrohlich wurde. In dem Idioten hat er einerseits Vaucher wiedererkannt, von dem er sonst noch gar nicht träumte, andererseits eben jenen Stallknecht, der in Schickeles Stück zum Mordopfer wurde. Der Traum ließe sich leicht deuten, der Idiot ließe sich als die Figur des heiligen Narren sehen, des Kindlichen oder Begnadeten, der den Pflicht- und Verstandesmenschen Hesse besiegt und tötet. Mia würde den Traum sicher in dieser Richtung verstehen. Aber es wäre völlig unanalytisch. Wie merkwürdig sie reagiert hat, als er sie auf ihren völlig unangemessenen

Umgang mit dem Taglöhner ansprach – als wüsste sie nichts davon.

Sein Vater wollte einem Bettler einmal kein Geld geben und nahm ihn stattdessen mit zum nächsten Kaufladen, um dort ein Brot für ihn zu kaufen. Der Arme wartete draußen neben den Kindern, Adele, Hermann und Hans, und alle schauten recht unglücklich drein. Bevor der Vater mit dem Brot zurückkam, rannte der Bettler einfach davon. Vor Langeweile beginnt er das alte Elsässer Lied zu summen, nach dem Schickele sein Stück betitelt hat.

> Der Hans im Schnakenloch hat alles, was er will.
> Und was er hat, das will er nicht
> und was er will, das hat er nicht.
> Der Hans im Schnakenloch hat alles, was er will.

Jetzt hat er einen Ohrwurm.

> Der Hans im Schnakenloch, der hat ein' guten Knecht.
> Eines gefällt dem Hans doch nit
> er isst und trinkt auch fleißig mit.
> Der Hans im Schnakenloch, der hat ein' guten Knecht.

Wieder knarren draußen die Dielen, endlich kommt sie. Sie hat sich ausgezogen und ihr Haar gelöst. In dem nächtlichen Zimmer sieht er ihre Gestalt nur schemenhaft. Die Ahnung ihrer Brüste und des dunklen Flecks zwischen ihren Beinen reicht aus, um ihn erneut zu erregen. Er schlägt die Decke zurück und sie hüpft wie ein junges Mädchen zu ihm ins Bett. Dabei kichert sie jedoch wie ein Zwerg, der sich ins Fäustchen lacht.

Sie umschlingen sich. Mia küsst ihn, dass ihm fast die

Luft wegbleibt. Es sind Küsse wie in ihrer ersten Zeit. Sie bewegt ihr Becken. Er streichelt ihren alternden Körper, er registriert das Weichgewordene an ihr, das Mehr an Haut. Es macht ihm nichts; er kann sie nehmen, wie sie ist. Doch diesmal nimmt sie ihn. Unheimlich kraftvoll ist die Umarmung, die Umklammerung mit den Schenkeln; beinah tut es weh. So kennt er sie noch nicht. Sie wird sogar ein bisschen laut. Er ist erstaunt, wie viel Kraft sie in den Schenkeln hat. Sie stöhnt, sie zeigt auf einmal Leidenschaft und drückt dabei so fest, als wollte sie ihm das Kreuz brechen. Ein bisschen fühlt er sich, als würde gerade ein neuer Hesse aus dem alten rausgequetscht. Der neue bewegt sich gut, er ist bei weitem nicht so steif. Er will sich hingeben, die ursprünglichen inneren Triebkräfte wieder in ihr Recht setzen, ein Narr, ein Lichtbringer sein. Schon wird er immer leichter, bald wird er die Schwerkraft überwinden und im Äther – sie macht die Augen gar nicht zu. Das sieht er, als er seine für einen kurzen Blick öffnet. Schaut sie ihm etwa beim Geschlechtsakt zu? Sofort lässt seine Sexlust nach.

> Der Hans im Schnakenloch, der hat 'ne liebe Frau.
> Bloß wenn sie will, dann kann er nicht
> und wenn er kann, dann will sie nicht.
> Der Hans im Schnakenloch, der hat 'ne liebe Frau.

Mia drückt ihn anhaltend zwischen ihre Beine. Sie stößt ihr Becken gegen seins. Sie macht etwas, das einfach ihrer Lust dient. Das ist neu. Er ist halb angetan, halb irritiert. Immer wieder wundert er sich, weil ihre Kraft stetig zuzunehmen scheint. Es ist beinahe unheimlich. In dieser Stunde ahnt er, dass der Tod nicht männlich, demnach kein Bruder, aber ebenso wenig eine Schwester sein könnte.

Hermann hält die Augen geschlossen, aber sie nicht, sie will alles sehen. Er ist als Mann nicht ganz ihr Typ, so lang und schmächtig. Nur seine straffen Muskeln hat sie immer gemocht in den frühen Jahren. Jetzt sehen seine Oberarme mehr nach Schreibtisch aus, die Brust scheint schmaler. Sein Arsch ist nicht mehr ganz so knackig. In dieser Nacht liebt sie es, sein steifes Glied in sich zu spüren. Ihr Schoß ist so weit offen, dass er ihn ihr nicht schließen kann. Noch mehr will sie von ihm haben, noch einen Zentimeter oder zwei. An ihrem zarten Bauch spürt sie den kleinen Wulst von Hermanns Blinddarmnarbe. Einmal schaut er sie an. Das wird ein kritischer Moment, denn sein Blick ist kalt und seine Bewegungen werden langsamer. Er soll jetzt nicht aufhören. Sie darf ihn nicht zurückkehren lassen in sein Eigenreich. Sie drückt die Fersen hinten in seine Backen. Dies eine Mal gibt sie nicht nach, lässt ihn nicht gehen. Satt will sie werden. Sie ist so jung, ein Mädchen noch. Ihr Körper ist voller Spannkraft. Sie streichelt ihn, bewegt sich unter ihm. Stöhnt ihm ins Ohr. Er kommt zurück zur Sache, stößt jetzt kräftig. Nun schließt auch sie die Augen. Sie rast durch einen Tunnel, direkt auf das winzige Licht am Ende zu. Der Tunnel ist lang, fast scheint er statt kürzer immerzu länger zu werden. Sie fürchtet nichts, bis sie erkennt: das Helle hinten ist die Ewigkeit. Da packt sie ihren Mann mit beiden Armen, als könnte sie den Flug auf diese Art beenden. Sie kann es auch. Sie macht die Augen lieber wieder auf. Als Hermann kommt, ist sie ganz nah davor, so nah wie nie. Er lässt sich auf sie fallen. Allmählich beruhigt sich sein Atem, die Erektion lässt nach. Sie hält ihn noch ein bisschen zwischen ihren Beinen fest. Die Ewigkeit ist vorerst wieder zugedeckt. Sie hat noch Zeit. Man muss das gar nicht sehen. Qui vivra, verra.

Nun atmet er sich aus, spürt der Lust hinterher, genießt das Gefühl der Haut an seiner Haut, der Brust an seiner Brust. So lange sehnte er sich nach einem Zufluchtsort, an den er sich von der Welt zurückziehen könnte, bis er lernte, dass er diesen Ort in sich finden und hüten muss. Dieser innere Raum oder Punkt ist voller Einsamkeit. Er hat diesen Ort Sarg und Wiege genannt. Doch aus der Wiege ist schlecht allein aufstehen und aus dem Sarg noch schlechter zurückkehren in die Welt und zu den anderen Menschen. Eben hat er den Rausch der Verschmelzung erlebt, den man allein für sich nicht haben kann. Ein schwankendes Zimmer ist diese gemeinsame Zuflucht gewesen. Nun liegt sie still, er wünscht sich, dass ein Haus draus würde. Es scheint auf einmal wieder möglich, den Weg mit Mia fortzusetzen. Nach wie vor will er ein Ehemann sein und tun, was vorgegeben scheint. Er stellt sich einen steinigen, mühseligen Weg vor, an dessen Ende die Erlösung wartet. Er findet Mia satt und lächelnd, eine Königin. Unter Küssen lösen sie sich voneinander. Zärtlich Händchen haltend liegen sie da. Der Beischlaf ist ein Gutschein in der Währung Hoffnung. Ein Eimer Kleister auf den Zweifel.

Sie schläft bald ein, er liegt noch lange wach. Er denkt sein Leben durch von hinten und von vorn. Es passt nicht viel zusammen. Er hört die Mücken summen und schlägt im Dunkeln sinnlos nach ihnen. Schon juckt es in seinem Nacken, gleich darauf am Unterarm. Es wird ihm eng im Bett. Er ahnt, dass er nicht schlafen wird. Es käme ihm jedoch schäbig vor, den anderen Körper nicht neben sich zu dulden. So rückt er nur ein bisschen an ihr rum, legt ihren Arm auf ihren Leib, zieht vorsichtig am Kopfkissen. Dass sie diese läppische kleine Untreue so wichtig nehmen wollte und andererseits so tat, als hätte sie den fremden Arbeiter bereits vergessen! Jetzt fängt auch noch ihr Atem leise zu pfeifen an. Das ist das Ende jeden Schlafs. Er setzt sich auf. Dabei bemüht er sich, sie nicht zu stören. Er tastet in der Dunkelheit nach dem Veronal. Fürs Wasser wird er doch noch aufstehen müssen. Immer wieder geht ihm dieses Lied durch den Kopf.

> Der Hans im Schnakenloch, der hat das Leben satt.
> Und leben, sagt er, kann er nicht,
> und sterben, sagt er, will er nicht.
> Drum hüpft er aus dem Fenster raus und kommt
>   ins Irrenhaus.

Geschenke

Unten im Haus schrillt der Fernsprecher; es geht keiner hin.
Pauline wird draußen sein, Mia und die Buben sind wohl
im Bett. Auch Hesse liegt noch. Die Glocke fordert so viel
Aufmerksamkeit, dass sich sofort ein Schleier über seine
Träume legt. Nun kämpft er darum, wenigstens ein paar
Bilder im Gedächtnis zu behalten. Zu viele Gedanken be-
stürmen ihn, außerdem kündigen sich wieder Kopfschmerzen an. Der Melchenbühlweg bekommt Strom, das fällt ihm
ein, weil er beim Telefon an die Leitung denken muss, die
sich durch die Lüfte von Mast zu Mast und schließlich zum
Haus ziehen wird. Dass die geheimnisvolle Energie bald bis
in seine Stube kommen soll, ist ihm unheimlich.

Heute ist der fünfzigste Geburtstag seiner Frau. Er quält
sich mit der Frage, wie er ihr seine Geschenke überreichen
soll. Die Stimmung zwischen ihnen ist längst wieder gekippt.
Mia ist abweisend, manchmal zänkisch. Sie handelt ganz,
als lebte sie allein. Gegen alle Absprachen hat sie Martin nach
Hause geholt. Heiner ist schon seit über einer Woche aus den
Ferien zurück, und solange sie mit ihm allein waren, ging
es ganz gut. Aber Martin reagiert allergisch auf den Bruder.
So erfüllen Streit und Geschrei das Haus. Dabei hat der Kleine, der übrigens kräftig gewachsen ist, eine derart durch-
dringende Art zu schreien, dass man sich auf keine Weise

davon abschirmen kann. Es macht Hesse fertig, das anzu-
hören. Er hat das Gefühl, dass etwas in ihm rettungslos weg-
schwimmt, wenn er dem Gezänk der beiden ausgesetzt ist.
Was in ihm auf den Söhnezwist reagiert, klärt er nicht.

Mehr noch als Martins Hysterie an seinen Nerven zerrt,
grämt ihn sein kranker Anblick. Sein Jüngster hat vor vier
Jahren eine schwere Krise durchgemacht, es könnte eine
Hirnhautentzündung gewesen sein oder die Abwehrreak-
tion auf eine Impfung. Seitdem hat er jene Zustände, die
für den Vater wie eine Probe sind, die er nicht bestehen kann.
Oft denkt er auch daran, dass er die schwere Krankheit seines Kindes in *Roßhalde* vorwegnahm, als hätte er geahnt,
was kommen würde. Diesem Unbehagen und Ungenügen
dem eigenen kranken Kind gegenüber entspricht der Triumph seiner Frau, die Martin immer bei sich haben will
und kann. Jedes Mal wieder behauptet sie, er habe sich gebessert und sei nun viel ruhiger. Dabei ist sie mehr von ihren Wünschen als von der Wirklichkeit geleitet. Doch das
merkt sie nicht.

Beim Aufstehen registriert er erst, wie dunkel es im Zimmer ist. Es fühlt sich an, als wäre es ihm nicht gelungen, sich
ganz aus Nacht und Traum zu schälen. Dabei liegt es am
Wetter. Er hört den Regen draußen niedergehen, so einen
Landregen, von dem die Welt ertrinken könnte. Die Luft
im Zimmer scheint ihm herbstlich kühl. Als er in die Unterhosen steigt, verhakt sich sein dicker Zeh. Beinah fällt er
auf die Nase. Auch in der Hose bleibt er noch mal hängen.
Die Schwierigkeiten beim Ankleiden geben seiner Laune
den Rest. Er findet es gänzlich untragbar, heute einen Menschen zu Gesicht zu bekommen. Es wäre eine Qual. Er möchte nur noch Ruhe. Die fortgesetzten Zumutungen werden
ihn noch mal umbringen.

Er hat sich viel Mühe gegeben, ein paar Geschenke für Mia zu besorgen. Öfter hat er ihr sonst einfach Geld zu einer kleinen Reise gegeben. Er stellt sich vor, dass sie kaum reagieren wird, wenn er sie überreicht, dass sie die Liebe und Sorgfalt, die er investiert hat, nicht bemerken wird. Das kann und will er sich nicht zumuten. Andererseits kann er die Präsente schlecht da liegen lassen. So nimmt er sie und schleicht, um niemand aufzuwecken, nach unten. Er kennt die knarrenden Stellen im Boden sehr genau und weiß sie zu vermeiden.

Neben dem Klavier richtet er einen Gabentisch her. Er hat einen schönen alten Band mit indischen Märchen für sie gefunden, einen Schal für den Winter, wie er ihn ähnlich bei Hilde Jung gesehen hat, und ein paar neue Wanderstiefel. Als persönlichstes Geschenk legt er ein Blatt mit einem eigenen Gedicht dazu. Er hat es auf Aquarellpapier abgeschrieben und ein Bild dazu gemalt, in dem ihm ein fast bleiernes Grau zu überwiegen scheint, als er es jetzt noch mal betrachtet. In das Buch hat er eine gepresste Blume gelegt, die er einst von seiner Indienreise mitgebracht hat. Das scheint ihm nun unpassend. Blumen gehören nicht zu dem Leben, das sie sich auferlegt haben, nicht mal getrocknete und plattgedrückte. Es hat ihn erschreckt, wie Mia neulich von ihrem Hass gegen ihn sprach. Richtiger Hass ist ein Gefühl, das Hesse in sich gar nicht findet. Umso stärker hat ihn Mias Wort beeindruckt. Auch wenn sie sagte, es wäre Jahre her, fragt er sich nun, wie sie es eigentlich fertigbrachten, immer und immer weiterzumachen, als hätte jemand sie mit dem Schlüssel aufgezogen.

Sieben biblisch schwere Jahre sind seit diesem Tiefpunkt vergangen. Mit neuen Reizen und Herausforderungen ebenso wie mit Routinen, mit Hilfe des Kriegs und einer perfektionierten Taktik, sich durch Verreisen aus dem Weg zu gehen, konnten sie notdürftig überdecken, was ihre Wahrheit ist: Sie haben die Liebe verloren. Der Blutbader Hesse, der im Rausch seiner Fantasie Frau und Kinder tötet, weil er sich nicht anders zu befreien weiß, ist noch nicht geboren an diesem siebten August neunzehnhundertachtzehn oder er weiß noch nichts von sich. Er begnügt sich damit, einen Gabentisch zu bereiten. Er zeigt seiner Frau, dass er noch an sie denkt und sich Mühe gibt, ihr Schönes, Wahres und Gutes zukommen zu lassen. Gleichzeitig soll sie seiner Einsamkeit gewahr werden. Er ist Pensionär im eigenen Haus, ein Kostgänger, der dem Familienspiel bloß zusieht. Es macht ihn rasend, dass sie seinen Schmerz darüber nicht anerkennt.

Nach dieser kleinen Andacht vor dem selbsterrichteten Altar seiner seit vierzehn Jahren andauernden Ehe (denn das ist er eher als einer für die Göttin Mia Hesse) schleicht er sich auf Zehenspitzen zurück ins erste Stockwerk. Er will sich an die Maschine setzen und die letzten Bilder seiner Träume festhalten. Er hat die Klinke schon in der Hand, als mit dem anschwellenden Geschrei der Söhne das Haus aus dem Schlaf gerissen wird. Heiner klingt streng und zurückweisend, Martin getroffen und sauer. Heiner wird lauter und strenger. Da reißt der erste unglaublich hohe, spitze Schrei des Jüngsten den Schleier über dem Morgen endgültig entzwei. Mit zusammengebissenen Zähnen nimmt Hesse es auf sich, zu den Buben zu gehen. Sie streiten um ein Spielzeug. Es gelingt ihm nicht zu schlichten. Schließlich lädt er sie ein, mit ihm ins Studierzimmer zu gehen und etwas zu spielen. Er sieht das Leuchten in ihren Augen und denkt, sie haben ihn verarscht. Sie streiten gar nicht wirklich, sie inszenieren es nur, um das zu kriegen, was sie eigentlich wollen:

seine Aufmerksamkeit, seine Zeit, ihn – mit Haut und Haaren. Er erinnert sie nicht, welcher Tag heute ist.

Dem Heiner hat sie gestern wieder saftig eine gelangt. Kaum ist der Brüdi da, fängt Heinerle Händel an, trumpft mit seinem Wissen auf, wie nur ein Kind es kann, und ist überhaupt gar nicht zu haben. Wenn sie zu dritt wären, gäbe es noch viel mehr und lautstärkeren Zank. Es kann auch gar nicht anders sein, findet Mia, schließlich sind es Buben, die suchen allezeit Streit und wollen raufen. Wenn es ihr zu arg wird, haut sie mit dem Stecken drein. Der Heiner wehrt sich immer, er schnappt den Stock und hält ihn fest, es fehlt nur noch, dass er ihn umdreht und sie damit zu schlagen versucht. Hermann tadelt ihre pädagogischen Fehler. Sie gibt ihm recht; als Erzieherin mag sie ungeeignet sein. Aber als Mutter von drei Buben kann sie nicht erst groß über die richtige Methode nachdenken, sondern muss schnell handeln. Heute früh hat sie wieder Heiners Bett knarren hören. *Kriikkraak, kriikraak.* Wenn sie zu ihm hineingegangen wäre, hätte er sie mit einem Lächeln voll künstlicher Unschuld empfangen oder getan, als schliefe er. Hermann hat ihr nicht geglaubt, als sie ihm vergangenes Frühjahr – er war für ein paar Wochen im Tessin – vom unausgesetzten Onanieren der beiden Großen schrieb. Nun kann er sich selbst ein Bild machen. So unbefangen geben sie sich ihrem Trieb hin, als hätten sie Tarnkappen aufgesetzt oder als wären sie allein auf der Welt. Sie findet es ungezogen, auch wenn sie es natürlich finden will.

Beim Aufstehen wird ihr schwindlig. Sie muss sich am Bettpfosten festhalten, ja sogar wieder auf die Matratze setzen, weil ihre Beine sie nicht tragen wollen. Leicht schwummrig ist ihr auch. Diese Art Schwäche kennt sie noch nicht. Zum Glück vergeht sie schnell und Mia drängt den Gedanken daran mit jedem Kleidungsstück, das sie anlegt, weiter in den Hintergrund.

Den Tisch mit den Geschenken, den Hermann für sie bereitet hat, entdeckt sie zufällig. Keinesfalls hat sie darauf spekuliert. Sie bildet sich sogar ein, dass sie ihren Fünfzigsten vergessen hätte, wenn da nicht die Geschenke lägen. Das ist geschummelt, sie ist sehr wohl in einer besonderen Stimmung aufgewacht und hat dem schlechten Wetter die Zunge rausgestreckt. Nur einen winzigen Moment will sie sich gönnen, um alles anzuschauen. Danach muss sie in den Garten und Obst auflesen. Bei dem starken Regen sind sicher wieder viele Früchte heruntergekommen. Die Bergschuhe sind ihr gleich aufgefallen. Im ersten Moment dachte sie, es handle sich um elegante Damenstiefel. Die anderen Gaben überfliegt sie mit einem schnellen Blick. Bei dem eingewickelten Geschenk kann es sich nur um ein Buch handeln. Sie packt es nicht aus.

Der Magd hat sie freigegeben. Die Buben haben offenbar erfolgreich ihren Vater überfallen. Vielleicht basteln sie im Studierzimmer etwas für ihren Geburtstag. Sie braucht keine Geschenke, aber die kleinen Dinge, die sie von ihren Söhnen bekommt, haben noch immer ihr Herz erfreut. Nun ist es so still im Haus, dass sie die Wanduhr ticken hört. Mia setzt sich auf einen nahen Stuhl. Die Schwäche ist anscheinend nicht ganz überwunden. Sie droht sogar, ihren Geist anzustecken und ihr die Lust auf ihr Tagwerk zu nehmen. Der Schal in Blau- und Brauntönen gefällt ihr gut. Auch der Stoff ist schön. Mia steht still, nur noch die Fingerspitzen fahren auf der Wolle im Kreis. Sie möchte sich ganz in den Schal

hüllen, Arme und Hände darin verbergen, gar nichts mehr
tun. Sie könnte ein Baum oder eine Blume werden, vielleicht
auch eine von Glyzinien umrankte Statue. Sie kann sich
selbst als Sandsteinbüste sehen, die Konturen leicht verwit-
tert in diesem drahtigen Gewirr grüner Haare, fest, starr auf
einen Fleck gebannt. Endlich. Er hat etwas zu ihr gesagt, ihr
Mann.

Mit einem Blick erfasst sie das Gedichtblatt, die Farbflä-
chen in hellem Gelb und Grün, nur wenig Blau, die sechzehn
Verse. Sie muss sie nicht lesen, sie kennt wie durch ein Wunder den gesamten Inhalt seiner Zeilen. Er hat etwas gesagt
zu ihr, das ihr nicht aus dem Kopf gehen will. *Oft ist das Leben* heißt das Gedicht. – Selten ist das Leben ein Traktat. Er
hat gesagt, sie solle für eine Weile fortgehen, um sich zu erholen. Eine Kur machen, am besten eine Psychoanalyse. Er
hat analysiert, dass sie Erholung braucht. Und als sie widerstand, ist er energischer geworden. Sie hat ihm gesagt, dass
sie nicht gehen kann, bevor der Garten ausgeräumt ist, und
ihn kritisiert, weil er so wenig darin tut. Das hat er ignoriert. Er wurde heftig und, wie meistens, wenn er heftig wird,
grundsätzlich. Er wisse, wie erschöpft sie sei. Er behauptete,
dass sie krank wäre. Eine pathologische Exaltation, schrieb
er ihr zu. Bei seinen gelehrten Phrasen kann sie wirklich das
Kotzen kriegen.

»Du willst mich aus dem Haus haben, coûte que coûte.«

»Schau dich doch an«, rief er. »Schau dein Gesicht im
Spiegel an. Wie müde und wie abgeblüht du bist!«

Da wurde sie zu Stein.

»Bin ich dir widerwärtig?«

Darauf gab er keine Antwort. Er sprach von ihren Wechseljahren, als wüsste er etwas darüber. Sie müsse auf sich
achtgeben.

»Tout passe, tout lasse, tout casse, e tout se remplace.«

»Was heißt das schon wieder? Rede Deutsch mit mir.«

»Nichts währt ewig.«

Es regt ihn auf, wenn er sie nicht versteht. Wenn sie dagegen seinem gelehrten Schmus nicht folgen kann, findet er das ganz in Ordnung. Durch ihren Spruch gebremst, schien er plötzlich zu bemerken, dass er es mit einem zwar versteinerten, doch lebendigen Wesen zu tun hatte.

»Ich hielt dich immer für viel stabiler als mich. Als könnte dich nichts aus der Bahn werfen. Vielleicht habe ich etwas übersehen. Willst du mir nicht sagen, was dir fehlt?«

»Ich will dir immer nur eine gute Hausfrau und unseren Kindern eine gute Mutter sein.«

»Das bist du ja.«

Damit war sein Parforceritt durch ihr Innenleben für dieses Mal beendet.

»Immer ist mein Herz bei denen, die Leid verhehlen«, lautet ein Vers in seinem Gedicht. Das ist gelogen. Er denkt nur an sich selbst. Und deshalb trügt ihr Gefühl auch nicht, dass er sie forthaben will, damit er seine Ruhe hat. Das steckt nämlich dahinter. Das steckte auch bei anderen Geburtstagen dahinter, wenn er ihr Geld für kleine Wanderungen gab. Er wollte sie weghaben. Aber eine Steinbüste lässt sich nicht wie ein Vogel aus dem Garten scheuchen.

Als er merkte, dass sie nicht wanken würde, vollzog er die typische Wende: Vielleicht müsse er für eine Weile fort. Er könne so nicht weiterleben, die Büroarbeit mache ihn ganz und gar stumpfsinnig. Er schreibe praktisch nichts mehr, dürfe ja nicht mal mehr unter seinem eigenen Namen schreiben, wenn er nicht zum Sterben an die Front geschickt werden wolle. Nicht etwa nur der Krieg, sondern die ganze Lebensweise, zu der er gezwungen sei, verhindere, dass er etwas fertigbrächte. Der *Demian* schien in diesem Moment wahrhaftig von einem anderen geschrieben worden zu sein. Sie bat ihn, die eigene Arbeit nicht schlechtzumachen, der *Demian* sei ein gutes Buch geworden, und sicher werde er noch mehr und anderes Gute schaffen. Er widersprach. Niemand könne Bürger und Künstler zugleich sein. Solange er dieses doppelte Leben aufrechterhalte, könne nichts Neues werden. Ein Buch mehr oder weniger in der alten Manier, daran liege nichts.

Er ist Schriftsteller, das kommt bei ihm vor allem anderen. Doch muss man deshalb so völlig auf sich selbst bezogen sein? Er gibt dem Leben mit ihr einen Korb, das tut ihr weh. Noch mehr kränkt sie die Art, wie er über sie hinweggeht. Hat er sich eine Meinung gebildet, so bleibt sie unumstößlich stehen, bis er selbst sie stürzt. Jetzt soll sie fort. Er spürt, dass sie Erholung nötig hat, nicht sie darf das spüren. Er verpasst ihr eine Gestalt, die sie, wenn sie sich anschaut, gar nicht sieht.

Ohne dass es *klick* machen würde, kehrt sie in sich selbst zurück. Das Steinbild rührt sich wieder, es faltet den Schal und legt ihn auf das Blatt, nimmt das eingepackte Buch und legt es auf den Schal. Mias Kraft kehrt zurück. Es ist wahr, dass sie müde Momente hat. Es ist wahr, dass die müden Momente zunehmen. Aber im Herbst ist sie noch lang nicht angekommen. Sie glaubt mit Mulford nicht an Schwäche und Verfall. Vielleicht geht er zu weit, wenn er behauptet, die Unsterblichkeit im Fleisch sei möglich. – Was bückt die Schultern und bleicht die Häupter? Das zähe Hängen an der Vergänglichkeit, der fanatische Glaube an den Staub. Beladen wird der Geist mit Tod, bis er zusammenbricht! Ein verjüngter, verschönerter, ein blühender Leib bedeutet eine Seele, die glänzt von neuen Ideen, Hoffnungen, Plänen, Zielen und auffliegendem Verlangen. Das ewige Leben ist nicht der halbe Tod des reifen Alters.

Zum Beispiel geht es ihrem Rücken sehr viel besser als vor zehn und fünfzehn Jahren. Die Augen haben nachgelassen, aber wenig. Sicher hat sie dem Sehsinn nicht ausreichend Beachtung geschenkt. Ihr Gehör ist gewiss noch feiner geworden. So kann sie das Telefon hören, bevor es läutet. Sie spürt das Summen in den Drähten. Gleich wird es läuten, und ihr Bruder Fritz wird ihr auf seine steife Art zum Geburtstag gratulieren. Er versäumt das nie. Er wird gestehen, dass die ungarischen Staatsanleihen, in denen er ihr Erbe angelegt hat, arg gefallen sind. Er wird behaupten, die Papiere müssten sich bald erholen. Sie wird ihm sagen, wie gut alles wird. Ihre Währung ist Liebe, die kann kein Krieg und keine Spekulation entwerten. Hoffnungen, Pläne, ein auffliegendes Verlangen. Fritz wird verlegen dazu lachen. Sie weiß es bereits. Tatsächlich läutet es in diesem Augenblick. Sie schwebt zum Telefon. La vie éternelle. L'enterrement –

Der Verlorene

Auf einem Feldbett liegt in einem abgedunkelten Raum ein Mann. Sein Gesicht ist mit einem feuchten Tuch bedeckt. Der Mann liegt still, ab und zu stöhnt er. Er atmet flach. Wenn man nah hinzuträte, sähe man durch das Tuch schemenhaft einzelne Härchen seines Barts. Aber man darf ihm nicht nah kommen. Es könnte sich auch um ein Gespenst handeln oder um einen Vampir, der sich zur gegebenen Stunde automatenhaft aufrichtet, die starren Augen, nachdem das Tuch ihm vom Gesicht geglitten ist, nicht zu gebrauchen scheint, sondern mit traumwandlerischer Sicherheit nach seinem Opfer geht. Aber da steht auf einem Stuhl neben dem Bett ein Glas, und es fragt sich, ob Gespenster oder Vampire aus Gläsern trinken würden. Es könnte sich um einen verwundeten, vielleicht durch einen Gasangriff um sein Augenlicht gebrachten Soldaten im Lazarett handeln. Aber es herrscht noch kein Krieg, jedenfalls kein Weltkrieg, sodass die Frage unausweichlich wäre, in welchem Krieg der Mann auf dem Feldbett verwundet wurde, ob es vielleicht ein Krieg der Liebe, des Lebens selbst gewesen ist, bei dessen Erkämpfung er unterlag und in der Folge seine Umgebung mit einem verdeckten Rachefeldzug in seine posttraumatische Belastungsstörung hineinzuziehen versucht. Es wäre möglich, nach dem Anlass der Bettruhe zu suchen (der Vorwand dafür besteht in starken Kopfschmerzen). Aber wäre das hilfreich? Den Anlass könnte auch die Aufsässigkeit des halbwüchsigen, dem Vater überlegenen Sohnes bilden, ebenso gut wie die Fülle ungeliebter Pflichten und dem Schwächling zusetzender Menschen. Es könnte sich um eine erbliche Migräne handeln, woran schlicht nichts zu ändern wäre. Der lebendige und querköpfige Junge jedoch, der älteste leibliche Sohn des Mannes auf dem Feldbett, glaubt in einer Mischung aus Schuld- und Machtgefühl, dass er der wahre Grund des Leidens seines Vaters wäre. Das ist schwer für ihn. Schwerer wiegt vielleicht, dass er seine Überlegenheit ahnt und doch nicht auftrumpfen darf. Tut er es, wird er in die Psychiatrie gesperrt. Dagegen lässt sich rebellieren. Aber wie soll er sich mit einem Vater identifizieren, der eine Enttäuschung ist, der sich wegduckt, wenn sein Sohn angreift, und erst wieder zum Vorschein kommt, wenn der Junge vor dem elterlichen Liebesentzug eingeknickt ist und um Wiederaufnahme in die Familie bittet? Einem Vater, der dann den Gerechten spielt und Bedingungen stellt. Wie soll er ein ganzer Mann werden, wenn die wichtigste Stütze dieser Entwicklung halb faul ist? Er wird als einer, der sich selbst gebären muss, ewig mit einem Bein in der Luft hängen.

Sein Leid mit Vaucher hat Hesse in einem Brief seinem Zweit-Analytiker Nohl geklagt. Nun hält er dessen Antwort in der Hand. Nohl liest ihm die Leviten. Er habe Mia nicht genug Vertrauen geschenkt. Durch die Analyse habe er – aus Angst vor ihrem strengen Urteil über seine eheliche Untreue, die zu beichten ihm der bekehrte Anarchist womöglich geraten hat – beweisen wollen, dass auch bei ihr etwas nicht richtig sei. So habe er das Gleichgewicht wiederherstellen wollen. Das aber sei falsch gewesen und Ausdruck seines Vaterkomplexes. Er habe damit auch die Freude seiner Frau am wahren Bekenntnis getrübt. Für die Episode mit dem Bettler beziehungsweise Arbeitslosen hält Nohl eine tolle Deutung bereit. Er glaubt, Mia habe ihm über den Umweg mit Vaucher zeigen wollen, was sie an ihm, Hesse, liebe: den Verfasser von *Unterm Rad*, den Menschen der Sehnsucht, Knulp, den Bettler, der sich nur ein Herz zu sich selber fassen müsste, um ganz zu genesen.

Nohl führt zur Veranschaulichung seines Gedankengangs das biblische Gleichnis vom verlorenen Sohn an. Darin fordert der jüngere von zwei Söhnen sein Erbteil und bringt es durch. Verarmt und verzweifelt kehrt er zum Vater zurück. Nun stellt er keine Forderung mehr, sondern bittet darum, als Taglöhner bei ihm arbeiten zu dürfen. Der Vater setzt den jüngeren Sohn wieder in seine Rechte ein und feiert aus Anlass der Rückkehr ein Fest. Der ältere Bruder, der immer brav gewesen ist, zürnt dem Vater wegen dieser Ungerechtigkeit. In Nohls Deutung werden Hesse und Vaucher zu Brüdern, Mia zu deren Vater. Hesse hat sich selbst der Möglichkeit beraubt, von seiner Frau Verzeihung zu erlangen. Statt Demut zu zeigen, pochte er auf Gerechtigkeit, und da er selbst im Unrecht war, musste er auch Mia im Unrecht sehen. Vaucher wird zum verlorenen Sohn, an dem Mia ihrem Mann zeigen konnte, welche Möglichkeit er, Hesse, verpasst habe.

Es ist eine sehr auf Hesse konzentrierte Deutung der Ereignisse. Für die Person Mias stellt Nohl in diesem Brief lediglich die Diagnose schwerer Hemmungen zu Verfügung. Die seien der Grund für ihre hysterische Vorführung. Schließlich bietet er an, statt im September (wie es dann geschehen wird) schon früher in den Melchenbühlweg zu kommen.

Hesse kann er vielleicht helfen, mit Mias Krankheit wird er heillos überfordert sein.

Die Bemerkung über Mias Hemmungen befriedigt Hesse, denn seine Forderung nach Gerechtigkeit – oder Verringerung der eigenen Schuld – ist nicht so ohne weiteres wegzuwischen. Zwar bewegt ihn die Vorstellung, dass die Flammen für die Hölle der letzten Wochen letztlich aus Liebe so hoch schlugen. Das nimmt ihn gleich wieder für seine Frau ein. Für das Bild des reumütig zurückkehrenden Versagers ist er ebenso aufgeschlossen. Dagegen kann er sich seine Frau nicht in der Rolle des vergebenden Vaters vorstellen, keinesfalls in dieser Einseitigkeit. Innerlich besteht er darauf, dass sie genauso gut bei ihm um Verzeihung bitten müsste. Die jahrelange Missachtung, die Einsamkeit, der sie ihn ausgesetzt hat, ihre Hassausbrüche, vor allem aber ihre vollkommene Gleichgültigkeit schmerzen ihn zu sehr. All ihre Liebe hat sie doch den Söhnen gegeben, und er konnte sehen, wo er blieb. Selbst in der körperlichen Liebe ist er, wie sich nun deutlich gezeigt hat, einsam geblieben. Er lässt sich von dem Schuldgefühl mitreißen, das am Grund seiner Seele unablässig strömt. Nur von einem höheren Standpunkt betrachtet wirkt das harmlos. Aber wie soll er einen höheren Standpunkt gewinnen? Es kann einer nicht Adler und Prometheus zugleich sein.

André Gides Erzählung *Die Rückkehr des verlorenen Sohnes* fällt ihm ein. Es ist ein paar Jahre her, dass er sie gelesen hat. Da er sie im Regal nicht findet, fängt er gegen jede Wahrscheinlichkeit an, in den Schubladen seines Schreibtisches zu kramen. Gides verlorener Sohn hat, soweit er sich erinnert, sein Hab und Gut verschleudert, weil das eben seiner Persönlichkeit entspricht. Eine Rückkehr ohne Unterwerfung, das muss der Punkt gewesen sein, der Hesse bei

Gides Version des Gleichnisses am meisten reizte. Er ist sich
aber nicht sicher und will es unbedingt sofort nachlesen.
Besser als diese Erzählung hat er einen Satz aus *Der Immo-
ralist* im Gedächtnis. Da ist von Wüstenfrüchten zu lesen,
die einen nur noch mehr dürsten lassen, wenn man von
ihnen kostet, dafür jedoch vor dem Goldsand recht hübsch
aussehen. Etwas in der Art scheint ihm auch im *Verlorenen
Sohn* vorzukommen.

Beim Räumen in den Schubladen fällt ihm sein Pass in
die Hände. Er lässt sich ablenken und blättert das Dokument
auf. Das Bild darin zeigt einen strengen Mann mit kurzem
Haar, gestutztem Schnauzbart und stechendem Blick. Der
Mund mit der geschwungenen Oberlippe wirkt schmal, die
Stirn zeigt zwischen den Brauen Falten. Er trägt ein gestreif-
tes Hemd mit hohem weißen Kragen, eine unifarbene Sei-
denkrawatte und einen Anzug aus rauer Wolle. Der oberste
Knopf der Weste ist sichtbar. Er erinnert sich gern an diesen Anzug, der so gut saß, dass er ihn über die Maßen häufig trug und deshalb vor der Zeit verschliss. Er glaubt sich
zu erinnern, wie Mia ihm die Krawatte ein kleines Stück
weit aus der Weste zog, damit es lockerer aussähe. Er erinnert sich, wie er sein Rückgrat straffte und die Brust hob,
bevor sie auf den Auslöser drückte. Er fragt sich, was er gedacht haben mag in jenem Moment, denn sein Blick ist wahr-
haft mörderisch.

Die beiden Buben jagen derweil treppauf, treppab durchs
Haus. Sie haben irgendeinen Streit, in den auch Mia sich
bald einmischt. Hesse betrachtet sein Gesicht auf dem Foto
noch eingehender. Es wird von einem starken Hell-Dun-
kel-Kontrast bestimmt. Der Nasenrücken bildet die Grenze,
rechts (also in der linken Gesichtshälfte) ist es Nacht, links

noch Tag. Die Drahtbrille ist links kaum zu sehen, rechts zeigt sie deutliche Glanzpunkte, auch im Auge schimmert ein Lichtreflex. In dem in Nacht getauchten Auge liegt hinter der Kälte verborgen die Trauer.

Die Haustür knallt. Mia hat die Buben offenbar rausgeschmissen, obwohl es regnet. Hesse versucht, sich nicht ablenken zu lassen. Er betrachtet sein Foto beinah wie das eines Fremden. Den Hesse von dieser Fotografie gibt es nicht mehr. Jedenfalls ist er fadenscheinig geworden, benagt von Krieg und Leid, aber auch schlecht versorgt von sich selbst. Vielleicht wollte er damals ja Stolz in seinen Blick legen, eine Art männlicher Entschlossenheit. Davon ist wenig übrig. Der Bart? Hesse dachte lange, er gäbe seinem Gesicht mehr Pepp. Jetzt findet er sich alt mit diesen Haaren unter der Nase. Alt, bürgerlich, verheiratet – das sind die Attribute, die ihm einfallen. Allesamt stehen sie ihm schlecht. Er tastet noch mal hin, das Ding muss weg. Soll seine Frau sich einen Bart stehen lassen, wenn sie in diesem Spiel der Vater sein will.

Es klopft an der Tür. Hesse schreckt hoch, denn er hat sie nicht kommen hören. Er weiß sofort, dass es Mia ist; er kennt ihr Klopfen. Sein Familienleben hat eine ausgeprägte akustische Dimension. Auf dieser Ebene kennt man sich bestens. Das Haus macht ein Entkommen aus dem familiären Geräuschkonzert unmöglich. Es überträgt den Schall vom einen Raum zum anderen, von einer Etage zur nächsten. Mia grüßt ihn aufgeräumt und bedankt sich für den Gabentisch. Da sie ihm nah kommt, gibt er ihr einen dünnen Kuss. Steif gratuliert er, fast ohne zu lächeln. Es kommt ihm vor, als stünde ihr die Fünfzig an die Stirn geschrieben, mit einem geflochtenen Kranz darum herum wie zur goldenen Hochzeit. Ein wenig schämt er sich für diese Fantasie. Und ohne es zu wollen, fängt er Streit an.

»Hast du die Buben rausgeschickt?«

»Sie wollten nicht gehorchen«, erwidert Mia. »Heinerle hat den Stecken vom Küchenschrank geholt und ihn zerbrochen.«

Innerlich gibt er dem Heinerle recht.

»Darüber werden sie wohl nicht in Streit geraten sein.«

»Sie finden eben immer etwas.«

»Du hättest den Brüdi nicht heimholen dürfen. Ich habe es dir gesagt.«

»Ich möchte alle Buben bei mir haben. Schlimm genug, dass der Buzi fehlt.«

»Nach fünf Minuten lagen sie sich bereits in den Haaren.«

»Sie könnten sich schon vertragen –«

Mia bringt den Satz nicht zu Ende.

»Wenn?«

»Der Brüdi spürt halt, dass du ihn nicht im Haus haben willst. Sonst wollte er schon ruhiger sein.«

Die Unterstellung bringt Hesse auf.

»Das stimmt überhaupt nicht!«

Noch einmal mäßigt er sich.

»Es ist wahr. Sein kranker Anblick zerreißt mir das Herz.«

»Vielleicht solltest du ihm das auch einmal sagen. Oder ihm zeigen, dass er dein Herz berührt.«

»Das tue ich doch.«

Es war zu viel. Sie wird ihm nicht noch unterstellen wollen, dass er seinen Sohn nicht liebt!

»Ich kann sein Geschrei nicht ertragen, auch wenn er hundertmal nichts dafür kann. Du wirst deinen Triumph haben und mich wieder daliegen sehen. Wie konntest du nur …«, sagt er, »gegen jede Abmachung … Du willst mich mit Füßen treten. Ich soll vor dir im Staub liegen. Das ist es!«

Sie ist, während er schimpft, bereits aus dem Zimmer verschwunden. Sie weigert sich, seinen Wutausbrüchen standzuhalten. Das macht ihn wütend. Wie ein blöder Stier ist er gegen das rote Tuch gerannt, das sie ihm hingehalten hat. Es ist vor seinen gesenkten Hörnern bloß aufgeflattert, sie selbst stand längst woanders. Sie hat ihn gut studiert und weiß, in welcher Richtung er den nächsten Angriff führen will.

Noch ganz von dieser Energie gesteuert, will er der Magd im strengsten Ton befehlen, Wasser heiß zu machen. Da er sie nirgends findet, macht er es schließlich selbst. Er steht vor dem Herd, starrt auf den zugedeckten Topf, in dem das Wasser zu murren beginnt, und denkt an Pauline. Die junge Magd hat meistens Angst vor ihm. Doch neulich warf sie ihm einen Blick zu, der ihm wie eine Aufforderung erschien. Er stellt sich vor, wie sie ihm gegenüber in der Küche steht mit dem Kleid über dem Kopf. Er schöpft Wasser aus dem Topf und gießt es über ihre Unterhosen, sodass ihr Schamhaar sichtbar wird. Er schaut sie an, er lässt sich alle Zeit der Welt.

Als das Wasser heiß ist, seift er sich gründlich ein und rasiert mit wenigen Strichen den Schnauz weg. Er wischt den Schaum ab. Aus dem Spiegel schaut ihn ein vollkommen nacktes Gesicht an. Fast findet er sein Aussehen lächerlich.

Danach will er nach draußen gehen; die Kinder bleiben allzu lange aus. Mia sitzt am Klavier und spielt sich ein Ständchen in Moll. Das Telefon klingelt dazwischen. Sie unterbricht das Stück nicht, er geht auch nicht ran. Den Schirm, den er neulich vom Büro mitgenommen hat, findet er nicht. Als Kopfbedeckung wäre nur der Strohhut greifbar, der solch einem Wetter nicht standhalten kann. Also geht er ohne Regenschutz. Die Straße ist leer. Die Menschen hocken hinter den Fenstern und sehen hinaus. Sie sehen den langen Mann mit dem nackten Gesicht. Die dünnen Haare sind ihm vor Nässe bald wie auf den Kopf geklebt. Sie rufen an, von Haus zu Haus eilt ihm die Nachricht voraus: Der Hesse geht nackend den Melchenbühl hinauf. Schaut einmal hinaus, der hat den Bart abrasiert. Dass er sich so auf die Straße wagt! Auch in den Hecken und hinter den Bäumen haben sie sich jetzt postiert. Er schreitet aus, er lässt sie gaffen. Angenehm ist es ja nicht, aber auszuhalten.

Der Blick auf den Kamm der Alpen bleibt ihm verwehrt. Die Berge sind heute in schwere Wolken gehüllt, als wollten sie den Weg verbergen, den er doch kennt. Wolken hat er stets geliebt. Er konnte stundenlang zusehen, wie sie von einer unsichtbaren Kraft bewegt über den Himmel zogen. Nach einer Weile merkt er, wie der Regen seinen Kopfschmerz mildert.

Immer nach Hause

Auf dem Flugfeld stehen zwei Häfeli-Doppeldecker mit dem
Schweizer Kreuz auf den oberen Tragflächen. Heiner würde hingehen, aber es ist eine militärische Übung im Gang
und da passen sie auf, dass tatsächlich niemand die Allmend
auf dem Beudenfeld betritt. Verboten ist es so oder so. Er
ist aber schon des Öfteren dort gewesen. Die größeren Buben laufen beim Start unter die Flugzeuge und lassen sich
vom Propellerwind die Mützen wegwehen. Das ist erst recht
verboten und einmal ist in der welschen Schweiz ein Unfall
passiert. Ein zehnjähriger Knabe wurde von der Schraube,
wie man damals auch sagte, erfasst und starb. Das hat seine Mutti ihm mehr als einmal erzählt. Heiner liebt diese
Geschichten, er erzählt sie seinem kleinen Bruder weiter,
der Angst davon bekommt. Zwei Häfeli sind in den letzten
Monaten abgestürzt, eine Farman und eine Wild. Einmal
hat er selbst gesehen, wie ein Aeroplan in einer Vrille aus
den Wolken kam. Der Pilot konnte die trudelnde Maschine
abfangen, bevor sie auf den Boden schlug.

Heiner zieht noch einmal an der kleinen Tonpfeife, die
er mit Tabak von den väterlichen Zigarrenresten gestopft
hat. Ihm wird ein bisschen schwindlig. Deshalb klopft er sie
gleich darauf am Absatz seines Schuhs aus. Eben hört es zu
regnen auf.

»Komm, jetzt gehen wir in die Stadt zum Kindlifresser«, sagt er zu Martin. »Wenn du nicht brav bist, tut er dich auffressen.«

»Das ist bloß ein Standbild«, kräht der Kleine. »Der kann in echt gar keine Kinder fressen.«

»Kann er wohl. Ich geh jeden Tag an ihm vorbei und hab's schon mal gesehen.«

Martin tritt nach seiner Wade, hat aber zu kurz gezielt. Heiner lacht dreckig. Er geht einfach voraus. Dem kleinen Bruder bleibt nichts anderes übrig, als ihm zu folgen. Natürlich schlägt er nicht den Weg in die Stadt ein, das wäre ihm viel zu weit. Als er sich einmal umdreht, sieht er den Brüdi nicht mehr auf dem Weg. Der Kleine ist in die Wiese gelaufen, Heiner sieht im hohen Gras eines noch nicht gemähten Stückes seine Mütze wackeln. Na, der wird nasse Hosen bekommen! Heiner ruft ihn ein paar Mal, aber der Brüdi hört nicht. Schließlich geht er hin, nicht ohne seiner Genervtheit mit schleppenden Schritten Ausdruck zu verleihen.

»Was tust da?«

»Blumen pflücken für die Mutti.«

»Die Mutti ist bös mit dir. Die nimmt deine Blumen nicht.«

»Nein, mit dir ist sie bös! Weil du den Stecken vom Schrank geholt und versteckt hast. Ich hab's ihr aber gesagt, wo du ihn hin hast.«

»Ää, du hesch grätschet.«

»Wenn du auch solche Sachen machst. Den Regenschirm vom Papi hast du auch hingemacht.«

»Und? Meinst du, er würde mich auffressen?«

»Vielleicht langt er dir eine. Verdient hättest du's.«

»Oder er frisst dich. Wie der Bärenmann. Der frisst nämlich die eigenen Kinder.«

»Nie«, kräht Martin. »Nie tät der Papi mich fressen.«
Er schlägt mit dem eben erst gepflückten Strauß nach dem größeren Bruder. Er trifft auch, nur gehen davon die Blumen kaputt. Als er das bemerkt, heult er laut.

Heiner hat schon etwas Neues im Kopf. Er hat die eben erst aufgestellten Strommasten gesehen, die das elektrische Licht bald in ihr Haus bringen werden. So schnell er kann, rennt er zum nächsten hin. Die triefnassen Schuhe und Socken machen ihm nichts aus. So viel Schwung hat er, dass die aufstehenden Holzfasern ihn am Ohr kratzen, als er den Kopf an den Mast presst. Er liebt das leise Brummen darin. Gleichzeitig saugt er den Duft des frischen Bitumens ein, mit dem der Fuß gestrichen ist.

»Komm her«, ruft er. »Hier, wenn du dein Ohr an die Stange legst, kannst du mit der Mutti telefonieren.«

Martin kommt angelaufen. Er weiß offenbar nicht, ob er Heiner glauben soll oder nicht.

»Ja, wir kommen jetzt heim, Mutti. Der Brüdi bringt dir einen Blumenstrauß mit. Aber er hat alle Köpfe von den Blumen geschlagen. Ja, bis nachher. Ade.«

Martin presst ebenfalls das Ohr ans Holz.

»Ich hör die Mutti gar nicht.«

»Musst eben weiter oben lauschen.«

Aus der Ostermundiger Richtung sieht Heiner eine lange Gestalt näher kommen. Ein wenig erschrickt er nun doch und drückt die Pfeife tiefer in die Jackentasche. Am Regenschirm ist eine Seite umgeklappt. Daran kann er in der Eile nichts mehr ändern. Vor einer Ohrfeige muss er sich nicht fürchten. Eine Predigt könnte es aber geben. Der Vater lacht nicht.

»Wie haben Sie dieses Licht gelöscht?«

»Goethe! Sie sind zurück auf der Erde?«

»Was für ein merkwürdiges Licht. So hell habe ich noch keine Lampe leuchten sehen. Sie scheint weder einen Docht zu besitzen noch Öl zu verbrauchen.«

»Ich bin ein großer Bewunderer Ihrer Gedichte. Soll ich ›Herr Geheimrat‹ sagen?«

»Sie haben an diesem Knopf gedreht, und schon war das Licht gelöscht. Wie geht das zu?«

»Es handelt sich um elektrisches Licht. Dreht man den Schalter einmal, fließt Strom. Dreht man ihn noch mal, ist der Kreislauf unterbrochen. Wie geht es zu, dass Sie wieder unter uns weilen?«

»Da ist ein Widerstand.«

»Nur weiter.«

»*Klack*. Wie hell das ist! Und diese Kordeln nähren das Licht?«

»Es sind Drähte darin. Durch die fließt der Strom. Wir müssen weder Talg noch Öl verbrennen, um es hell zu haben. Wir können mit Strom auch Maschinen antreiben, die für uns Arbeit verrichten oder uns zur Fortbewegung dienen wie etwa die Trambahnen. Theoretisch könnten wir damit auch heizen. Dann müssen wir kein Holz mehr hacken.«

»Spalten Sie das Holz denn selbst?«

»So weit ist es beinah schon gekommen. Ich hatte einen Taglöhner dafür eingestellt, aber er saß nur neben meiner Frau beim Klavier und lauschte ihrem Spiel und aß mein Brot.«

»Was ist Strom?«

»Elektrische Energie oder so. Ich kann es nicht erklären. Ich weiß über technische Dinge sehr wenig.«

»Sie wollen nicht herausfinden, wie dieses elektrische Licht entzündet wird?«

»Mir fehlen einfach die Grundlagen. Das sind ja komplizierte Dinge. Zweiphasenstrom, Induktion, Transformation …«

»Von diesen Wörtern kenne ich nur das erste nicht. In dieser Kordel ist also ein Draht verborgen. Und die … Ummantelung, möchte ich es nennen, könnte aus Seide sein oder einem ähnlichen Stoff. Sie dient vermutlich der Isolierung?«

»Nicht hinfassen! Wenn auch nur eine Stelle der Ummantelung schadhaft ist, können Sie einen Schlag bekommen. Es sollen schon Leute daran gestorben sein.«

»Seien Sie beruhigt, ich kenne elektrische Schläge. Ich war selbst einmal im Besitz einer Elektrisiermaschine. Sie hat geblitzt, man bekam einen Schlag, wenn man hinfasste. Gefährlich war das aber nicht. Gewiss sitzt am anderen Ende der Kabelhelix eine riesige Volta'sche Batterie.«

»Nein, ein Kraftwerk. Ich weiß gar nicht, woraus die Stadt Bern ihren Strom gewinnt. Aus Wasser, glaube ich.«

»Höchst erstaunlich. Ich kenne Elektrizität als einen Nullpunkt, einen Gleichgültigkeitspunkt, der aber in allen erscheinenden Wesen liegt und zugleich der Quellpunkt ist, aus dem bei dem geringsten Anlass eine Doppelerscheinung hervortritt, welche nur insofern erscheint, als sie wieder verschwindet. Die Bedingungen, unter welchen jenes Hervortreten erregt wird, sind nach Beschaffenheit der besondern Körper unendlich verschieden. Von dem gröbsten mechanischen Reiben sehr unterschiedener Körper aneinander bis zu dem leisesten Nebeneinandersein zweier völlig gleichen, nur durch weniger als einen Hauch anders determinierten Körper, ist die Erscheinung rege und gegenwärtig, ja auffallend und mächtig, und zwar dergestalt bestimmt und geeignet, dass wir die Formeln der Polarität, des Plus und Minus, als Nord und Süd, als Glas und Harz, schicklich und naturgemäß anwenden. In meiner Farbenlehre –«

»Ist die Polarität nicht nur etwas Transitorisches? Eine Unvollkommenheit in einem System –«

»Ich bitte Sie, Hesse! Da äußert sich Ihre romantische Denkungsart.«

»Sie haben ja eine Glühbirne auf dem Kopf. – Nicht hinfassen! Die ist sicher heiß.«

»Au, verdammich. Ich glaube, mein Haar ist versengt.«

»Viel lieber hätte ich mit Ihnen über meine Gedichte gesprochen. Darf ich Ihnen mal eins vorlesen?«

»Wie wollen Sie Verse machen, wenn Sie die Welt nicht durchdrungen haben. Was sie im Innersten zu...«

Hesses Tagtraum wird von einem Windstoß unterbrochen, der ein paar Tropfen von den Bäumen hinab in sein Gesicht bläst. Das belebt ihn. Beinah fängt er an, den regnerischen Sommertag zu genießen. Die gemähten Wiesen bekommen schon ihre frische grüne Farbe zurück, wo sie in den vergangenen Tagen noch gelb verdorrt dalagen. Nicht allzu weit vor sich sieht er die Strommasten. Die ersten sind noch nackt und stehen seltsam sinnlos da. An den hinteren hängen schon die Leitungen. Hesse hält es einerseits nicht für notwendig, sich mit Phänomenen wie elektrischem Strom auseinanderzusetzen, spürt andererseits aber seine Unzulänglichkeit, wenn er gegen die rein materialistische Ingenieurs- und Industriewelt argumentieren will. Der alte Goethe erscheint ihm oft unklar und wenig bestimmt in ebendiesen Angelegenheiten. Und doch macht es den Eindruck, dass jener auf der Höhe seiner Zeit war. Er bewundert Goethes genaues Hinschauen und scharfes Fragen. Dieses universelle Interesse war nie Hesses Sache.

Zu seiner Freude entdeckt er die Buben. Allem Anschein nach haben sie gerade keinen Streit. Vielmehr schleppen sie gemeinsam etwas übers Feld, eine Wurzel oder einen Stein. Die Harmonie dauert nur kurz. Noch während er auf sie zueilt, lässt Martin den Stein los und er fällt Heiner auf den Fuß. Hesse kann die Kinder nicht hören, er sieht ihnen zu wie einem Komiker-Duo im Film. Heiner reißt erst die Arme hoch und stößt dann nach dem Kleinen. Hesse kann nicht erkennen, wie Martin reagiert, bekommt jedoch wie in einer Naheinstellung deutlich dessen greinendes Gesicht vor Augen. Er kann jetzt auch sein Heulen hören. Da tritt der Kleine dem Großen ans Bein. Der gerät offenbar in Wut und stößt den Kleinen so heftig, dass dieser auf den Hosenboden fällt.

Hesse verlängert seine Schritte. Heiner muss ihn schon entdeckt haben, denn er hält plötzlich inne. Als er die Jungen erreicht hat, begrüßt er sie freundlich. Martin fängt sofort an, sich über Heiner zu beschweren. Der steigt darauf ein und leugnet alles ab. Im Gegenzug beschuldigt er Martin, ihm den Stein auf den Fuß geschmissen zu haben, der nach der Meinung der Buben aus dem Weltall auf den Acker gestürzt ist und damit einen sensationellen und höchst wertvollen Fund darstellt. Im Unterschied zu seiner Frau (denkt er jedenfalls) verfügt Hesse noch über ausreichend Autorität, um die beiden zum Schweigen zu bringen. Er weigert sich, den vermeintlichen Meteoriten nach Hause zu tragen.

»Wo seid ihr denn gewesen bei dem Regen?«

»Beim Flugfeld drüben«, sagt Heiner.

»Ihr wart doch hoffentlich nicht auf dem Flugfeld?«

»Wir sind nur bis an den Rand gegangen.«

»Wir waren bei den Aeroplanen«, sagt Martin.

»Er lügt, Papi.«

»Ihr wisst, dass ihr nicht so nah hindürft. Es hat schon schlimme Unfälle gegeben.«

»Dem Jungen aus der welschen Schweiz hat die Schraube beim Start den Kopf abgeschlagen.«

»Wie kommst du denn darauf. Er ist nur am Kopf getroffen worden.«

»Dann täte er ja noch leben.«

»Na hör mal, man kann auch tot sein, wenn der Kopf noch dran ist. Kommt jetzt heim, damit ihr wieder trocken werdet.«

Ein Stück weit geht er zwischen ihnen, Heiner vorn, Martin hinten.

»Du, Heinerle, was ist eigentlich mit meinem Schirm da geschehen?«

»Es ist doch gar nicht deiner.«

»Es ist meiner. Und ich glaube, dass du mehrere von den Stangen zerbrochen hast.«

»Er gehört deinem Chef. Ich habe ihn in seinem Büro gesehen, als ich neulich bei dir war.«

»Der Schirm gehört zum Büro. Wer ihn benötigt, darf ihn mit nach Hause nehmen.«

»Dann stimmt es doch. Es ist nicht deiner.«

Heiner hat recht. Der Schirm gehört Woltereck, und Hesse hat ihn einmal mit nach Hause genommen, als Richard nicht da war und es regnete. Zurückgegeben hat er ihn nicht. Im Grunde beschämt, schweigt Hesse nun. Nach etwa einer Minute fängt Heiner wieder an.

»Papi –«

»Was denn?«

»Du bist doch schon mal geflogen?«

»Mhm.«

»Wie war das?«

Er hat es schon länger nicht erzählt.

»Meinst du meine Fahrt im Zeppelin oder die im Binderschen Flugapparat?«

»Die im Eindecker! Der Zeppelin ist ja kein richtiges Flugzeug.«

»Also es war nicht so aufregend, wie ich dachte. Du weißt ja, wie viele Leute Angst vor dem Fliegen haben. Da dachte ich, es fühlt sich an, wie ohne Seil in einer Steilwand stehen und in den Abgrund schauen. Aber es war gar nicht so. Ich saß ganz fest in meinem Sitz hinter dem Piloten und hab aufs Land herabgeschaut. Es hat nur ein ganz kleines bisschen im Bauch gekitzelt.«

»Du hast die Skimütze aufgehabt, stimmt's?«

»Auch den Schal. Und eine Automobilistenbrille hab ich vom Piloten bekommen.«

»Oben Auto, in der Mitte Flugzeug und unten Ski.«

Heiner lacht sich scheckig.

»Moment mal, ich habe doch keine Ski an den Füßen gehabt.«

»Hihihi. Hast du die Aare gesehen?«

»Die Aare lag wie ein silbernes Band unter mir. Ich habe auch auf die Dächer der Häuser gesehen und in die Schornsteine hinein.«

Hesse lässt sich von der Begeisterung seines Sohnes anstecken und schmückt seine Flugerfahrung ein bisschen aus.

»Hast du über die Berge schauen können?«

»Ich habe die Berge gesehen, die ihr auch kennt, den Eiger und das Schwarzhorn und so fort. Aber ich konnte nicht hinüber auf die andere Seite blicken. So hoch kann kein Flugzeug fliegen.«

»Die Luft ist zu dünn. Da heißt es dann: abwärts!«

Heiner malt mit dem Finger eine Spirale in die Luft. Martin geht stumm an der Hand des Vaters. Vielleicht hört er zu, vielleicht ist er mit seinen Gedanken ganz woanders.

»Hat deinen Schnauz auch eine Schraube wegrasiert?«

Heiner hat es also bemerkt. Martin dagegen reißt die Augen auf und schaut an Hesse hoch.

»Das kann ich schon noch selbst«, sagt der.

»*Schrappschrapp* –«. Er grinst und macht die entsprechende Handbewegung. »Papi –«

»Was ist denn?«

»Hast du ihn abgenommen, damit du nicht Soldat werden musst?«

»Meinst du, nur Männer mit Bärten werden Soldat?«

»Warum bist du dann keiner?«

»Das weißt du doch. Wegen der schlechten Augen.«

»Du hast Angst, dass die Franzosen dich totschießen.«

»Hättest du keine Angst, wenn ich ins Feld müsste?«

»Soldaten werden immer totgeschossen. Das ist ihr Beruf. Von so einem Flugzeug aus können sie Bomben werfen. Dann sind alle Leute tot.«

»Dafür würde ich nicht in die Lüfte gehen wollen.«

»Ich schon. Aber für die Schweizer. Ich möchte auch einmal fliegen, Papi.«

»Du bist noch zu klein. Nur Eltern dürfen fliegen.«

Martin hat die ganze Zeit über genau aufgepasst.

»Und wenn ich über dich wegfliege, werfe ich einen Stein ab«, sagt er zu Heiner. »Der fällt dir dann auf den Kopf.«

»Nun fangt nicht schon wieder an«, ermahnt Hesse seine Söhne.

Er angelt sich Martins Hand und sie gehen nebeneinander den Weg entlang. Den lädierten Schirm hat er über den Arm gehängt. Plötzlich durchströmt ihn ein Gefühl von Liebe. Das sind seine Söhne, die er da heimbegleitet, auch wenn leider der Buzi fehlt. Sie gehören zu ihm, sie machen ihn zu einem Teil des Lebens. Sie entreißen ihn dem Traum. Das fühlt sich gut an.

Die zarte Regung hält indes nicht lange an. Der Blick über die Berge, nach dem Heiner gefragt hat, ist vor seinem inneren Auge gelungen. Da liegt Italien, da liegt der Tessin. Da liegt der Sommer, die Sehnsucht, die Zuflucht. Da würde er nur noch dem Schreiben leben. Schon wieder juckt es ihn, diesem Traum einen Besuch abzustatten, die väterliche Fürsorge und das eheliche Elend hinter sich zu lassen, wenigstens eine Zeitlang. Er weiß, dass erst der Krieg enden muss. Vieles müsste sich ändern. Vielleicht bleibt es immer ein Traum. Doch davon lassen kann und will er nicht.

Wie sie sich dem Haus am Melchenbühl nähern, wächst sein Widerwille. Er sieht Mia vor sich mit höchst gleichgültigem Gesicht. Sie wird wieder kaum einen Seitenblick für ihn übrig haben und höchstens eine giftige Bemerkung machen. Dass sie sich erkälten werden, wenn er sie durchnässt draußen herumlaufen lässt. Auch wenn sie es war, die nicht achtgegeben hat. Ans Schreiben ist in dieser Atmosphäre nicht zu denken.

»Wenn wir daheim sind«, wendet er sich an die Buben, »dürft ihr mit mir ins Studierzimmer gehen. Wir spielen Mühle. Oder Dambrett. Ihr zwei gegen mich. Habt ihr Lust?«

»Ich will aber Muttis Kuchen essen«, sagt Martin. Auf einmal geht er schneller.

»Die Mutti wird heute fünfzig«, erklärt Heiner, als wäre das eine Neuigkeit.

Auch gut, denkt Hesse. Dann esst ihr mit der Mutti Kuchen, und ich geh allein.

DAS ENDE

An J. B. Lang

Bern, 26.9.18

Wir hatten Anfang Sept. den Herrn Nohl aus Ascona etwa
zehn Tage da, der mit mir und noch mehr mit meiner
Frau Analyse trieb, und dies brachte unsre Verhältnisse
aufs neue in allerlei Schwankungen und Gefahren.

An Mia

Bern, 10.10.1918

Dir wird Ascona gut tun, glaube ich …

Ich hatte sehr bedrückte Tage und dachte wieder oft
daran, die ganze Bürde wegzuwerfen. Die Sehnsucht, die
mich seit Langem am meisten plagt: eine gute Weile ganz
für mich zu leben, könnte ich, solange Krieg ist, doch nicht
stillen. Auch glaube ich nicht, dass Ehe und Familie es ist,
was mich nicht zu mir selbst kommen läßt … Nohl soll
sich durch das, was ich gegen ihn habe, nicht stören lassen;
ich weiß selbst, dass da Komplexe im Spiel sind.

An Mia

Bern, 12.10.18

Mir war in letzter Zeit, namentlich kurz vor deinem Weg-
gehen, so schwer ums Herz, wie ich nicht sagen kann.
Daß sich das zum Teil in Nervosität gegen dich geäußert
hat, tut mir sehr, sehr leid.

An Mia

Bern, 18.10.18

Nohl sagte mir, du seiest sehr angegriffen … Du tust mir
innig leid, Armes, und ich glaube viel von deinem Leid zu
verstehen, aus eigenem Leiden.

An Helene Welti

Bern, 26.10.18

Seit drei Wochen bin ich mit den 2 älteren Buben und der jungen Magd allein, meine Frau war mit dem Jüngsten zur Erholung in Locarno und wohnte bei Freunden. Dort ist sie, wie es scheint, dieser Tage ausgerissen, und gestern erschien sie mit dem Kind in Luzern, ganz verwirrt, in ziemlich gefährlichem Zustand. Man hat sie sofort in eine gute private Heilanstalt gebracht.

An seine Schwester Adele

Bern, 28.10.18

Daß Mia wieder gesund wird, ist möglich, ja wahrscheinlich, ob aber dauernd, ist natürlich fraglich.

An Hans Sturzenegger

Bern, 29.12.18

Daß ich schwieg, kam von dem Elend, in dem ich lebe. Meine Ehe ist zerstört, meine Frau gemütskrank, die Kinder fort, dazu Geldsorgen und das Elend in meiner Heimat.

An Wilhelm Schussen

Bern, 15.1.19

Meiner Frau geht es wechselnd. Sie ist »gemütskrank« … Letzte Ursache ist natürlich die Ehe und die Erkenntnis, daß es gewagt und nicht gut war, einen Mann zu heiraten, der für anderes bestimmt und begabt war. Was ich nur unterschreiben kann. Wenn meine Frau imstand wäre, für sich und die Kinder zu sorgen, wäre der nötige Schritt rasch getan.

An Georg Reinhart

Bern, 11.2.19

Dr. B ... will meine Frau noch bis Ende Februar in Küsnacht behalten, sie dann aber entlassen. Ich hoffe, sie dann für eine Weile bei Freunden unterzubringen.

Für später ist alles noch etwas dunkel. Doch sind wir darin einig, daß für die Zukunft eine Trennung in der Weise nötig ist, daß meine Frau die Kinder versorgt, ich aber ganz meiner Arbeit lebe, also nicht bei meiner Familie. Jedenfalls werden wir es einmal auf diese Art versuchen, denn ein baldiger Wiederbeginn des Zusammenlebens wäre mir vollkommen unmöglich. Andrerseits ist bei unsern Umständen, und bei dem Befinden meiner Frau, an Scheidung nicht zu denken. Mir läge daran auch nichts, da ich den Irrtum meiner Ehe nicht bei meiner Frau suche, sondern nur bei mir, und keinerlei Lust zu anderweitigen Frauen-Beziehungen habe. Mir ist im Lauf dieser drei furchtbaren Jahre das Wesen meiner Lebensaufgabe einigermaßen klargeworden, und damit der Weg gewiesen, den ich gehen muß.

Meine Frau ist sehr gebessert, doch schläft sie noch nicht ohne Mittel, und es ist zu fürchten, daß die Rückkehr zu den Aufgaben daheim zu Depressionen führt.

An Georg Reinhart

Bern, 22.2.19

Inzwischen aber ist meine Frau, die schon entlassen werden sollte, wieder von einer schweren Depression befallen worden. Während sie früher gegen mich (zum Teil mit viel Recht) revoltierte, quält sie sich nun mit schweren Selbstanklagen und Vorwürfen, daß sie mich unglücklich gemacht habe etc., und das gefällt mir und dem Arzt weit

weniger als das Bisherige … Wenn die Rückkehr meiner
Frau zu ihren Pflichten als Mutter und Haushälterin un-
möglich oder sehr lang hinausgerückt wird, muß ich unser
Haus hier aufgeben.

An Adele

Montagnola, Mai 19

Ich schicke dir eine Skizze, den Blick aus einem meiner
Fenster. Das Umziehen habe ich jetzt auch wieder gekos-
tet; bis nur meine dreiundzwanzig Bücherkisten in drei
Wägen mit acht Gäulen von Lugano hier oben waren!
Dabei hatte ich vorher noch über ein Drittel meiner Bibliothek verkauft. Sonst habe ich wenig mit, meinen Schreibtisch und so Einiges. Wenn ich die Sorge um Mia und das
alles für Stunden vergesse, ist es hier schön …

teressante und Aufschlussreiche zu berichten. Dr. Ursula Ballin half mit ihrem Wissen über Hesse und die altchinesische Philosophie.

Die Hesse-Erben erteilten die freundliche Genehmigung für die Wiedergabe von Stellen aus Hesses Korrespondenz und Gedichten. Der Suhrkamp Verlag half mit Fahnen eines noch nicht erschienenen Briefbandes. Heribert Kuhn, der einige Hesse-Bücher kommentiert hat, nahm sich ebenfalls Zeit und bereicherte mich mit seinem fundierten Wissen über den Autor sowie die Zeit und Literatur des frühen zwanzigsten Jahrhunderts.

Schließlich danke ich meiner Familie, die mich immer wieder ausreißen ließ, um konzentriert an diesem Projekt arbeiten zu können. Ich danke meinen Freunden, die das Manuskript gegenlasen. Namentlich erwähne ich an dieser Stelle Steffen Wagner, meinen langjährigen Berliner Freund und stetigen kritischen Begleiter meines Schreibens: Danke dir! Mein großer Dank gilt außerdem Astrid Takes, mit der ich im Lauf der Jahre immer wieder über diesen Roman, Hermann Hesse und alles Weitere gesprochen habe.

Kleine Passagen des Textes sind Werken der Handlungszeit oder über diese mehr oder weniger frei entnommen. Nennen möchte ich hier *Fasten* von Arnold Ehret, *Der Unfug des Sterbens* von Prentice Mulford, *Das Zeitalter der Nervosität* von Joachim Radkau sowie die Werke und Briefe von Hermann Hesse.

München, im Sommer 2016
Thomas Lang

Dank

Die Stadt Stein am Rhein und die Jakob und Emma Windler-Stiftung ermöglichten mir einen wichtigen zweimonatigen Aufenthalt. Dort konnte ich in Ruhe arbeiten und den Untersee erkunden. Die Stiftung Künstlerdorf Schöppingen und das Land Nordrhein-Westfalen unterstützten mich mit einem zweimonatigen Stipendium, bei dem ich den Roman in Ruhe überarbeiten konnte. Außerdem gewährten mir mein Freund Wilfried Hude in Klagenfurt sowie die Stadt und das Literaturforum Schwaz kürzere Aufenthalte, in denen ich konzentriert schreiben konnte. Ihnen allen danke ich.

Mein Dank gilt weiter Volker Michels. Der langjährige Herausgeber der Werke und intime Kenner Hesses hat mir sein Editionsarchiv geöffnet, sich geduldig meinen Fragen gestellt und mir manches an dem Autor, seiner ersten Frau und den Lebensumständen der beiden erhellt. Enkelin Sibylle Siegenthaler-Hesse und ihr Mann Hanspeter haben mich sehr gastlich in ihr Haus eingeladen und mir Einblick in die unveröffentlichte Korrespondenz Hesses mit seinem Sohn Martin sowie in einige der Briefe Mias an ihren geschiedenen Mann gewährt und mir ebenfalls bereitwillig auf meine Fragen geantwortet. Frau Ursula Fuchs aus Öhningen am Bodensee wusste mir ebenfalls dies und das In-